FOLKE KÖBBERLING & MARTIN KALTWASSER

Ressource Stadt   City as a Resource

One Man's Trash Is Another Man's Treasure

jovis

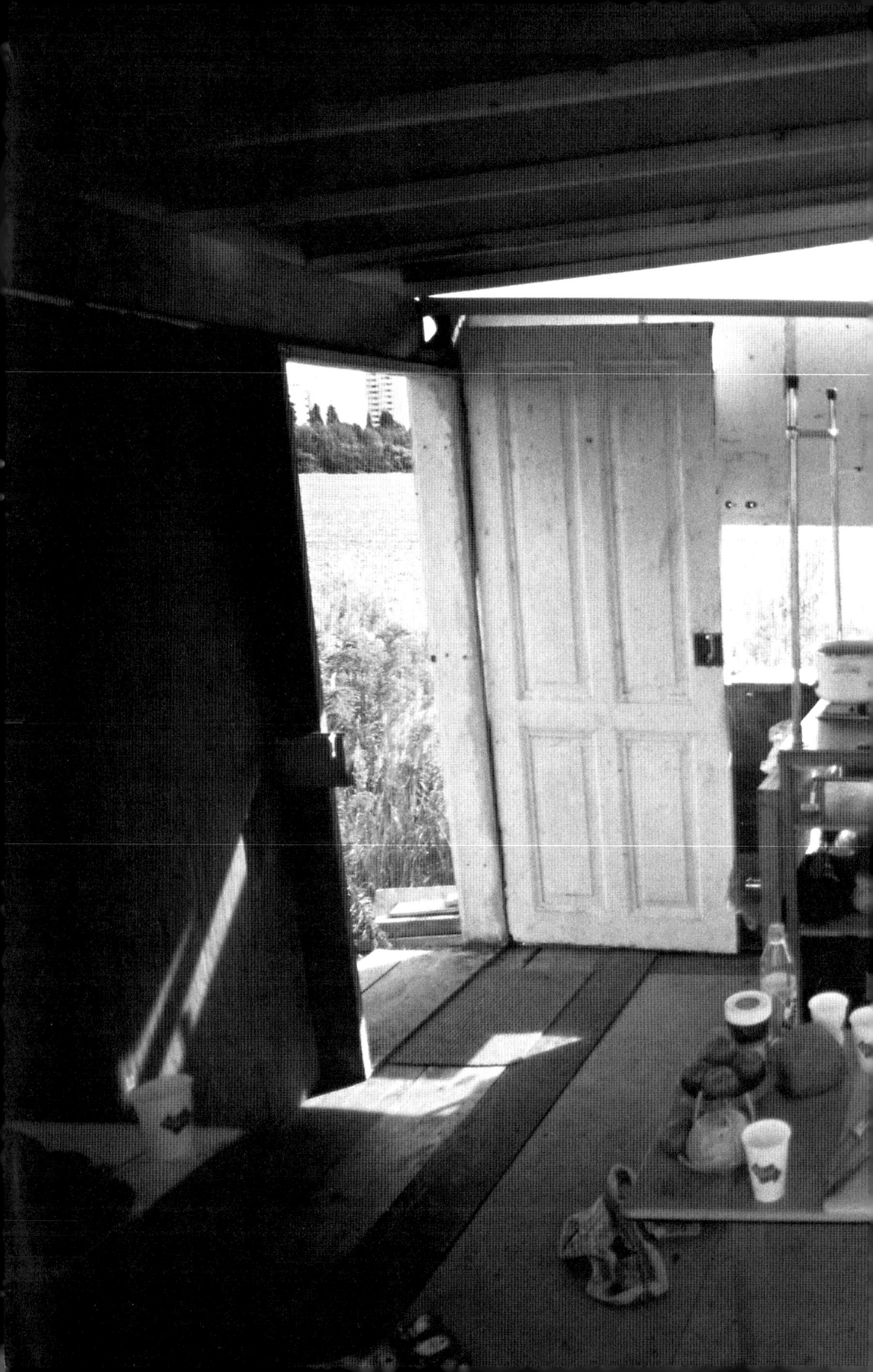

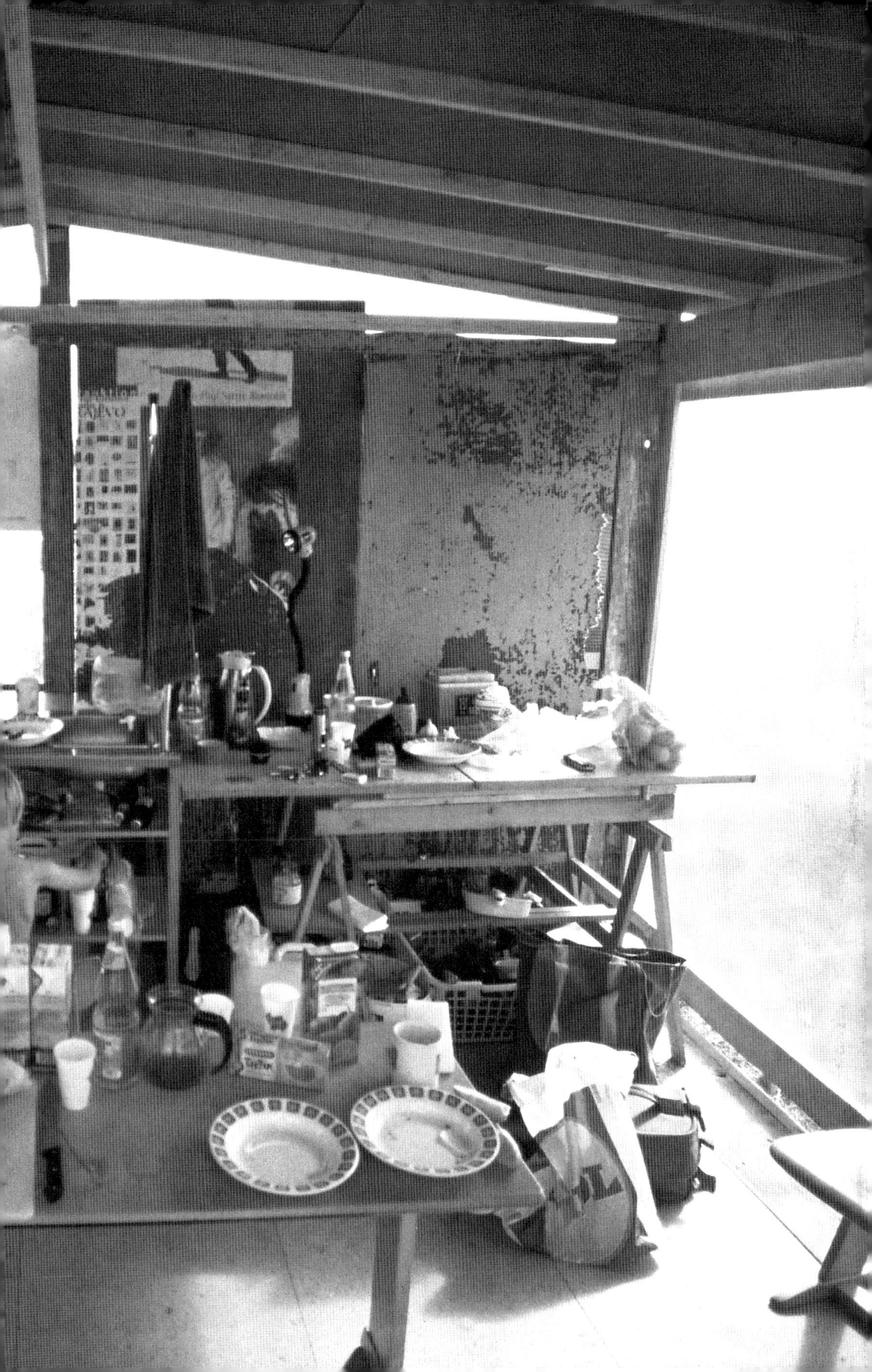

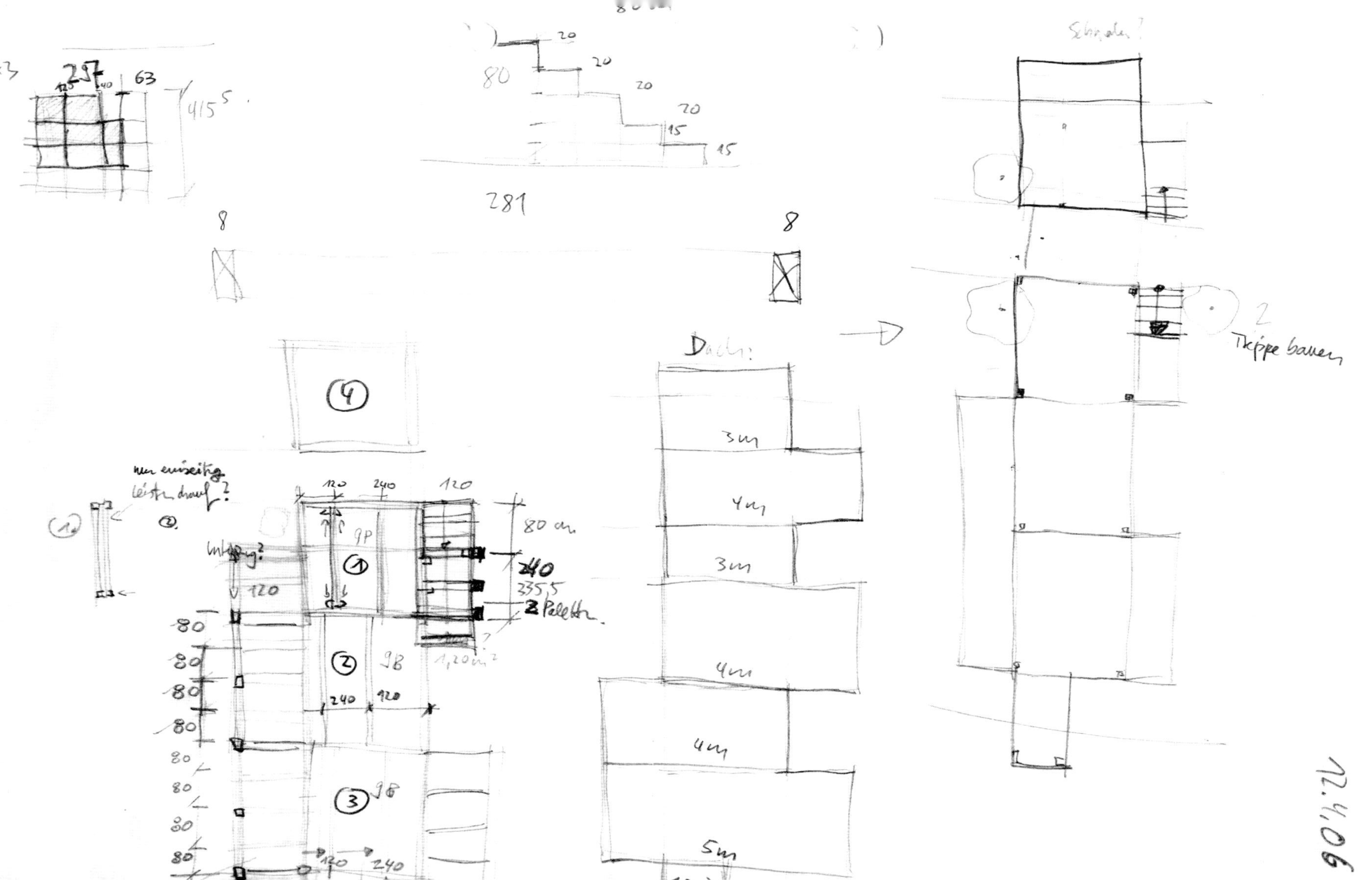
x3
297
63
415
80
20
20
20
20
15
15
281
8
8
Schnitt?
2
Treppe bauen
4
Dach:
nur einseitig
Leiste drauf?
1
2
120
240
120
9P
1
80 cm
240
335,5
2 Paletten
80
80
80
80
2
9B
240
120
3
9B
80
80
120
240
3m
4m
3m
4m
4m
5m
12.4.06

Inhalt | Contents

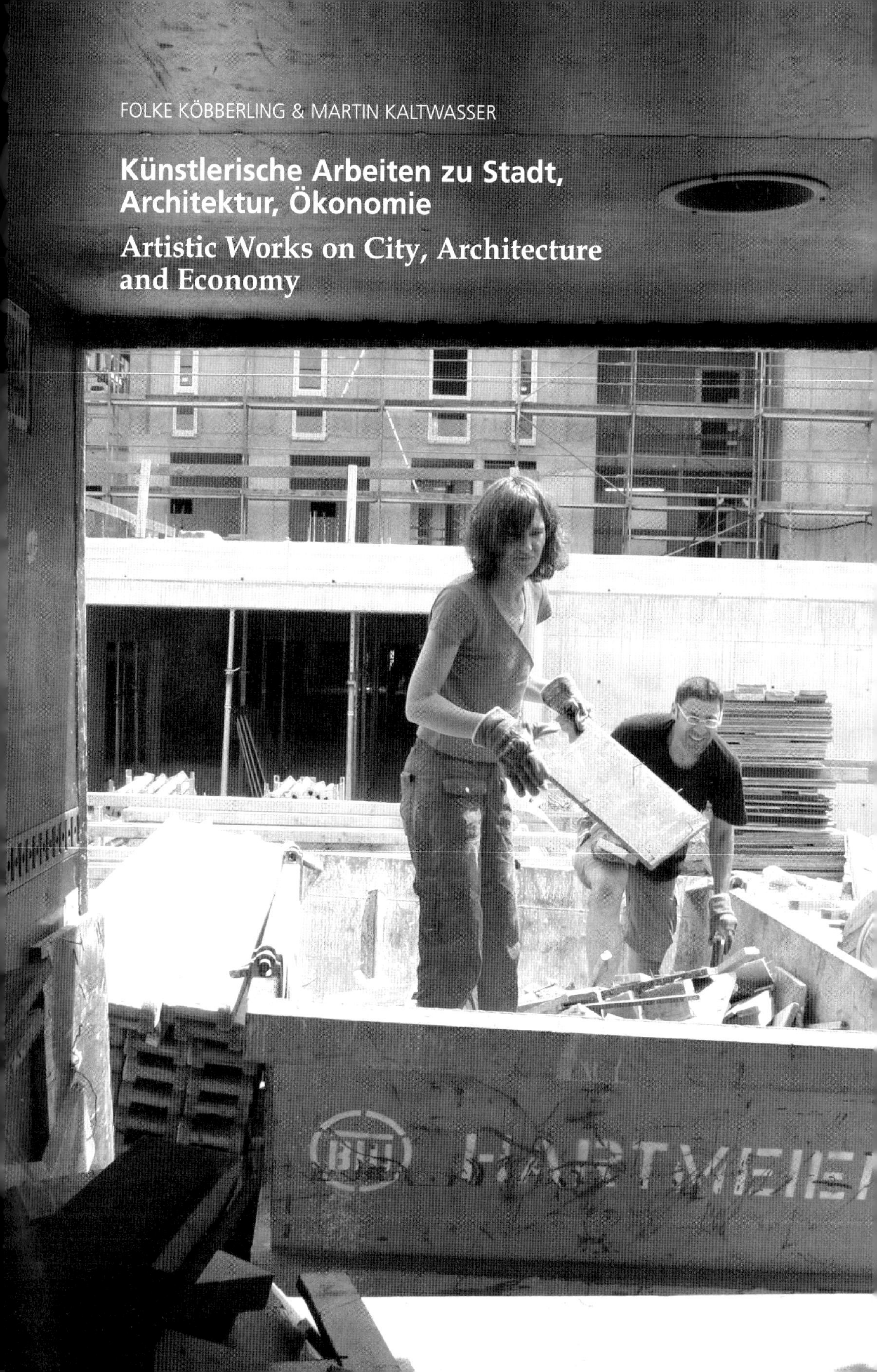
FOLKE KÖBBERLING & MARTIN KALTWASSER

Künstlerische Arbeiten zu Stadt,
Architektur, Ökonomie
Artistic Works on City, Architecture
and Economy

„Die Wirklichkeit des öffentlichen Raumes erwächst aus der gleichzeitigen Anwesenheit zahlloser Aspekte und Perspektiven, in denen ein Gemeinsames sich präsentiert und für die es keinen Maßstab und keinen Generalnenner je geben kann… Das von Anderen Gesehen- und Gehörtwerden erhält seine Bedeutsamkeit von der Tatsache, dass ein jeder von einer anderen Position aus sieht und hört." [1]

Vorgeschichte

Im Jahre 1998 lancierte die Berliner Senatsverwaltung für Stadtentwicklung eine aufwendige Medienkampagne für eine „Saubere Stadt". Man sorgte sich um das Image der Stadt aufgrund vermeintlicher Dreckecken, weggeworfenen Mülls und der Nutzung öffentlicher Innenstadtrandlagen als informelle Materialbörsen für Sperrmüll. Berlin sollte der für Negativklischees empfänglichen Bevölkerungsmehrheit als Schreckensszenario einer „unaufgeräumten Stadt" präsentiert werden, der es entschieden entgegenzutreten galt. Politiker traten der behaupteten Verwahrlosung mit denunzierenden Großplakatkampagnen und populistischen Pressekonferenzen entgegen, appellierten gleichzeitig in pathetischen Reden an Eigeninitiative, Bürgerengagement und für die Bekleidung von Ehrenämtern. 1998 zogen wir in eine extrem billige Mietswohnung im südlichen Teil der Berlin-Kreuzberger Manteuffelstraße. Das schlichte Gründerzeithaus verfügte nur über Außentoiletten und Ofenheizungen. Nach dem Einzug benötigten wir dringend einen neuen Kücheneinbau. Zufällig besuchten wir die ers-

"[T]he reality of the public realm relies on the simultaneous presence of innumerable perspectives and aspects … for which no common measurement or denominator can ever be devised. … Being seen and being heard by others derive their significance from the fact that everybody sees and hears from a different perspective." [1]

Prior History

In 1998 the Berlin Senate Administration for Urban Development launched an extensive media campaign for a "clean city". During this time, one was worried about the image of the city due to supposed 'dirty corners', litter and the use of public space in the inner city as informal exchanges for thrown-away goods. In accordance, Berlin was presented as a form of terror scenario of a "messy city" to the majority of the city's population prone to negative clichés. Some politicians opposed the claims that the city was run-down with denunciative large poster campaigns and populist press conferences. In doing so, they appealed with the same means to the concepts of individual initiative, citizen engagement and charity work.

In the same year, we moved to an extremely inexpensive rental in the southern part of the Manteuffelstrasse in Berlin-Kreuzberg. The simple Wilhelminian house had only exterior toilets and stove heat. After moving in, we desperately needed a new kitchen mounting. By chance, we visited the first Berlin-Biennale during this time. When we asked the minders there what would happen to the many multiplex panels forming the temporary visitor parcours through the rooms of the exhibit after the end of the exhibit, they

te Berlin-Biennale und als wir die Aufseher fragten, was nach der Biennale mit den vielen Multiplexplatten geschehe, die den temporär errichteten Besucherparcours durch die Ausstellungsräume bildeten, kam die Antwort: „Könnt ihr alle haben!" So halfen wir beim Biennale-Abbau und beluden einen LKW mit den geschenkten hochwertigen Holzplatten. Es entstanden nicht nur unsere vielbewunderte Einbauküche, sondern auch Tische, Stühle und Zwischenwände aus den Resten der 1. Berlin-Biennale. Freunden gaben wir bei Bedarf welche ab und zehrten noch jahrelang von unserem Reichtum.

Mit unserem Faible für Materialrecycling waren wir in unserer Nachbarschaft nicht allein. In der Manteuffelstraße hatte sich ein reger informeller „Umsonstmarkt" etabliert. AnwohnerInnen stellten immer wieder gebrauchte, nicht mehr benötigte Gegenstände auf die Straße oder in den Hinterhof. Bedürftige AnwohnerInnen nahmen sich das mit, was sie gebrauchen konnten. Dieses Herausstellen und Mitnehmen fand permanent statt. Die besten Gegenstände waren sofort weg, andere standen Tage oder Wochen zur Begutachtung auf dem Gehweg, irgendwann fand fast jeder ausgesetzte Gegenstand einen glücklichen Neubesitzer. Auf diese Weise bekamen wir unsere gesamte Gratis-Wohnungseinrichtung zusammen. Später stellten wir auch selber hochwertiges Sperrgut vors Haus, das meistens nach wenigen Augenblicken Passanten mitnahmen. Oder es landeten Dinge auf der Straße, die wir in unsere Wohnung nahmen, nach kurzer Verwendung als doch nicht pas-

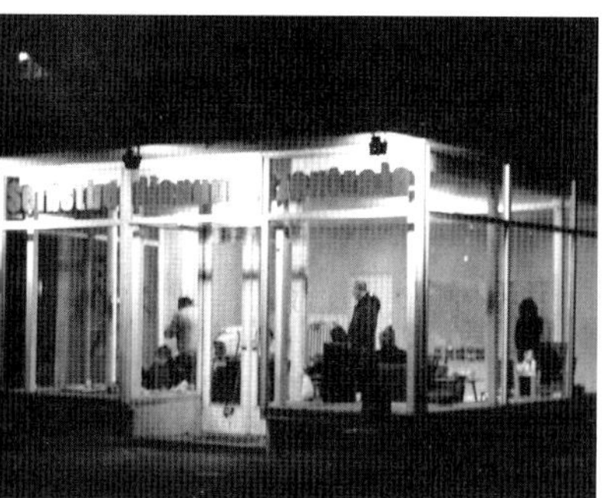

Die Selbstbedienungszentrale wurde 2003 von Claudia Burbaum, Folke Köbberling und Martin Kaltwasser im Rahmen der Ersatzstadt als Büro zur Vermittlung von Umsonstwaren und -dienstleistungen gegründet.

The Self-Service Center was founded in 2003 by Claudia Burbaum, Folke Köbberling and Martin Kaltwasser in the context of Ersatzstadt, as Office for Gratis Wares and Services.

answered: "You can have them all!" So we helped to disassemble the Biennale and loaded a truck with high-quality wooden panels. With these panels, we built not only our much-admired kitchen mounting, but also tables, chairs and partition walls. We gave away some panels to friends and enjoyed a supply of them for years to come.

We were not the only ones in the neighborhood with a weak spot for recycling materials. A vibrant informal free store was already in full gear in the Manteuffelstrasse. Neighbors placed things that they no longer needed onto the street or in the courtyards of the buildings. Needy neighbors took what they could use. This kind of activity took place all the time. The best stuff was taken away almost immediately; other things remained on the street's sidewalks for days or weeks. Eventually, almost every object was carried away by a happy new owner.

In this way we gathered together a complete apartment furnishing for free. Later, we also placed out high-quality things that we didn't want anymore. For the most part, our things disappeared after minutes. Or, things were left on the sidewalks that we took home for ourselves, but which afterwards we decided to be unsuitable. So we took them back to the street and left them for the next person. In this manner we partook in a wonderful and thrilling level of city use, reflection and non-verbal communication. Communication occurred in other ways as well. When, for example, something is found on the street, it can become the subject of conversation, whether one could use it, whether

send deklarierten und deshalb wieder auf die Straße bugsierten, damit sie wieder von jemandem mitgenommen werden konnten. Auf diese Weise hatte sich eine wunderbare, immer wieder spannende Ebene der Stadtnutzung, Stadtbetrachtung und nonverbalen Kommunikation etabliert. Die Kommunikation ging aber noch weiter. Wenn zum Beispiel ein Gegenstand auf der Straße lag, konnte er zum Diskussionsgegenstand werden, ob und wie man ihn brauchen könnte, wie geschmacklos oder schrill er sei etc. Dies führte zu lustigen Gesprächen mit anderen Anwohnern. Durch unsere Ofenheizungen war in unserem Haus darüber hinaus ein permanenter Bedarf an Brennholz. Regelmäßig trafen wir unsere Nachbarn im Hof, wo die neuesten Rest- und Abfallholzanlieferungen kommentiert und zu Brennholz verarbeitet wurden. So war die Manteuffelstraße mit ihren Hinterhöfen ein Ort im besten Sinne, voll mit brauchbaren Sachen, Geschichten und viel Eigeninitiative. Für uns war dies für einige Jahre ein nahezu perfektes Lebensumfeld.

Der öffentliche Raum und die Ressource Stadt

Der Schwerpunkt unserer künstlerischen Arbeit war schon vor 1998 der städtische Raum als künstlerisches Experimentierfeld zu den Themen Öffentlichkeit, Überwachung, Illegalität und Selbstorganisation. Bis heute realisieren wir Installationen, Ausstellungen und Interventionen im städtischen Raum, mit denen wir versuchen, städtisches Leben

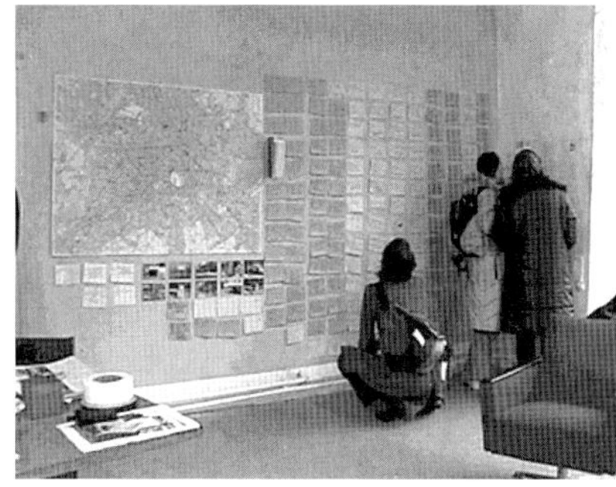

Im Büro der „Selbstbedienungszentrale" gab es für jedes zu vermittelnde Objekt eine Karte.

In the Self-Service Center's office there was a card for every object to be passed along.

it is shrilly or in bad taste etc. This led to funny conversations with neighbors. Due to our stove heat, we were in constant need of firewood. We met our neighbors in the courtyard regularly where the newest waste wood deliveries were discussed and then turned into firewood. In this sense, the Manteuffelstrasse and its courtyards were places full of useful things, histories and individual initiative. It was also an almost perfect life environment for us for some years.

The Public Space and the City as a Resource

Before 1998 the emphasis of our artistic activities had already been the urban space as an experimental field. We worked on topics concerning as the public sphere, surveillance tactics, illegality and self-organization.

Up through today we have realized installations, exhibits and interventions in the urban space in which we have attempted to question city life in the context of privatization and economization, to transform it through practical examples of temporary use and informal methods as well as to show possibilities for its enlivenment and repossession.

What we refer to as the "city as a resource" is a recognition of the value of impulse, communication, conflict, surprise moments and the quality of the free use of the urban public space. This includes, of course, leaving behind things for others.

im Zeichen von Privatisierung und Ökonomisierung kritisch zu hinterfragen, mit Beispielen von temporären Nutzungen und informellen Methoden praktikabel umzuformen und Möglichkeiten zur Belebung und Wiederaneignung aufzuzeigen.

Das, was wir als „Ressource Stadt" bezeichnen, ist das Erkennen des Werts von Regungen, Kommunikation, Auseinandersetzung, Überraschungsmomenten und der Qualität der freien Nutzung des urbanen öffentlichen Raums. Dies schließt selbstverständlich auch das Hinterlassen von Gegenständen in diesem Raum mit ein. Dieses Erkennen, Anerkennen und Anwenden ist dem Widerstand der Befürworter und Handlanger der neoliberal gecleanten und unternehmerisch privatisierten Stadt und ordnungspolitischen Fanatikern ausgesetzt, die mit allen Mitten die verschlungenen kreativen Orte, die Orte der Umsonst- und Schatten-Ökonomien und ihre sichtbaren städtebaulichen Ausprägungen ausmerzen wollen.

Im Folgenden führen wir kurz in unsere in diesem Buch vorgestellten künstlerischen Arbeiten ein, die in der Auseinandersetzung mit den oben beschriebenen Realitäten entstanden sind.

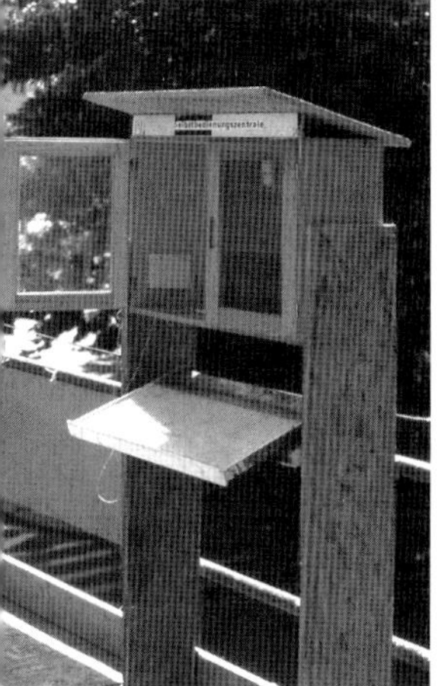

Der Stand der Selbstbedienungs-zentrale bei „Hier entsteht".

The Self-Service Center as an exhibit of "Hier Entsteht".

Die künstlerischen Projekte 2003 – 2006

Initialzündung für unsere Arbeiten der letzten Jahre waren mehrere Reisen nach Istanbul im Jahr 2002. Im März 2003 realisierten wir an der Berliner Volksbühne am Rosa-Luxemburg-Platz „Self-Service-City"[2], zwei multime-

The recognition of the city as a resource and the use of the public space in this manner are objects of scorn for the proponents and stooges of the neoliberal and entrepreneurial privatized city as well as for orderliness fanatics. Both strive with all means available to eradicate the creative places, the free stores, the grey market economy and its visible structural existence in the city.

In the following section we would like to list the artistic activities presented in this book that arose in this conflict with the realities described above.

The Artistic Projects 2003–2006

The impulse for our artistic work in the last years came from a number of trips to Istanbul that we had taken in 2002. In March 2003 we realized the project Self-Service City[2] at the Berliner Volksbühne, a theater located on the Rosa-Luxemburg-Platz. This project consisted of two multimedia theme nights on the phenomena of the informal economy and urbanism in Istanbul. We also provided some background information and had some guests from the Turkish metropolis. Parallel to these theme nights we organized a Self-Service Center in a pavilion next to the Volksbühne as an information booth on everything that is free in Berlin. A reproduction of an Istanbul security container with the inscription Güvenlik (Turk. for security), which we presented together with others in the

diale Themenabende, in denen wir mit Gästen aus Istanbul Phänomene und Hintergründe von informeller Ökonomie und informellem Urbanismus der türkischen Metropole vorstellten. Parallel dazu richteten wir in einem Pavillon neben der Volksbühne die Selbstbedienungszentrale ein, eine Informationsstelle für alles, was es in Berlin umsonst gibt. Im Nachbau eines Istanbuler Wachschutzcontainers mit der Aufschrift Güvenlik (türk.: Sicherheit) informierten wir in der von uns mitorganisierten Ausstellung „Learning from* – Städte von Welt, Phantasmen der Zivilgesellschaft, informelle Ökonomien" in der Berliner NGBK und in der Wiener Kunsthalle Exnergasse mit Interviews, Videos und Fotos, die wir in Istanbuler Gecekondus aufgenommen hatten, über Methoden und Ansichten zur Existenzsicherung – konterkariert durch Zitate der Istanbuler Bauverwaltung.

„Hausbau 04", der Über-Nacht-Bau eines kleines Häuschens am südlichen Stadtrand Berlins, war im August 2004 unser Selbstversuch der Übertragung eines Gecekondu auf hiesige Verhältnisse. Im Rahmen des dezentralen Theaterereignisses „X-Wohnungen" des Berliner Theaters Hebbel am Ufer verbanden wir im Mai 2005 eine kleine, vom Stadtbereinigungswahn bedrohte Schöneberger Nutzgartenkolonie kurzzeitig mit Hilfe einiger selbstgebauter Brückenbauten mit einem belebten Hausgemeinschaftsgarten und verschafften einem anteilnehmenden Publikum Einblick in ein rares innerstädtisches Kleinod. Für die Ausstellung „Reservoir IX" im unterirdischen historischen Wasserspeicher Prenzlauer Berg sammelten wir im Mai 2006 in der

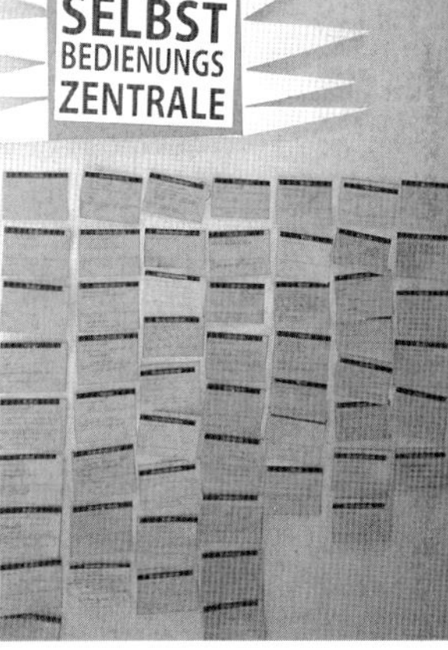

Die Selbstbedienungszentrale bei der Ausstellung „fast umsonst" in der NGBK 2004. Alle Büromöbel waren mit Etiketten des Herkunftsorts versehen.

The Self-Service Center at the NGBK exhibition "almost free" in 2004. Etiquettes were placed on all office furniture denoting where it came from.

exhibit "Learning from* – Cities of the World, Phantasms of the Civil Society, Informal Economies" in Berlin's NGBK and in Wien's Kunsthalle Exnergasse, showed videos and photographs that we had taken of Istanbul's gecekondus. Interviews presented methods and viewpoints on securing one's personal existence. Interspersed throughout the exhibit were quotations from representatives of the Istanbul building administration. "House Building 04", the overnight building of a small house on the southern outskirts of Berlin in August 2004, was a self-experiment involving transferring a gecekondu into the local context.

Within the framework of the decentralized theater event "X-Wohnungen", organized by the Berlin Theater Hebbel am Ufer in May 2005, we connected a small Schöneberg garden colony – endangered by the city's delusions towards cleaning up the city – and an enlivening community house garden with a temporary self-built bridge. Here, we managed to create for the public insights into a rare urban treasure. For the exhibit "Reservoir IX" in a historical underground water reservoir in Prenzlauer Berg, we gathered in May 2005 cost-free building materials in Berlin's inner city. With these materials, we opened our well-sorted Building Material Center. From the material assortment, we held in June 2005 a two week activity on the southern outskirts of Berlin entitled "House Building 05 – the First International Week for Informal Building". Here, we built with the help of many other participants a small temporary settlement. During the two weeks, we lived there, gave tours of the settlement to a large number of southern

Berliner Innenstadt Umsonstbaumaterialien, mit denen wir ein gutsortiertes Baustoffzentrum eröffneten. Aus dem Materialsortiment entstand im Juni 2006 am südlichen Berliner Stadtrand die zweiwöchige Aktion „Hausbau 05 – 1. internationale Woche für informelles Bauen", zu der wir mit vielen Beteiligten eine temporäre Kleinsiedlung errichteten, dort wohnten, viele interessierte SüdberlinerInnen hindurchführten, abends zum Essen einluden und zum Thema Bauen, Wohnen, Ökonomie Veranstaltungen durchführten. Nach Ende der Aktion transportierten wir das ganze demontierte Siedlungsmaterial zum innerstädtischen Martin-Gropius-Bau, auf dessen Parkplatz wir im Rahmen der Ausstellung „Fokus Istanbul" das sogenannte T-Com Haus mit unseren Umsonstbaumaterialien nachbauten. Das T-Com Haus war ein zu Werbezwecken unweit des Potsdamer Platzes errichtetes antiseptisches High-Tech-Fertighaus, mit dem das ideale mitteleuropäische Wohnen der Zukunft propagiert wurde. Ohne Strom und aus Zivilisationsresten gefertigt, war demgegenüber unser Low-Budget-No-Tech-Musterhaus ein Ort der Offenheit, Lebendigkeit und Kommunikation, den wir sonntags mit Gastronomie und Veranstaltungen bespielten. Im Herbst 2005 bauten wir am Kölner Rheinufer im Rahmen von Plan 05 ein in die Jahre gekommenes Rosenrankgerüst aus dem unerschöpflichen Kölner Umsonstmaterialreichtum, den wir in kürzester Zeit in riesigen Mengen von einer Innenstadtbaustelle und vom WDR-Studiogelände zusammengetragen hatten, zu einem funktional und ästhetisch anspruchsvollen Pavillon, dem Haus Köln, mit vielen Sitzmöglichkeiten um.

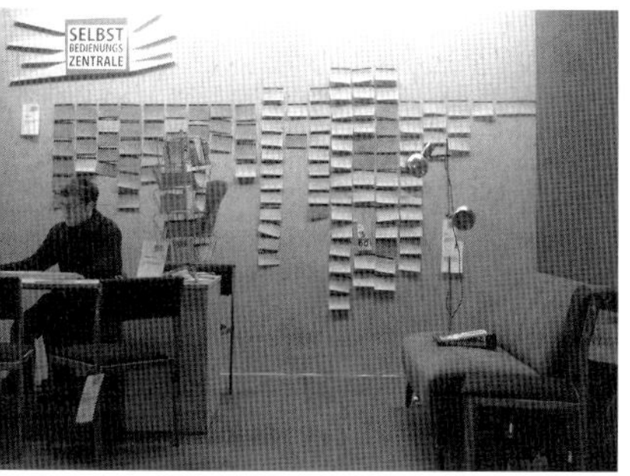

Die Selbstbedienungszentrale in der Ausstellung „fast umsonst" in der NGBK, 2004 – alle Büromöbel waren mit Etiketten versehene Fundstücke.

The Self-Service Center at the NGBK exhibition "almost free" in 2004. All office furniture offered were findings labeled with etiquettes.

Berliners, invited the public to eat with us and held presentations on the topics of building, living and economics. After the end of the activity, we transported the whole dismantled settlement material to the Martin Gropius Building in the inner city of Berlin. In the context of the exhibit "Focus Istanbul" we reconstructed the so-called T-Com House with cost-free building materials on the building's parking lot. The original T-Com House was an antiseptic high-tech prefabricated building, constructed near Potsdamer Platz for advertising purposes in order to propagate the future ideal Central European way of life. Without electricity and produced from the waste of civilization, our low budget, no-tech model house was a place for openness, liveliness and communication. On Sundays we organized gastronomy and events. In the fall of 2005 we transformed on a bank of the Rhine in Cologne within the framework of Plan 05 a run-down rose trellis into a functional and aesthetic pavilion with many seats – the Cologne House. The materials for the project came from the inexhaustible wealth of cost-free materials in Cologne, which we had collected in a very short time from an inner city construction site and the WDR studio grounds.

In the spring of 2006, a Kunstkommunikation 06 project stipend of the DA Kunsthaus Kloster Gravenhorst made it possible for us to realize our largest building project of date. In the cloister's park we built the Villa Hörstel, a lively summer pavilion measuring 13 meters long and 6 meters wide. Built with the help of youth trainees of the CJD Burg-

Das Projektstipendium Kunstkommunikation 06 des DA Kunsthaus Kloster Gravenhorst ermöglichte uns im Frühjahr 2006 die Realisierung unseres größten Bauprojekts. Im Park des Klosters bauten wir von April bis Mai aus Restmaterialien, die uns BewohnerInnen des Kreises Steinfurt spendeten, mit Unterstützung von jugendlichen Auszubildenden des CJD Burgsteinfurt die Villa Hörstel, einen lichtdurchfluteten, 13 Meter langen und 6 Meter breiten Sommerpavillon, dessen Nutzung Interessierten offensteht.

In unserer gemeinsamen Arbeit gibt es immer die wilde, kreative Lust, das schon Vorhandene zu verwenden – es verschafft uns kreative Freiräume, eine gestalterische Hemmungslosigkeit und generiert neue Ideen. Das Umwidmen von Vorhandenem ist reizvoller als das Kaufen und Konsumieren von etwas Neuem. Das prozessorientierte Basteln ist interessanter als das exakt planvolle, zielorientierte Vorgehen.

„Im übrigen hält sich bei uns eine Form der Tätigkeit, (…) die wir lieber eine ‚erste‘ als eine primitive nennen wollen: die Tätigkeit nämlich, die im allgemeinen Ausdruck ‚bricolage‘ (Bastelei) bezeichnet wird. In seinem ursprünglichen Sinn lässt sich das Verbum ‚bricoler‘ auf Billard und Ballspiel, auf Jagd und Reiten anwenden, aber immer, um eine nicht vorgezeichnete Bewegung zu betonen: (…) Heutzutage ist der Bastler jener Mensch, der mit seinen Händen werkelt und dabei Mittel verwendet, die im Vergleich zu denen des Fachmanns abwegig sind." [3]

Mit unserer persönlichen Entdeckung von Istanbul und folgenden theoretisch-diskursiven Projekten konnten wir unsere Arbeit in einen Zu

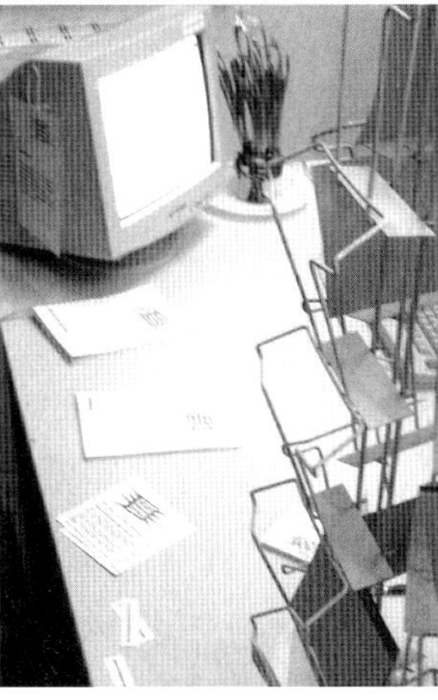

In der NGBK ging die SBZ zum ersten Mal online unter www.selbstbedienungszentrale.de.

The Self-Service Center went online during the NGBK exhibition under www.selbstbedienungszentrale.de.

steinfurt from materials donated to us from the residents of the Steinfurt district, the use of the pavilion was open to all in April and May.

In our work together there is always the wild, creative zestfulness to use materials already available. It provides us with creative open spaces and a formative lack of restraint. It also generates new ideas. The re-dedication of the already available is more attractive than purchasing and consuming something new. Process-oriented tinkering is more interesting than exactly planned goal-oriented procedures.

"There still exists among ourselves an activity which … we prefer to call 'prior' rather than 'primitive' … This is what is commonly called 'bricolage' in French. In its old sense the verb 'bricoler' applied to ballgames and billiards, to hunting, shooting and riding. It was however always used with reference to some extraneous movement … And in our own time the 'bricoler' is still someone who works with his hands and uses devious means compared to those of a craftsman." [3]

With our personal discovery of Istanbul and the following theoretical-discursive projects, we were able to place our work in the context of global topics. Our research and discussions also provided us much input for our artistic work.

Stephen Lanz's text outlines and provides background information on the phenomenon of informal city evolution in Istanbul, a still valid form of urbanity and self-understanding of property, and an alternative to the phantasm of the European idea of the city. A cultural technique of Anatolian rural refugees involves the self-empowering possession

sammenhang zu globalen Themen setzen. Unsere Recherchen und Diskussionen gaben uns rückwirkend auch viel Input für unsere künstlerische Arbeit.

Der Text von Stephan Lanz über Phänomene informeller Stadtentwicklung in Istanbul skizziert die Hintergründe und immer noch gültigen Ausprägungen einer zum Phantasma der europäischen Stadtidee alternativen Form von Urbanität und Selbstverständnis von Eigentum. Eine Kulturtechnik anatolischer Landflüchtlinge besteht in der eigenmächtigen Aneignung von Grund und Boden der Istanbuler städtischen Peripherie. Der Versuch, eine ähnliche Form von Selbstorganisation auf Berliner Verhältnisse zu übertragen, brachte die Selbstbedienungszentrale hervor, mit der wir vorschlugen, den städtischen öffentlichen Raum als allgemein verfügbaren Umschlagplatz für nicht mehr benötigte Rest- und Gratiswaren zu kultivieren. Im Interview stellen Frauke Hehl und Corinna Vosse mit ihrem Unternehmen „Kunst-Stoffe" eine konsequente Fortsetzung dieses Gedankens vor: „Kunst-Stoffe" ist ein innerstädtisches Lager mit Informationspool, in dem seit Anfang 2006 Umsonstmaterialien und Informationen gesammelt und weitergegeben werden: das erste regional bedeutende Logistik- und Lagerzentrum des Umsonstsektors.

Matthias Reichelt stellt in seinem Beitrag die konzeptuellen Beweggründe unserer künstlerischen Arbeit neben seine drastische Konsumkritik und stellt die Frage, ob es überhaupt ein Entrinnen aus den endlosen Teufelskreisen des Konsumismus geben kann und was es vermag, etwa durch künstlerische Interventionen, Gegenmodelle aufzuzeigen.

of land in the Istanbul city periphery. The attempt to apply a similar form of self-organization in the context of Berlin produced the Self-Service Center. Here, we not only suggested that the urban public space be used as a market space for cost-free materials that are no longer needed. In an interview Frauke Hehl and Corinna Vosse discuss their project "Art-materials", an urban storage space and information pool in which cost-free materials and information are being gathered and passed on. This is the first regionally-important logistic and storage center in the cost-free sector.

Matthias Reichelt discusses in his text the conceptual motives of our artistic work. In addition to a drastic criticism of consumption, he also asks the question whether there is a way out of the endless vicious circle of consumerism. He looks at what is possible to develop alternative models, including the method of artistic intervention.

After the spontaneous actionism of the project "House Building 05 – 1. International Week for Informal Building", we followed up with a discussion with the informal house builders Mathis Burandt (ifau), Philip Horst and Cagla Ilk. In the discussion we looked back upon our group-dynamic experiences during the conflict-laden situation with which we were confronted while building a settlement with absolutely no planning. The constructors of gecekondus and the developers of informal settlements have similar – and much more conflictive – experiences.

Dem spontanen Aktionismus, der „Hausbau 05 – 1. internationale Woche für informelles Bauen" weitgehend prägte, ließen wir ein Jahr später eine Diskussion mit den teilnehmenden informellen Hausbauern Mathis Burandt (ifau), Philip Horst und Cagla Ilk folgen. Darin blicken wir auf unsere gruppendynamischen Erfahrungen zurück, die wir in der konfliktträchtigen Situation machten, völlig ohne Plan eine Siedlung zu errichten. Erbauer von Gecekondus und Urheber informeller Siedlungen werden ähnliche Erfahrungen, allerdings in weitaus verschärfter Form, gemacht haben.

Schlussbetrachtung

Die nachhaltige Nutzung von Ressourcen und Materialrecycling bestimmen nicht nur unsere künstlerischen Arbeiten, sondern haben auch Anteil an unserer Lebensgestaltung. Somit sind unsere Arbeiten auch autobiografisch geprägt. Der Traum vom idealen Wohnen verfolgt uns als Kleinfamilie genauso wie alle anderen, ebenso die permanente Auseinandersetzung mit der Lust nach Konsum, Luxus, Lifestyle. Nur versuchen wir, diesem Faktum mit möglicherweise anderen Mitteln beizukommen. Wir versuchen, unseren eigenen materiellen Bedürfnissen unseren Stempel aufzudrücken. Dieses Bedürfnis ist gepaart mit unserer Lust, möglichst viel selber zu gestalten. Wahrer Luxus ist für uns, wie im Sommer 2004, ein Haus über Nacht auf einer Brachfläche aus Fundmaterial zu bauen, eine Woche darin zu leben, Freunde und neugierige BesucherInnen zu empfangen und gemeinsam daran Spaß zu haben.

Final Considerations

Not only do the lasting use of resources and the recycling of materials determine our artistic activities, they also are a part of the organization of our own lives. In this sense, our work is also autobiographical. The dream of the ideal living follows us as a small family, as it does all other families. The same is the case with the permanent contention with consumption, luxury and lifestyle. We continuously attempt to place our stamp on our own material needs. This is coupled with our desire to construct and design as much as possible for ourselves. For us, true luxury is to be involved in activities, such as those in the summer of 2004, in which we built a house out of waste materials overnight on a field, spent a week living there, meeting and greeting curious visitors and having a lot of fun together doing so. In this our understanding of design, architecture and modernity becomes clear: it does not include perfect, urban architectural and designed surfaces and rooms. It does include spaces created to stimulate communication and to develop a sense of possibility. Temporary building allows for this because here one can create things that are normally prohibited according to German building law. Our buildings and activities are embedded in the permanent discussion on alternative models. As artists with off experience, we are in the privileged situation to be able to consider and comment on the social conditions from a rather peripheral point of view as well as to react accordingly and within our means. We do this mainly in Berlin, a city in which the power elite is forcefully attempting to degrade a thrilling, heterogeneous and urban ambience with many free spaces down to a neoliberal city of representation.

Darin zeigt sich unser Verständnis von Design, Architektur und Moderne, das nicht darin besteht, perfekte städtische, architektonische und designte Oberflächen und Räume zu schaffen, sondern kommunikationsfördernde, den Möglichkeitssinn anregende Räume. Dazu dient das temporäre Bauen, weil man damit temporär Sachen realisieren kann, die normalerweise durch das deutsche Baurecht verboten sind. Eingebettet sind unsere Bauten und Aktionen in die permanente Auseinandersetzung mit ökonomischen Alternativmodellen. Als KünstlerInnen mit Off-Erfahrung befinden wir uns in der privilegierten Situation, die gesellschaftlichen Bedingungen von einem eher peripheren Standpunkt aus betrachten und kommentieren zu können und mit unseren Mitteln entsprechend zu reagieren. Dies machen wir hauptsächlich in der Stadt Berlin, deren Machteliten mit allen Mitteln versuchen, ein extrem spannendes, heterogenes urbanes Ambiente mit seinen vielen Freiräumen zu einer neoliberalen Stadt der Repräsentation zu degradieren.

1   Arendt, Hannah, Vita Activa, München 1981, S. 71

2   Self-Service-City ist im Rahmen des Ersatzstadtprojekts (kuratiert von Jochen Becker und Stephan Lanz) an der Volksbühne am Rosa-Luxemburg-Platz entstanden. Ersatzstadt ist ein Initiativprojekt der Kulturstiftung des Bundes in Kooperation mit der Volksbühne am Rosa-Luxemburg-Platz.

3   Lévi-Strauss, Claude: Das wilde Denken, Frankfurt 1968, S. 29

1   Arendt, Hannah: The Human Condition, University of Chicago Press, 2. ed., 1998, p. 57

2   Self-Service City was developed in the context of the Ersatzstadt project, curated by Jochen Becker and Stephan Lanz at the Volksbühne on the Rosa-Luxemburg-Platz. Ersatzstadt (substitute city) is a project by Kulturstiftung des Bundes in cooperation with Volksbühne am Rosa-Luxemburg-Platz, Berlin.

3   Lévi-Strauss, Claude: The Savage Mind. University of Chicago Press, 1966, pp. 16–17

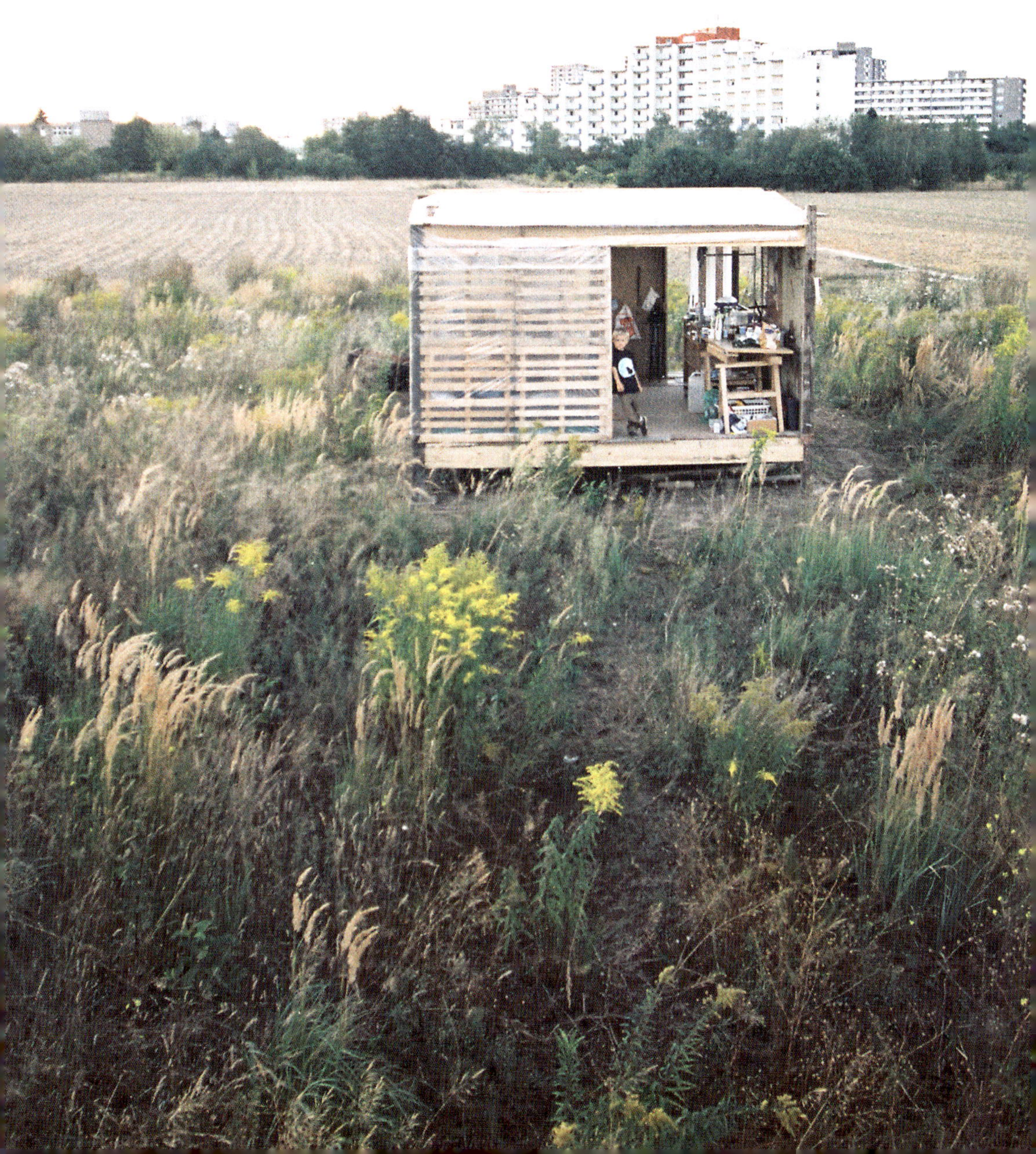

Interview mit with EVA EGERMANN, Malmö/Wien

EE: In der Nacht von Montag, 16. August, zu Dienstag, 17. August 2004, habt ihr begonnen, mit Hilfe von Freunden am Rande der Berliner Gropiusstadt ein illegales Haus zu errichten. Vor welchem Hintergrund fand diese Aktion statt?

FK: Zwischen dem Flughafen Schönefeld und Neukölln befindet sich die Gropiusstadt, eine in den 1960er Jahren entstandene Planstadt aus Hochhäusern. Dahinter beginnt unmittelbar nach dem Mauerstreifen Brandenburg mit seinen Feldern. Auf einer Brache, mit der Kulisse der Hochhaussiedlung, wollten wir die Utopie einer den Intentionen der Gropiusstadt gegenüberstehenden Spontanbebauung zeigen. Der Flughafen Schönefeld hat zudem vor einigen Wochen die Erlaubnis bekommen, zum Megaprojekt „Flughafen Berlin Brandenburg International" zu expandieren. Damit wird die Umgebung von Schönefeld zukünftig einem enormen Investitions- und Verwertungsdruck ausgesetzt sein. Das Land, wo wir unser Haus gebaut haben, wird in einigen Jahren wichtiges Bauland sein.

EE: Was bedeutet Gecekondu? In welcher Verbindung steht dieser Begriff mit eurem Hausbau?

FK: Gececondu bedeutet im Türkischen „über Nacht gebaut". Das osmanische Recht sagt, sobald ein neu gebautes Haus ein Dach hat, darf es nicht mehr abgerissen werden. Wir haben versucht, das Haus in einer Nacht zu bauen, haben es aber nicht ganz geschafft, im Gegensatz zu

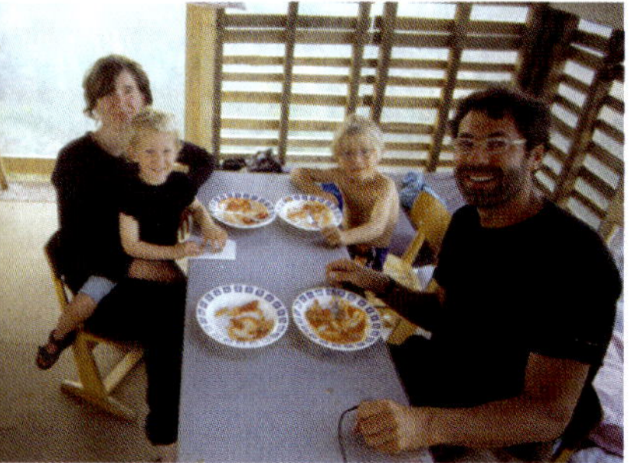

EE: In the night from Monday, 16 August, to Tuesday, 17 August, you began with the aid of friends to construct an illegal house on the outskirts of Berlin's Gropiusstadt. What is the background story to this activity?

FK: The Gropiusstadt, a planned urban settlement of high-rises, arose in the 1960s between the Schönefeld Airport and the city district of Neukölln in Berlin. Until 1989, the Berlin Wall ran directly behind the Gropiusstadt. Immediately behind the Gropiusstadt, the open fields of the federal state of Brandenburg begin. Here, on a fallow, with the high-rise settlement as a backdrop, we wanted to present the utopia of spontaneous gecekondu building vis-à-vis the structured Gropiusstadt. Furthermore, the airport had recently received permission to be expanded into a mega project, the "Berlin-Brandenburg International Airport". With this project, the surrounding region has begun to experience enormous pressure towards development and utilization. The fallow upon which we built our house, for example, will become important building land in the years to come.

EE: What does gecekondu mean? How does this term apply to the building of your house?

FK: The term gecekondu means "built overnight" in Turkish. According to Ottoman law, a house cannot be torn down after a roof has been built upon it. Even though we attempted to build our house overnight, as the builders of gecekondus in Turkey do, we were not completely successful. Thus, our experiment also showed us the sheer complexity behind the logistics necessary for building a house in such a short time period.

EE: How many people helped you in the building process? What materials were used?

den Erbauern der Gecekondus in der Türkei. Unser Experiment hat auch gezeigt, mit welcher Logistik die Leute in der Türkei in kürzester Zeit ein Haus zu bauen imstande sind.

EE: Wie viele Leute haben euch beim Bau geholfen und welche Materialien wurden verwendet?

FK: Beim Bau haben uns in der ersten Nacht vier Architekturstudenten der TU Berlin geholfen, danach haben wir es zu zweit weiter gebaut. Verwendet haben wir fast ausschließlich recyceltes Baumaterial von Baustellen. Die eine Wand bestand zum Beispiel aus vier Eingangstüren mit Briefschlitzen, die andere aus Paletten, der Boden aus unterschiedlichen Dielen, die Tragkonstruktion aus Decken- und Dachbalken.

EE: Mit welchen Problemen seid ihr seit dieser Nacht konfrontiert worden und wie reagierte die Bevölkerung und Öffentlichkeit auf eure Aktion?

FK: In der ersten Nacht des Bauens kam um 3.00 Uhr die Polizei. Wir hatten den Lärm, den wir machten, unterschätzt. Wir dachten nicht, dass man das Hämmern in den Häusern hören würde. Die Polizei hat uns zuerst nicht gefunden, weil das Hämmern nicht zu lokalisieren war. Die Anwohner hatten auch Angst, weil wohl der Geburtstag von Rudolf Hess war. Sie dachten, dass dort auf dem Acker von Neonazis ein Denkmal errichtet würde. Am nächsten Morgen und an den darauffolgenden Tagen waren die Reaktionen der Anwohner sehr wohlwollend. Auf der Brache, wo wir das Haus errichtet hatten, treffen sich die Bewohner der Gropiusstadt und aus der naheliegenden Einfamiliensiedlung „Gartenstadt Großziethen", um ihre

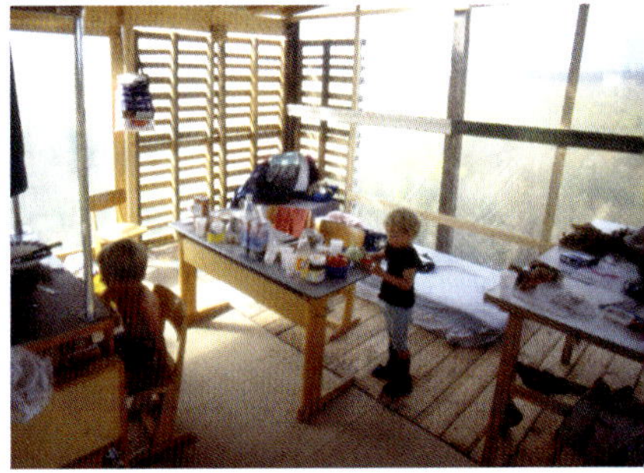

FK: Four architecture students from the Technical University Berlin helped us with the building phase during the first night. Afterwards, we continued to build alone. We used almost exclusively recycled building materials from construction sites. The one wall, for example, consisted of four front doors with letter slots. Another consisted of pallets. The floor was built from varying tiles and the carrying construction from blankets and girders.

EE: Were you confronted with problems? How did the residents and the public react to your activities?

FK: In the first night of the building phase the police showed up around three o'clock in the morning. We had underestimated the level of noise that we were making. We had not thought that one could hear the hammering, for example. The police could not find us at first because they could not localize the noise. Some residents were afraid that Neo-Nazis were building a monument to Rudolf Hess on the field, presumably because it was the anniversary of Rudolf Hess's birthday. Nonetheless, the next morning, and in the subsequent days, most residents reacted sympathetically towards the project. The residents of the Gropiusstadt and those from the nearby single-household settlement "Gartenstadt Großziethen" meet to walk their dogs on the fallow where we had constructed our house. The house itself was visible in all directions, particularly from a large number of the highrises nearby. Therefore, people came by every day and were incredibly curious to find out what was going on. At first they wondered what was being constructed. A fruit shop,

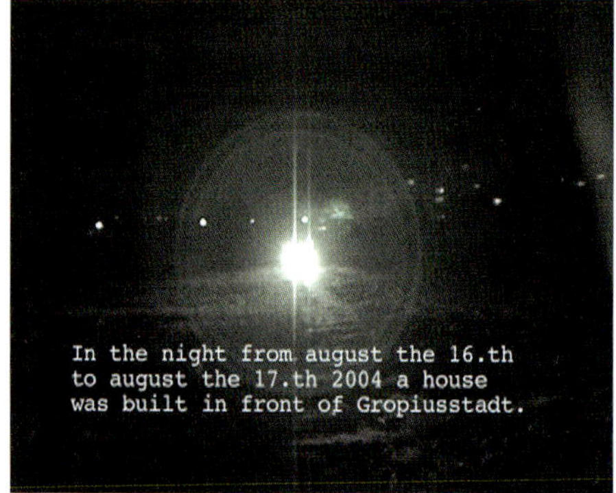

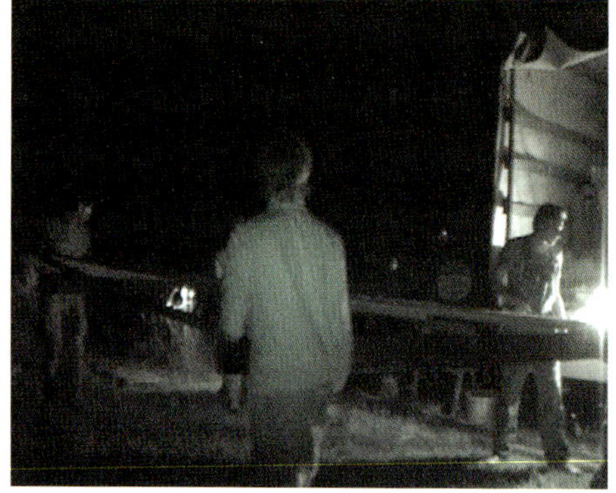

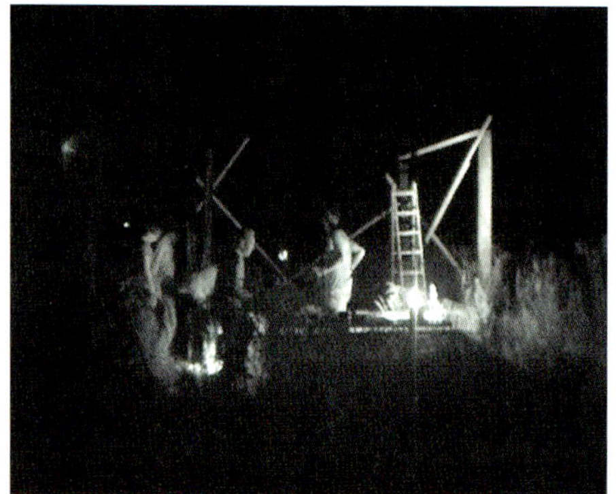

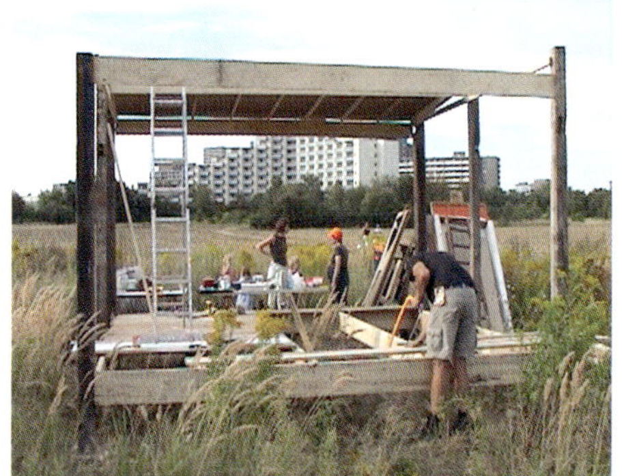

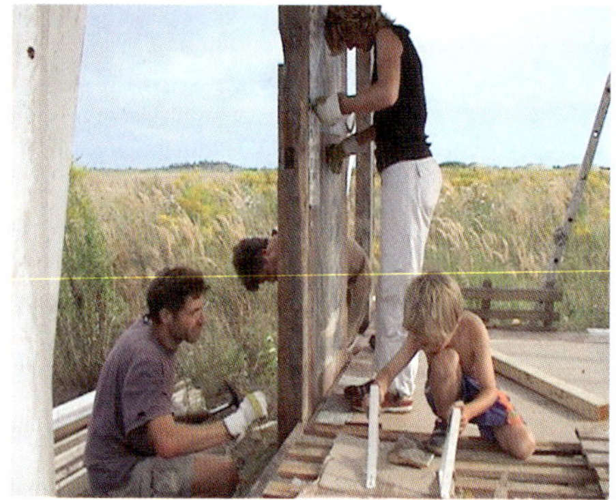

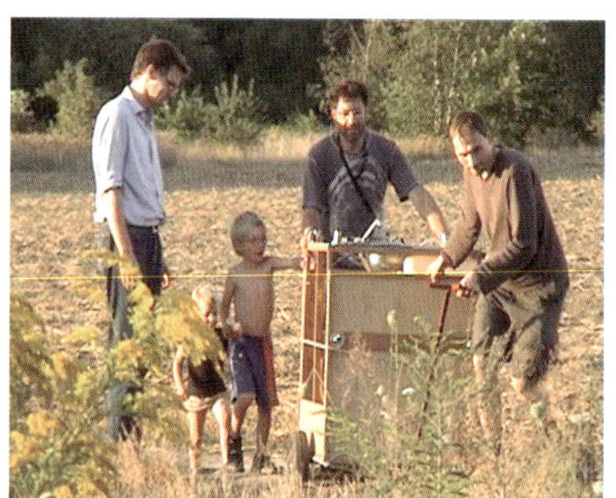

▲ Wir fingen an, ein Haus über Nacht vor der Gropiusstadt in Berlin zu bauen. We started to build a house over night in Gropiusstadt, Berlin.
▶ Das Hausgerüst wird in der Nacht fertig. The skeleton of the house was finished in the night.
▼ Mit Hilfe von Freunden war das Haus nach drei Tagen fertiggestellt. With the aid of friends, the house was ready to move in after three days.

▲ Entladen der Materialien. Unloading of materials.
▶ Weiterbau am nächsten Tag. Continuing the construction on the next day.
▼ Die mobile Küche kommt. The mobile kitchen is coming.

Videostills aus „Hausbau 04", 10 min
Still shots from the video "House Building 04", 10 min

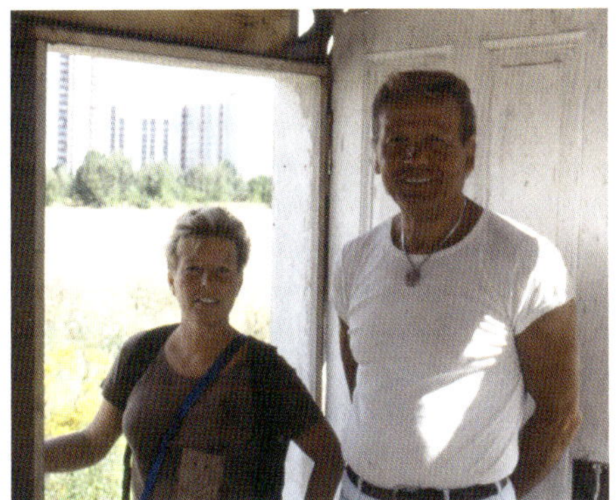

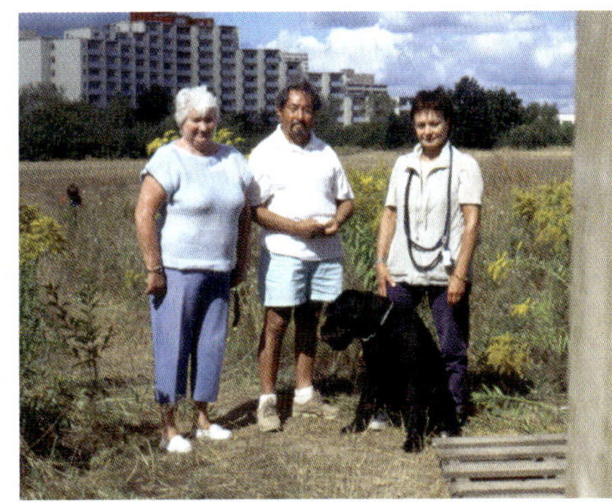

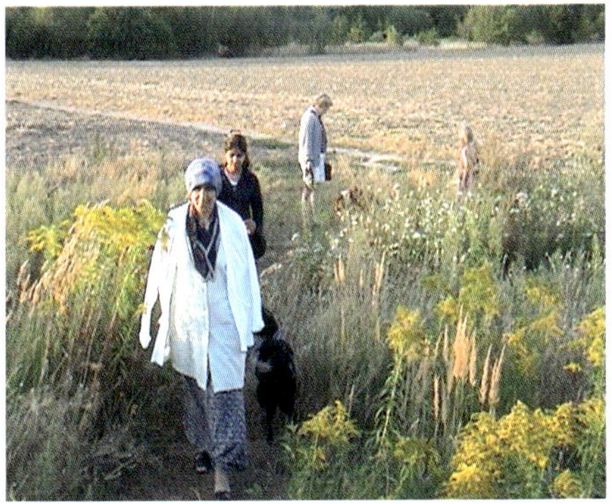

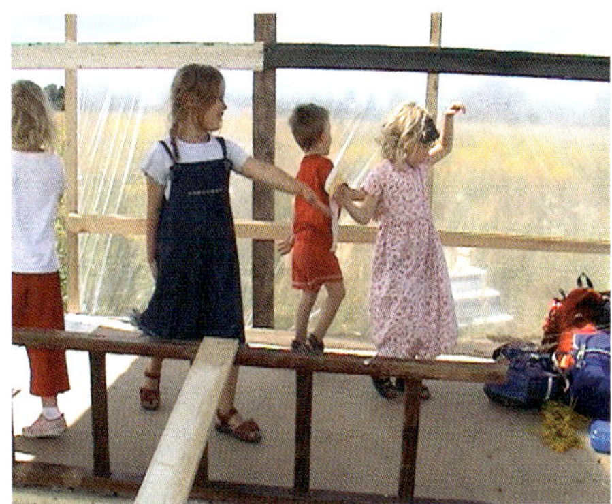

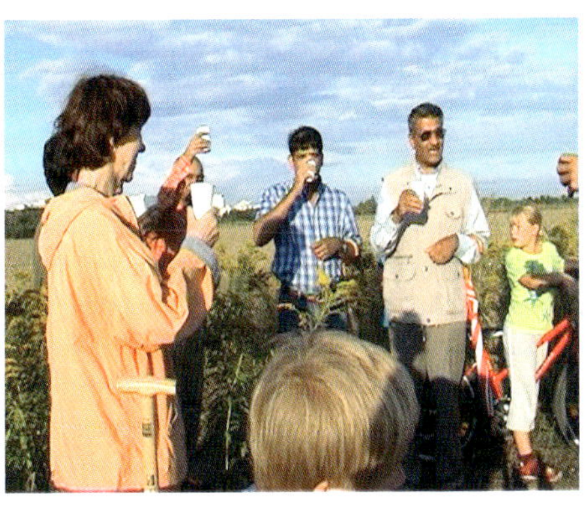

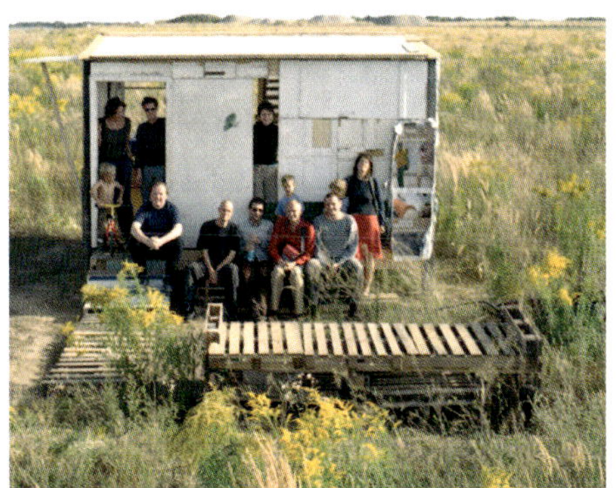

▲ ▲ ▶ BewohnerInnen aus der Gropiusstadt, die uns von ihren Fenstern aus beobachten konnten, kamen uns besuchen. Inhabitants from the Gropiusstadt, who could see us from their windows, came to visit us.

▼ Die Gropiusstädter feiern mit uns die Einweihung. The people of Gropiusstadt celebrate our house-warming.

▶ Die Kinder entdecken den Ort als Spielplatz. Children discover the location as playground.

▼ Das Haus wird zum Treffpunkt. The house turns into a meetingpoint.

Hunde auszuführen. Das Haus war weithin sichtbar, vor allem aus etlichen Hochhäusern. Die Leute kamen also jeden Tag, um ihre Hunde auszuführen und waren total neugierig. Zuerst wunderten sie sich, was denn da entstehen würde. Ein Geschäft für Obst, ein Schafstall, eine Stätte für Kinder? Denn da unsere beiden Kinder die ganze Zeit dabei waren, dachten manche, wir wären obdachlos geworden und hätten uns jetzt spontan dort ein neues Heim gebaut. Sie waren zum Teil auch besorgt, da wir ja kein Wasser und Strom hatten. Manche dachten, es wäre eine Demonstration gegen Hartz IV, dass wir bald alle so wohnen werden. Am wohlwollendsten waren uns aber indische Angestellte vom Mariendorfer Mercedeswerk, die jeden Abend um 19.00 Uhr ihren Spaziergang auf den Feldwegen um unser Brachgrundstück herum absolvierten. Sie brachten Sekt, um uns zum Einzug zu beglückwünschen.

EE: Was passiert weiter mit dem Haus und wie lange habt ihr vor, den Platz zu besetzen und daran weiterzubauen?

FK: Wir haben es nach einer Woche wieder zum Entsetzen der Anwohner abgebaut. Wir haben es eingelagert und wollen es an anderer Stelle mehr im Stadtinneren wieder aufbauen. Es interessiert uns, wie dort die Anwohner auf unser Haus reagieren werden.

EE: Vor welchem politischen Hintergrund findet eure Besetzung statt? In welchem Zusammenhang seht ihr euch zu einer HausbesetzerInnenszene?

FK: Bei einer solchen Aktion bewegt man sich in einem Spannungsfeld zwischen neoliberal propagierter Eigeninitiative, hier symbolisch mit dem Hausbau vorgeführt, temporärer Kunstak-

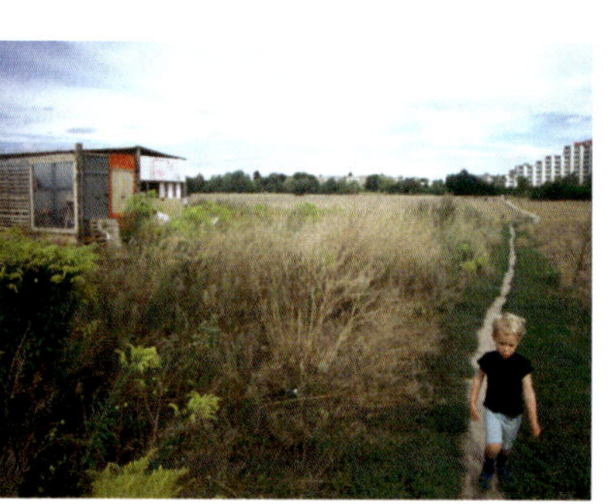

a pen for sheep or a playground for children? Because our two children were with us the whole time, some thought that we had become homeless and had spontaneously decided to build a new house for ourselves on the field. Some were also worried because we had no electricity and water. Some thought it to be a demonstration against the newly-passed social restrictions Hartz IV – and that soon all would have to live that way. The most sympathetic visitors were, however, Indian employees of the Mercedes factory in the nearby Mariendorf. They took walks every evening around seven o'clock along the paths in the fields surrounding our project. One time they brought us champagne to congratulate us on moving in.

EE: What ultimately happened with your house? What are you planning to do with it?

FK: We dismantled our house after a week, albeit to the dismay of many residents. It is currently in storage and we are planning to reconstruct it in the future somewhere in the center of the city. We are looking forward to finding out the reactions of the residents there towards our project.

EE: What is the political background of your project? How do you see the project in relation to the squatters' scene in Berlin?

FK: With an activity such as this, one finds him- or herself somewhere in the middle of two contradicting poles. The first pole corresponds to the concept of neoliberal self-initiative, symbolically shown here in the building project. In this sense, a such temporary art installment can be conceived by the public in a friendly and patronizing manner because

tion, was freundlich-gönnerhaft, weil harmlos, aufgefasst wird, und, was uns am wichtigsten ist, der Zurschaustellung eines Möglichkeitssinns jenseits der kapitalistischen Verwertung und des rein konsumistischen Gebrauchs städtischen, öffentlichen Raums, also der Überantwortung allen vormals öffentlichen Lebens an Großkonzerne, Automassen und Wachschutzbataillone. Wir wollen mit diesem Gecekondu-Zitat den Möglichkeitssinn in den (noch) öffentlichen Raum transportieren. Indem wir eine Woche lang relativ öffentlich dort auch gelebt haben, schufen wir viel Verwunderung, einen lebendigen Kommunikationsort und hatten spannende Gespräche mit den vorbeikommenden Leuten. Das hat uns gezeigt, wie wir öffentlichen Raum gerne hätten: Indem er viel mehr genutzt, durch Leute mit unterschiedlichsten Ideen jenseits kapitalistischer Verwertung angeeignet wird und Anreize für phantasievolle Besetzungen bietet. Somit wäre auch denkbar, dass sich nach einer HausbesetzerInnenszene nun eine Welle des kreativen Raumbesetzens bildet. Somit werden zwangsläufig auch bestehende Gesetzmäßigkeiten von Grundeigentum und Hoheitsgewalt über städtische oder stadtnahe Räume in Frage gestellt. Und darüber hinaus haben wir in den Berliner Raum eine Hausbauform übersetzt, die jenseits des mitteleuropäisch zentrierten städtebaulichen Selbstverständnisses erfolgreich millionenfach funktioniert, hier aber (noch) als Schreckgespenst selbstorganisierten Handelns („Verslumung") diskreditiert wird.

it can be looked upon as harmless. The second pole, and this is most important for us, represents a sense of possibility beyond capitalist utilization and the pure consumerist use of the urban public space under the over-arching responsibility of large corporations, masses of automobiles and battalions of security guards. With the use of this gecekondu phrase, we want to transport a sense of possibility into the (remaining) public space. In our living for a week in a relative public setting, we created a good deal of amazement and a place for open communication. We had very interesting conversations with the people who passed by. The experience showed us public space as we would like it: more is used, appropriated by people with varying ideas beyond those of capitalist utilization, and stimuli are offered for further fantasy-filled squatting activities. In this sense, it would be conceivable that, after a period of house squatting, a wave of creativity could occupy public space. Through this, the binding, existing legality of private property and sovereignty over urban and suburban space can be brought into question. Finally, we have translated a form of building into the Berlin space that is beyond the typical self-concept of city structures in Central Europe, but that functions in millions upon millions of situations, even though this form of self-organized activity is (still) discredited as nightmarish 'slumming'.

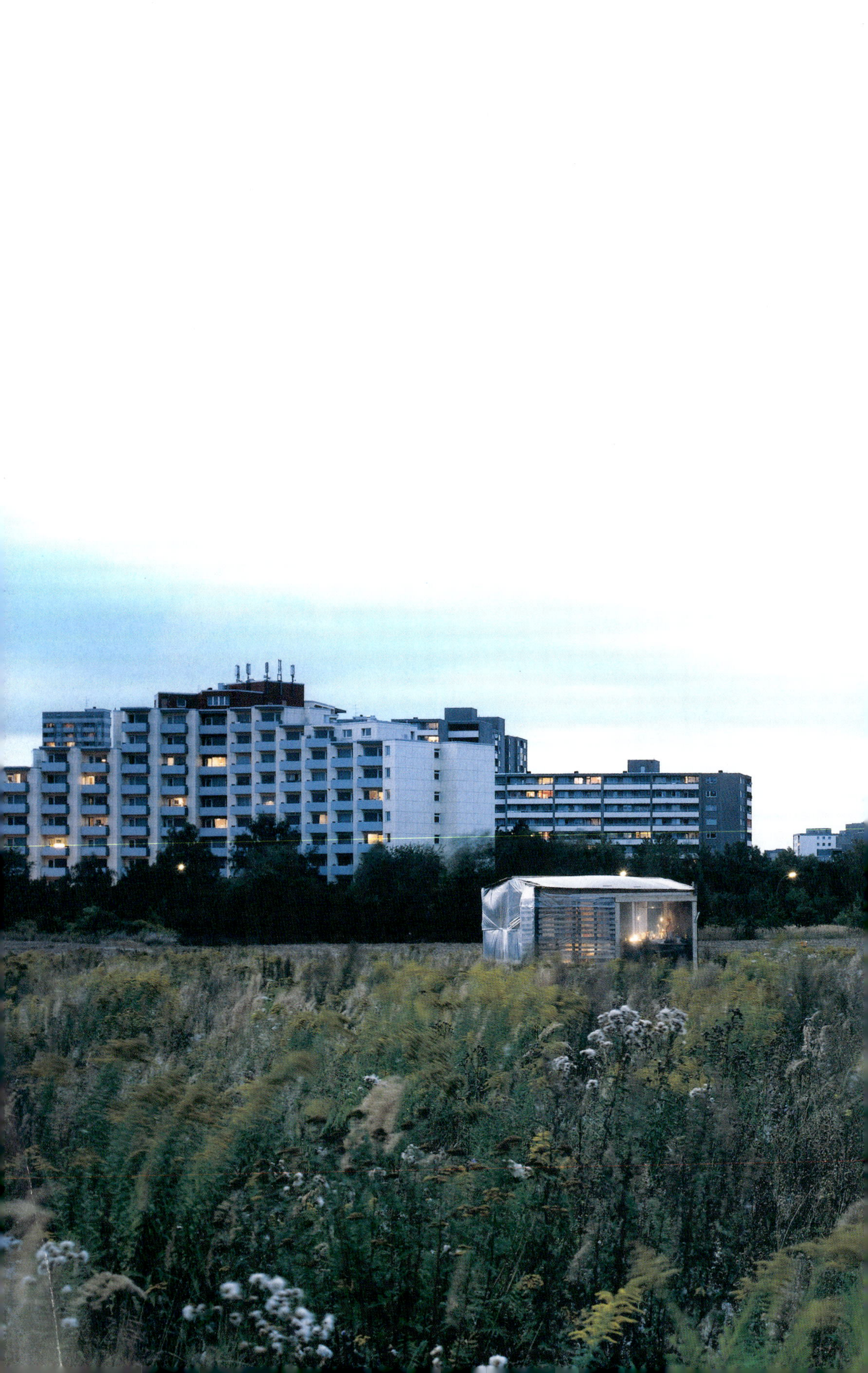

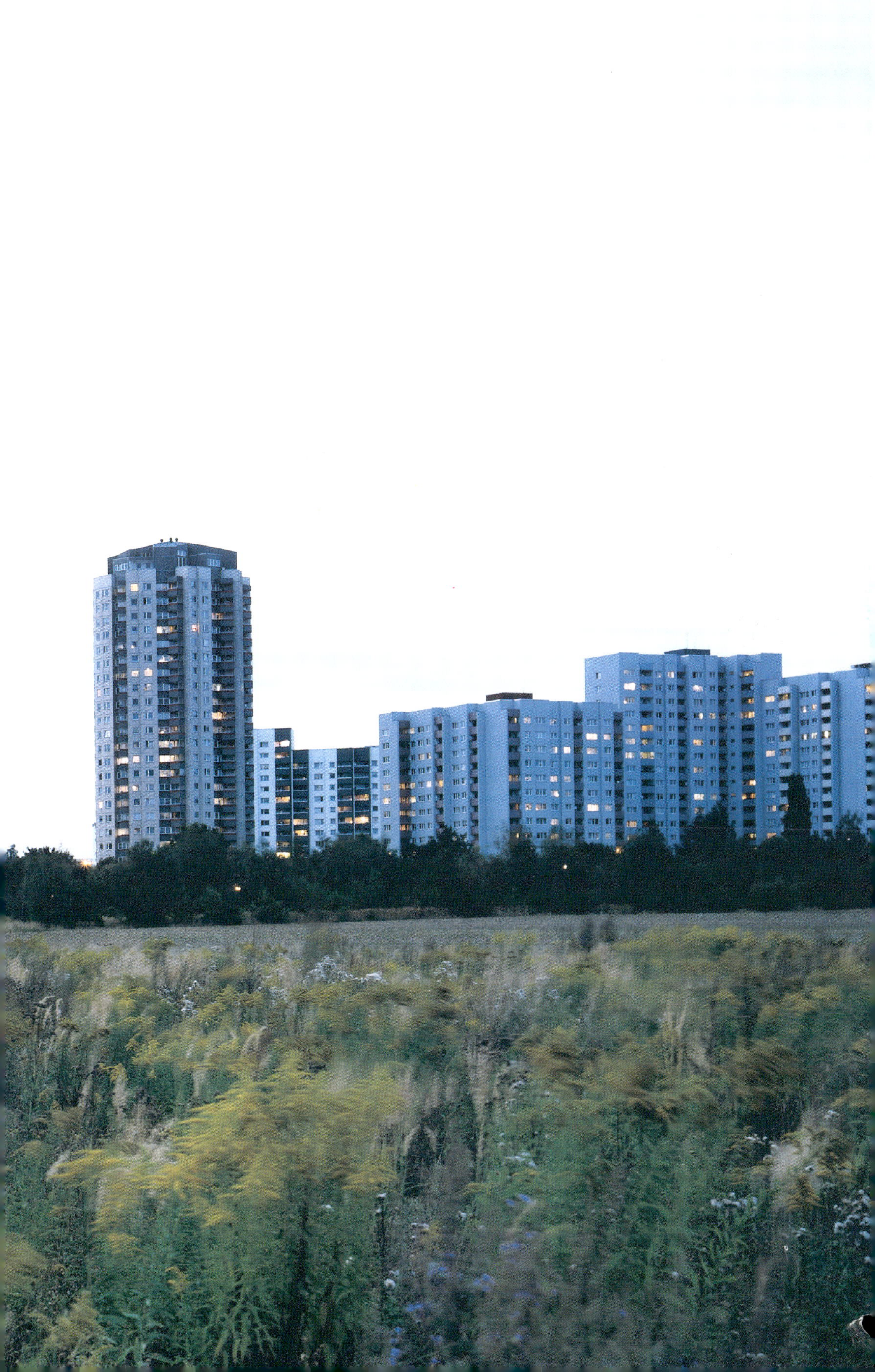

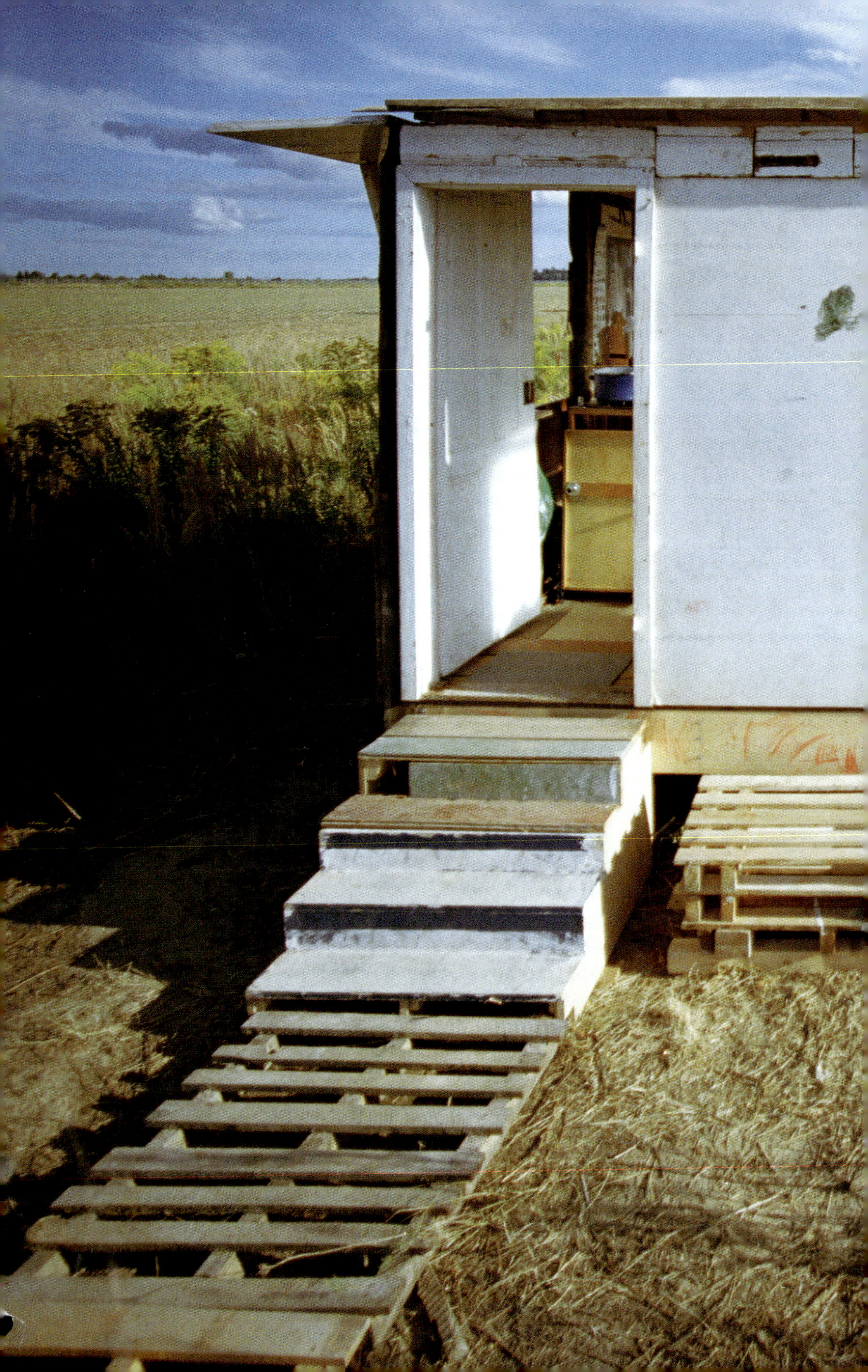

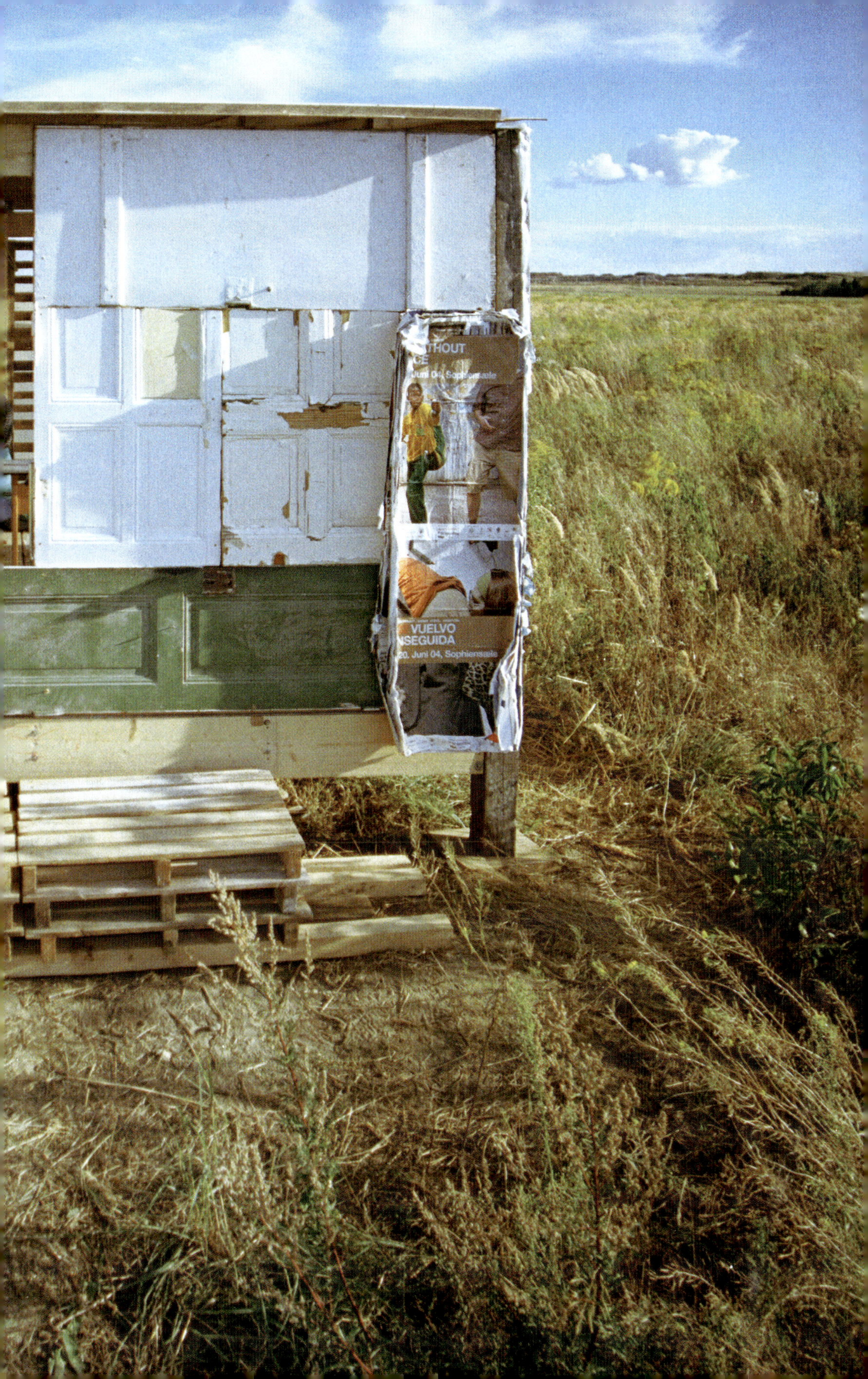
THOUT
CE
Juni 04, Sophiensaele
VUELVO
NSEGUIDA
20, Juni 04, Sophiensaele

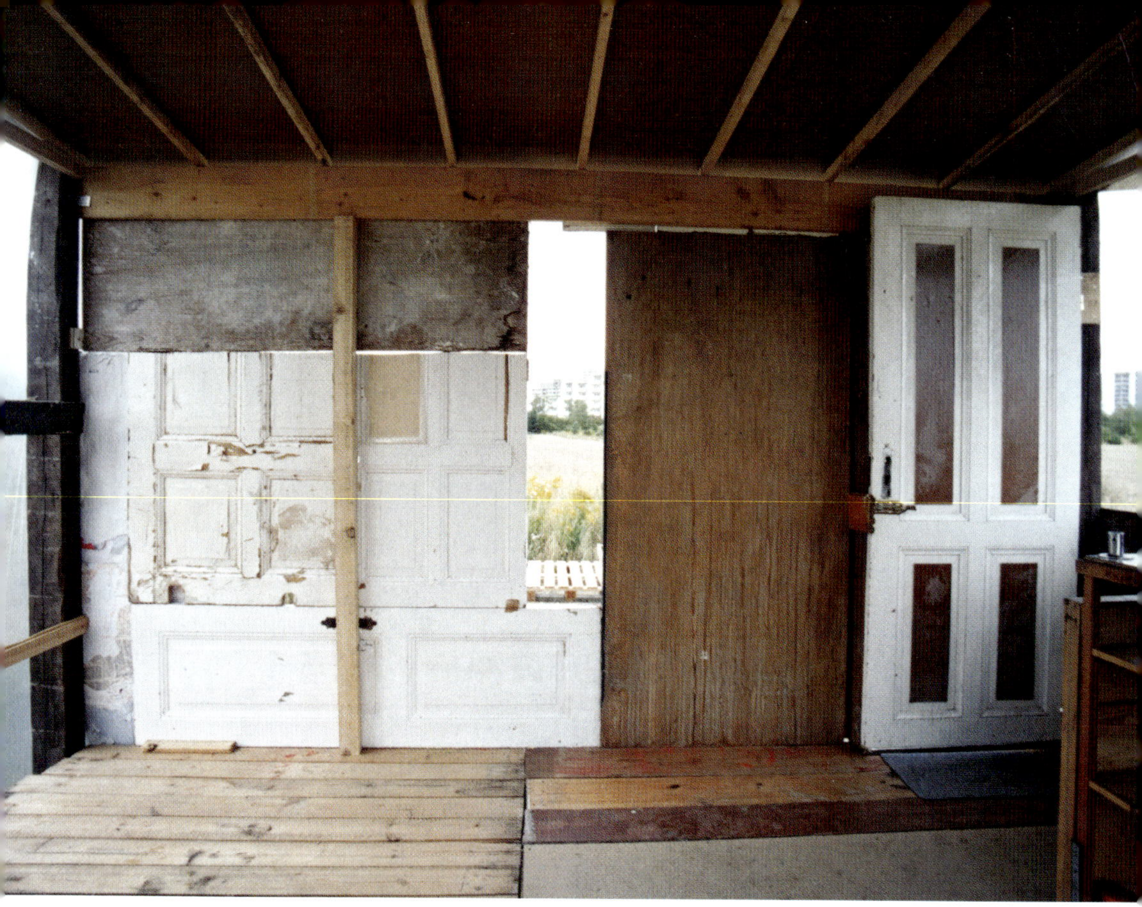

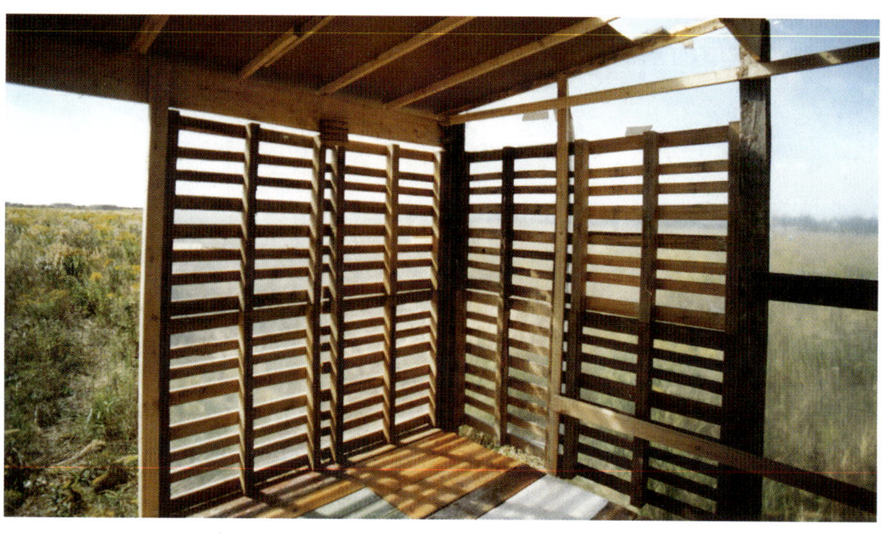

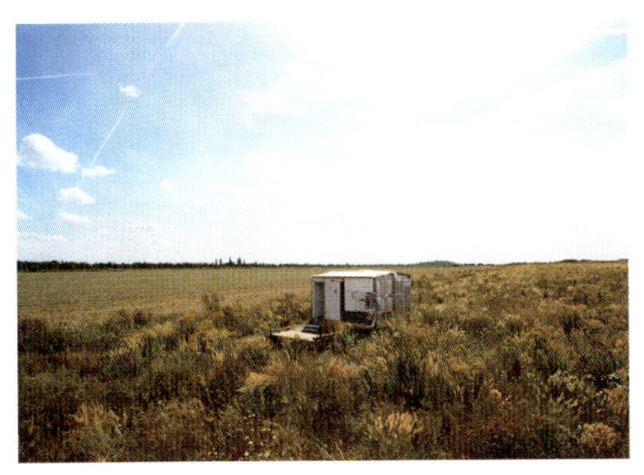 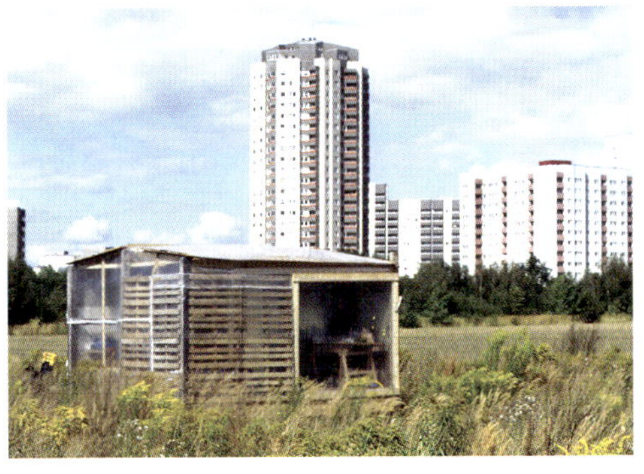

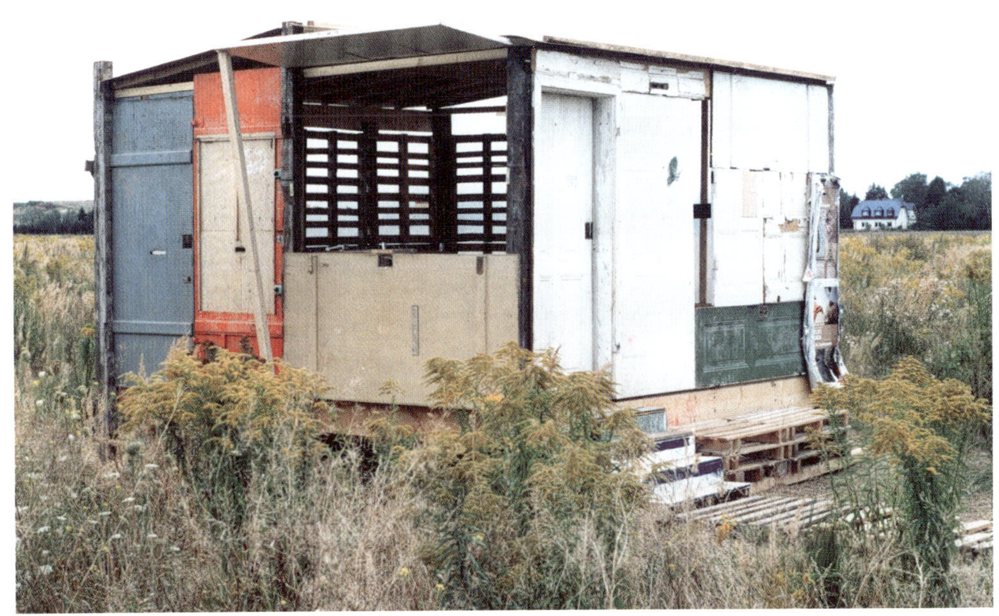

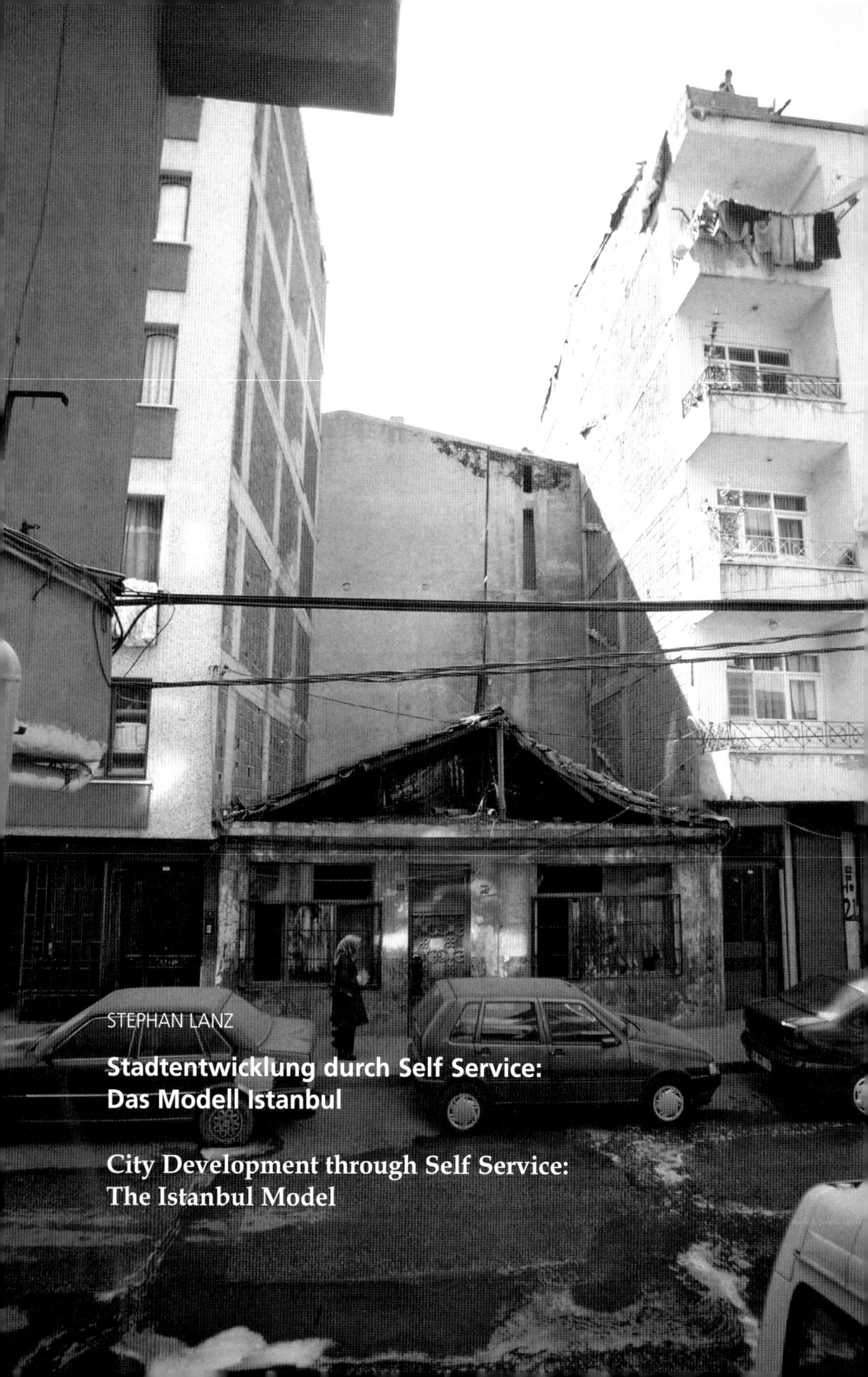

Stadtentwicklung durch Self Service: Das Modell Istanbul

City Development through Self Service: The Istanbul Model

Eine extreme Landflucht, kombiniert mit einer beispiellosen Nachfrage nach Industriearbeitern, hat Istanbul innerhalb der letzten 50 Jahre fast ohne Stadtplanung von einer Million auf ungefähr 13 Millionen Einwohner – so genau weiß es niemand – anwachsen lassen. Die Größenordnung dieses Urbanisierungsprozesses, die Art und Weise, wie die Zuwanderer städtischen Raum produzierten und sich aneigneten sowie die seither neu entstandenen urbanen Kulturen lassen es durchaus zu, von einer Neuerfindung Istanbuls – und damit einer der bedeutendsten Metropolen der menschlichen Geschichte – zu sprechen. Empört über die sich um keine überkommenen Regeln kümmernde Selbstverständlichkeit, mit der die Neu-Ankömmlinge ihre Stadt verwandelten, fassten die bürgerlichen Eliten des alten Istanbul die ihnen unerklärliche neue Urbanität der Metropole ausschließlich in negative Begriffe. Vor allem sprachen sie von einer „verzerrten Urbanisierung", die sie als hoffentlich bald zu behebenden Unfall interpretierten. Zahlreiche Kommentatoren sahen im Kontext der Zuwanderung den Kosmopolitismus des Istanbuler Bürgertums als zerstört an, beklagten die vorgebliche Explosivität der neuen städtischen Lebensformen, fürchteten einen aus den informellen Siedlungen der Migranten gesteuerten heimlichen Krieg gegen die Stadt. Die „märchenhafte Metropole", das von den Chinesen schon vor tausend Jahren als „Stadt der Städte" verklärte Konstantinopel, das noch im späten Mittelalter als globales Zentrum der Zivilisation galt, sei zu einem „Anti-Istanbul" mutiert, so das allgemeine Lamento, zu einer „Terra incognita", deren Wesen ein Rätsel bleibe. Lediglich eines stehe fest, so etwa der Architekturhistoriker Dogan Kuban: Mit Sicherheit sei diese Megalopolis der Gegenwart keine Stadt.

An extreme rural exodus, combined with an unprecedented demand for industrial workers, has caused Istanbul to grow immensely in the last fifty years. With almost no city planning, Istanbul went from a city of one million inhabitants to one of around thirteen million – the exact number is unknown. The magnitude of this urbanization process, the extent that the internal migrants produced and appropriated a new urban space and the newly created urban cultures point to a new invention of Istanbul, and thus to a new invention of one of the most important metropolises in human history. Outraged over the newcomers' self-understanding that antiquated societal rules should not be of concern, the middle class elite of old Istanbul discussed the apparently inexplicable new urbanism exclusively in negative terms. They spoke of a 'twisted urbanization' that needs to be repaired. In this context, numerous commentators saw the destruction of the cosmopolitanism of the Istanbul bourgeoisie, lamented the alleged explosivity of the new urban way of life and feared a secret war against them on part of the migrants in the new informal settlements. According to their opinion, the fabulous metropolis – which, as Constantinople, the Chinese called the "city of cities" and which is considered to be a global center of civilization into the late Middle Ages – has mutated into an "Anti-Istanbul" or a "terra incognita". As the historian of architecture Dogan Kuban claims, only one thing is certain: today's megalopolis is not a city per se.

If one attempts to understand the vehemence of this criticism, one has difficulty finding a basis for it in the urban everyday life of the metropolis. The embittered urban images that fuel this criticism turn out to be grotesquely excessive. In comparison to other cities

Versucht man, die hasserfüllte Vehemenz dieser Kritik zu verstehen, wird man im städtischen Alltag der Metropole kaum fündig, denn dort stellen sich die verbitterten urbanistischen Images als grotesk überzogen heraus. Gerade im Vergleich mit anderen Städten, die ein derartiges Wachstum zu organisieren hatten – historisch etwa sich industrialisierende Städte wie Berlin oder Manchester im 19. Jahrhundert oder zeitlich parallel zu Istanbul zahlreiche heutige Megastädte der so genannten Dritten Welt – kann die gelungene Integration einer derart gigantischen Zuwanderung ohne massenhaftes Elend in Slums und Shantytowns, ohne Gewaltausbrüche provozierende kulturelle und soziale Risse oder ohne einen autoritären Staatsdirigismus wie in den Städten Chinas als weltweit beispielloser Erfolg gelten. Dies gilt selbst dann, wenn man die sozialen, politischen und umweltbedingten Kosten dieser extremen und kaum gesteuerten Stadtentwicklung in Rechnung stellt. Misstrauisch stimmen aber nicht nur die maßlos ins Negative verzerrten städtischen Szenarien, sondern auch der nostalgisch verklärte Blick auf eine metropolitane Vergangenheit vor der beginnenden Massenzuwanderung. Tatsächlich hatte Istanbul einen großen Teil seines Kosmopolitismus eingebüßt, als sich die nicht-muslimischen Minderheiten nach Pogromen und einer gegen sie gerichteten Vermögenssteuer in den 1950er Jahren gezwungen sahen, die Stadt zu verlassen und diese sich national und religiös homogenisierte. Von einer solchen Homogenität kann aber seit den 1990er Jahren keine Rede mehr sein – der wiedergekehrte Kosmopolitismus allerdings bleibt in der üblichen Rezeption ein blinder Fleck, da er im Wesentlichen einer der nichtbürgerlichen Klassen und irregulären Zuwanderer ist. Der nostalgische Blick hingegen

that had to organize such growth – in a historical sense, for example, the industrializing cities of Berlin or Manchester in the 19th century, or in the recent past a number of other megacities of the so-called third world – the successful integration of a huge wave of migrants into Istanbul, without mass poverty in slums and shantytowns, without cultural and social fissures that provoke violent outbreaks and without authoritarian control as seen in China, can be seen as exemplary. This success can be confirmed even when one takes into account the social, political and environmental costs that the extreme and almost uncontrolled development of the city brought with it. Nonetheless, not only does the excessive negative distortion of today's urban space make the bourgeoisie mistrustful of this great change, but also a nostalgic and fuzzy understanding of the city's urban past before its period of mass migration.

In fact, Istanbul had lost a large element of its cosmopolitanism when the non-Muslim minorities, after pogroms and a wealth tax aimed particularly in their direction in the 1950s, were practically forced to leave the city. As a result, the city itself became more and more homogenized along national and religious lines. Since the 1990s, one can no longer speak of such homogeneity. The return of cosmopolitanism, however, remains a blind spot in the public discourse because it stems for the most part from the non-bourgeois classes and from the irregular migrants in Istanbul. The nostalgic viewpoint of Istanbul sees only the myth of a sunken urbanity, and the loss of bourgeois individualism, civilization and order. This viewpoint is supported by claims that the new migrants and their descendants are comprised of the rural masses, are controlled by emotion and

beschwört eine untergegangene Urbanität, die eher durch die Attribute bürgerlich-individua-listisch, zivilisiert und geordnet charakterisiert ist und mit einem ländlich-massenhaften, affektgesteuerten und chaotischen Anderen kontrastiert wird, das den meist ländlichen Zuwanderern und ihren Nachkommen zugeschrieben wird. Zumindest aus ihrer eigenen Perspektive haben die traditionellen städtischen Eliten Istanbuls die Hoheit über das „urban meaning" – so bezeichnet Manuel Castells die kollektive Imagination über die Bedeutung und das Wesen einer Stadt – an diese „Anderen" verloren.

Der Ort dieses vorgeblich „Anderen" ist das Gecekondu. Dieses kann man im Grunde als paradigmatisches Modell einer Urbanisierung durch Self-Service lesen. Der Begriff selbst, den man mit „über Nacht gelandet" übersetzen könnte, verweist auf eine informelle Land-nahme von Zuwanderern der ersten Generation, die sich dabei auf ein Relikt des sultani-schen Rechts beziehen konnten. Danach konnte jemand, der in der Lage war, über Nacht ein Hausdach auf ein paar Pfosten zu bauen, diesen Ort für sich in Anspruch nehmen. Inter-essant an diesem eher sagenumwobenen Mythos ist vor allem das darin enthaltene Verständ-nis der Verfügbarkeit über Grund und Boden, für die kein privates Eigentumsrecht galt. Vielmehr gehörte das Land dem Staat, der den Individuen das Recht erteilte und vererbbar machte, es gegen Arbeitsleistungen und Steuern zu nutzen.

Die Zuwanderer, die ab 1950 nach Istanbul strömten, waren zwar von der sich rapide entwickelnden Industrie dringend benötigt und angeworben worden, für ihre Unterbringung sorgten allerdings weder die Betriebe noch der Staat. Sie mussten sich selbst helfen, und da

are representative of a chaotic 'other'. At least from their perspective, Istanbul's tradition-al and urban elite has lost to these 'others' the control of the "urban meaning", a term which Manuel Castells uses in order to discuss the collective imagination of the impor-tance and existence of a city in itself.

This alleged 'other' finds his or her place in the gecekondu. One can interpret the gecekondu to be a basis for a paradigmatic model of urbanization through self-service. The term itself, which one can translate into "landed over night", refers to an informal process of taking land into possession widely used by migrants of the first generation. The concept is based upon a relict of the Sultanic law of old. According to this law, one could take land as his own after building a house with a roof in the course of one night. What is especially interesting when looking at this rather mythical law is the understand-ing that property is thus made available to people without it being linked to laws per-taining to private property. Rather, property belonged to the state, which then gave indi-viduals the right to possess and inherit parcels of it according to a system of duties and taxes.

The migrants who flowed into Istanbul since 1950 were, indeed, urgently needed and even recruited by the rapidly developing industrial sector. However, neither the com-panies nor the state made guarantees for their accommodation. The migrants had to help themselves, and since they found suitable state property on the outskirts of the old city, they took up their right to build their own houses without asking for official permission, a right that was familiar to them from their experiences in the rural space. This began as

sie rund um die alte Stadt genug staatlichen Boden vorfanden, griffen sie auf das überlieferte, ihnen aus dem ländlichen Raum vertraute Recht zurück und begannen damit, sich auf diesem Land ihre eigenen Häuser zu bauen, ohne nach behördlichen Genehmigungen zu fragen. Dies geschah zunächst in kollektiver Selbsthilfe, die dadurch erleichtert wurde, dass ihre Zuwanderung kettenförmig stattfand. Da einem Pionier meist Verwandte oder Freunde aus dem heimatlichen Dorf oder der Kleinstadt nach Istanbul folgten, konnten dort schnell die vertrauten sozialen Netze reproduziert werden. Viele Fotos aus der Gründungsphase der Gecekondus zeigen, wie sich die Neuankömmlinge exakt an die historische Überlieferung hielten, indem sie zunächst ein Dach zimmerten und dieses dann auf vier Pfosten hievten. Der Staat duldete im Großen und Ganzen die nach formalem Recht illegale Aneignung öffentlichen Bodens, da er auf diese Weise Kosten für Infrastrukturen oder Wohnungsbau sparen konnte und sich so die Wohnungsfrage gleichsam von selbst löste – ganz im Gegensatz etwa zum sich industrialisierenden Berlin des 19. Jahrhunderts, wo das rapide Wachstum nicht nur elende Zustände, sondern auch einen riesigen sozialen Sprengstoff produziert hatte. Die erste Generation der Gecekondus brachte eine Unmenge von städtischen Dörfern hervor, die sich ringförmig um die alte Stadt legten und sich immer weiter in das Umland ausdehnten. Die zunächst aus gefundenen Materialien auf das Einfachste gezimmerten Hütten wichen mit zunehmender Aufenthaltsdauer der Zuwanderer säuberlich gemauerten Einfamlienhäusern. Meist eingebettet in Gärten für Gemüse und Kleinvieh, verwandelte sich deren dörflicher Charakter bald in suburbane Gartenstädte, die stark an urbanis-

a type of collective self-help, which was then facilitated by the migration flows to Istanbul that was occurring through the process of chain migration. Since relatives and friends most often followed a 'pioneer' from the village or small city of origin to Istanbul, familiar social nets could be quickly reproduced there. Many photographs from the founding phase of the gecekondus show how closely the newcomers stuck to the historical tradition by first building a roof and afterwards heaving it onto four posts. More or less, the state tolerated the formally illegal possessing of public lands, since it was thus able to save costs for developing the infrastructure or housing. At the same time, the question of housing solved itself – completely in contrast to the Berlin experience during the industrialization of the 19th century, where the rapid growth had produced not only vast poverty, but also large amounts of social unrest. The first generation of the gecekondus in Istanbul produced a large number of urban villages, which were forming a ring around the old city and which were being extended farther and farther into the surrounding area. In the process, the first houses built from scrap materials were replaced by cleanly built single-family houses. Mostly embedded in vegetable gardens and areas for small livestock, the village character of these areas was slowly transformed into suburban garden cities akin to the urban reform models of the early 20th century. The inhabitants also developed the necessary infrastructure such as canalization and streets. Later, due to the strength of this new electorate, the inhabitants could wrest infrastructure improvements from the city's politicians.

tische Reformmodelle des frühen zwanzigsten Jahrhunderts erinnern. Auch die notwendigen Infrastrukturen – Kanalisation oder Straßen – errichteten die Bewohner zunächst in Selbsthilfe. Später konnten sie diese der Stadt abtrotzen, deren Politiker sie mit Hilfe ihrer Wählerstimmen zu streng genommen illegalen Zusagen „erpressen" konnten. Mit der Zeit professionalisierte sich die Self-Service-Urbanisierung. In einem learning by doing bildeten sich in den Gecekondus autodidaktische Baumeister, Bauunternehmen und Hersteller von Baumaterialien heraus. Als sich die verfügbaren Flächen verknappten, der Staat erste Gecekondus nachträglich legalisierte und die Zuwanderung unvermindert anhielt, begann ein gigantischer Verdichtungsprozess, der den ländlichen oder suburbanen Charakter zumindest in zentrumsnahen oder verkehrsgünstig gelegenen Gecekondus innerhalb kürzester Zeit auslöschte und hochgradig verdichtete urbane Strukturen erzeugte. Auch diesen Prozess organisierten die Bewohner der sich sozial ausdifferenzierenden Gecekondus in eigener Regie und mit eigenen Ressourcen. In einer Art Tauschhandel gestattete dabei der Besitzer eines Häuschens einem meist informellen Bauunternehmer, auf seinem Grundstück ein bis zu achtgeschossiges Apartmentgebäude zu errichten, erhielt als Gegenleistung dafür die Hälfte der neuen Wohnungen und war somit plötzlich Eigentümer mehrerer städtischer Mietwohnungen.

Der informelle Städtebau, der einmal in einer ländlich geprägten solidarischen Selbsthilfe begonnen hatte, verwandelte sich in einen Prozess mit marktwirtschaftlicher Logik. Dessen informeller Charakter, den letztlich die staatliche Untätigkeit in der Wohnungsfrage

Over time, this self-service urbanization became professionalized. In a process of learning by doing, autodidactic builders and building material manufacturers began to concern themselves with gecekondus. When less and less land became available for building, when the state began to legalize the first gecekondus and when migration proved to be an ongoing phenomenon, a gigantic process of urbanization began that quickly wiped out the rural character of the gecekondus built near the city center or main traffic routes, only to be replaced by dense urban structures. This process was organized and financed by the inhabitants of the gecekondu settlements, who were also becoming more socially differentiated themselves. In a kind of barter system, the owner of a small house would allow an oftentimes informal builder to build an apartment building of up to eight floors on their land. In return, the owner received half of the new apartments, thus suddenly becoming a proprietor of several urban rentals.

The informal city planning, which had once begun with rural self-help based on solidarity, changed therefore into a process based on free market logic. Its informal character, ultimately caused by state inactivity, frequently brought about mafia-like structures and a wild speculative capitalism, into which local politicians and authorities were as integrated as the informal entrepreneurs and the new petit-bourgeoisie in the gecekondu settlements. Nonetheless, this new model of self-service urbanization succeeded in preventing a housing problem in spite of the large waves of migrants to Istanbul; however, it did produce high costs with respect to the environment, low quality buildings and poorer living conditions as well as extreme corruption.

erzwungen hatte, brachte nun häufig mafiöse Strukturen und einen wilden, spekulativen Kapitalismus hervor, in den lokale Politiker und Behörden ebenso integriert waren wie die informellen Entrepreneurs und die neuen petit bourgeois aus den Gecekondus. Diesem neuen Muster der Self-Service-Urbanisierung gelang es zwar immer noch, trotz gigantischer Zuwanderungswellen, ein Wohnungsproblem erst gar nicht aufkommen zu lassen, es produzierte nun aber auch hohe Kosten in Bezug auf Umwelt, schlechte Bau- und Wohnqualität und extreme Korruption.

Die vehemente Ablehnung dieser Urbanisierung durch das eingesessene städtische Bürgertum übersieht nun, dass die Entwicklungsprozesse der heute für ihre kosmopolitische Urbanität gerühmten Stadtteile Istanbuls, welche die gründerzeitliche Oberschicht im 19. Jahrhundert errichtet hatte, eine starke Parallelität zu den späteren Gecekondus aufweisen. Der Istanbuler Stadthistoriker Orhan Esen[1] verweist daher darauf, dass die illegalen Bräuche der Gründerzeit, sich öffentlichen Boden zu privaten Zwecken anzueignen, das Gecekondu gleichsam historisch vorwegnahmen. Die Abgrenzung gegenüber den Zuwanderern und ihren nachfolgenden Generationen richtet sich allerdings nicht nur gegen deren regelwidrige, selbst organisierte Produktion und Aneignung städtischen Raumes, sondern auch gegen die urbanen Kulturen, die aus diesen hervorgingen. Die Kulturwissenschaftlerin Ayse Öncü[2] beschreibt, dass Istanbul in der kulturellen Bilderwelt der eingesessenen Mittelklassen immer als durch Invasionen oder Überfälle von Außenseitern bedroht galt. Die prägende Kluft dieser Imaginationen ist seit den 1950er Jahren jene zwischen dem Städter und

With the vehement refusal of this form of urbanization, the resident urban bourgeoisie overlooked that the development of gecekondu settlements in the second half of the 20th century was akin to the 19th century development of a number of quarters in the city by the then upper class. As one knows, the latter are well-known today for their cosmopolitan urbanism. Indeed, the Istanbul city historian Orhan Esen[1] refers to the fact that the illegal measures to take public lands into possession for private use during the 19th century are historical precedents to the gecekondu settlements. Thus, this rejection of migrants and their descendents is actually geared only towards the non-legal, self-organized production and possession of urban space in the gecekondu settlements, but also towards the urban cultures formed in the 19th century. The cultural scientist Ayse Öncü[2] describes these processes in the context of the cultural imagination of the resident middle classes, which always contains the fear that they are endangered by invasions or assaults from 'outsiders'. Since the 1950s, this imagined fear has pitted the farmer and the rural migrant against the city-dweller. Since the 1970s, these 'farmers' no longer restrict themselves to the social and spatial periphery, but rather have set out to produce new and popular cultures, which have over time advanced into the urban center. This can be especially seen in a type of music referred to as Arabesque, which – against the traditional canon of the Turkish classical period – is a blend of western and Egyptian rhythms and instruments. Arabesque music was initially forbidden in state radio, but broke into the mainstream in the 1970s. Nevertheless, Arabesque was still seen as antiquated, anti-urban, indecent and trashy. In the 1990s, it was mutated into a metaphor through which any and

dem Bauer, also dem ländlichen Zuwanderer. Seit den 1970er Jahren beschränken sich nun diese „Bauern" nicht mehr darauf, in der sozialen und räumlichen Peripherie zu verharren, sondern produzieren neuartige populäre Kulturen, die in das städtische Zentrum vordrangen. Das gilt im besonderen Maße für eine als Arabesk bezeichnete Musik, die gegen den bewährten Kanon der türkischen Klassik westliche und ägyptische Rhythmen und Instrumente miteinander mischte. Zunächst im staatlichen Rundfunk verboten, setzte Arabeskmusik in den 1970er Jahren zu einem überwältigenden Siegeszug an. Gleichwohl galt Arabesk als zurückgeblieben, antistädtisch, unanständig, hybrid und kitschig und spätestens in den 1990er Jahren mutierte der Begriff zu einer Metapher, mit deren Hilfe jegliche Art von Misere in der türkischen Politik und Gesellschaft charakterisiert werden konnte, als deren letztliche Verursacher wiederum die anatolischen Zuwanderer galten.

Nun ist jegliche metropolitane Kultur durch Ambivalenz, Ambiguität oder Hybridität charakterisiert und manifestiert sich gerade in der Figur des Fremden. Aus der Perspektive der eingesessenen Mehrheitsgesellschaft gefährdet dieser Fremde die soziale Ordnung, weil er nicht in die gängigen gesellschaftlichen Kategorien einzuordnen ist und den vertrauten Antagonismus zwischen Freunden und Feinden durchbricht: Fremde, so Zygmunt Bauman[3], „bringen das Äußere ins Innere und vergiften die Bequemlichkeit der Ordnung mit dem Misstrauen des Chaos." Nun behauptet das Alt-Istanbuler Bürgertum – und dies trifft identisch für Berlin zu –, die als ländlich, rückständig und homogen markierten Zuwanderer hätten genau jenes Zusammenleben einander Fremder zerstört, das Urbanität definiert. Solange

all kinds of misery in Turkish politics and society could be described, fueled by the opinion that Anatolian migrants were responsible for all problems large and small.

Every metropolitan culture is characterized by ambivalence, ambiguity and hybridism. The figure of the 'other' is often a manifestation of this. From the perspective of the majority society, the 'other' endangers the social order because he or she cannot be classified into a normative social category, thus destroying the familiar antagonism between friends and enemies. According to Zygmunt Bauman[3], the 'others' bring the external into the internal sphere, thus ruining orderly comfort by means of chaotic distrust. Now, the old Istanbul bourgeoisie – the same is the case with Berlin – claims that the rural, backwards and seemingly homogeneous migrants have destroyed the previous urbanity of the city and its co-existence of others. According to this opinion, the 'other' is not marked by nationality or religion as long as everyone belongs to the same western-oriented social milieu (which, of course, does not mean that these 'others' were always secure from racially-motivated attacks). In this sense, the 'other' is defined along rural versus urban and backward versus modern – and these 'others' have poisoned the concept of the city's previous comforting order. Nostalgically-driven commentators, both in Istanbul and Berlin, interpret this duality in this manner, thus undermining the very qualities of an urban culture that they themselves propagate. These are the true anti-city voices that have long ago cut themselves off from an urban everyday life based on self-service.

sie den gleichen Milieus angehören – einem westlich orientierten Bürgertum – markieren allerdings nicht Angehörige anderer Nationen oder Religionen das Fremde (was allerdings nicht heißt, dass sie vor rassistischen Attacken immer sicher wären). Das Fremde ist hier vielmehr ein als ländlich versus ein als städtisch Geltendes, ein als rückständig gegen ein als modern Verstandenes. Und dieses Fremde vergiftete offenbar die Bequemlichkeit jener städtischen Ordnung, die man nun in nostalgischen Erinnerungen verklärt. Kommentatoren, die Städte wie Istanbul und Berlin noch in der Dualität zwischen dem Eigenen, verkörpert durch den „kosmopolitischen Bürger", und dem Anderen, markiert als „ländlicher Zuwanderer" interpretieren, unterlaufen damit selbst jene Qualitäten einer städtischen Kultur, die sie stets einfordern: Sie sind die wahren, von einem im Self-Service produzierten städtischen Alltag jedoch längst ins Abseits verbannten Anti-Städter.

1   Esen, Orhan 2005: Learning from Istanbul. Die Stadt Istanbul: Materielle Produktion und Produktion des Diskurses. In: Orhan Esen/Stephan Lanz (Hg.): Self Service City: Istanbul. Berlin, S. 33–52

2   Öncü, Ayse: „Maganda". Die kulturelle Neuordnung Istanbuls in den Neunzigerjahren. In: Orhan Esen/Stephan Lanz (Hg.): Self Service City: Istanbul. Berlin, S. 397–413

3   Bauman, Zygmunt 1991: Moderne und Ambivalenz. In: Uli Bielefeld (Hg.): Das Eigene und das Fremde: neuer Rassismus in der Alten Welt? Hamburg, S. 23–50

1   Esen, Orhan 2005: Learning from Istanbul. Die Stadt Istanbul: Materielle Produktion und Produktion des Diskurses. In: Orhan Esen/Stephan Lanz (ed.): Self Service City: Istanbul. Berlin, p. 33–52

2   Öncü, Ayse: „Maganda". Die kulturelle Neuordnung Istanbuls in den Neunzigerjahren. In: Orhan Esen/Stephan Lanz (ed.): Self Service City: Istanbul. Berlin, p. 397–413

3   Bauman, Zygmunt 1991: Moderne und Ambivalenz. In: Uli Bielefeld (Hg.): Das Eigene und das Fremde: neuer Rassismus in der Alten Welt? Hamburg, p. 23–50

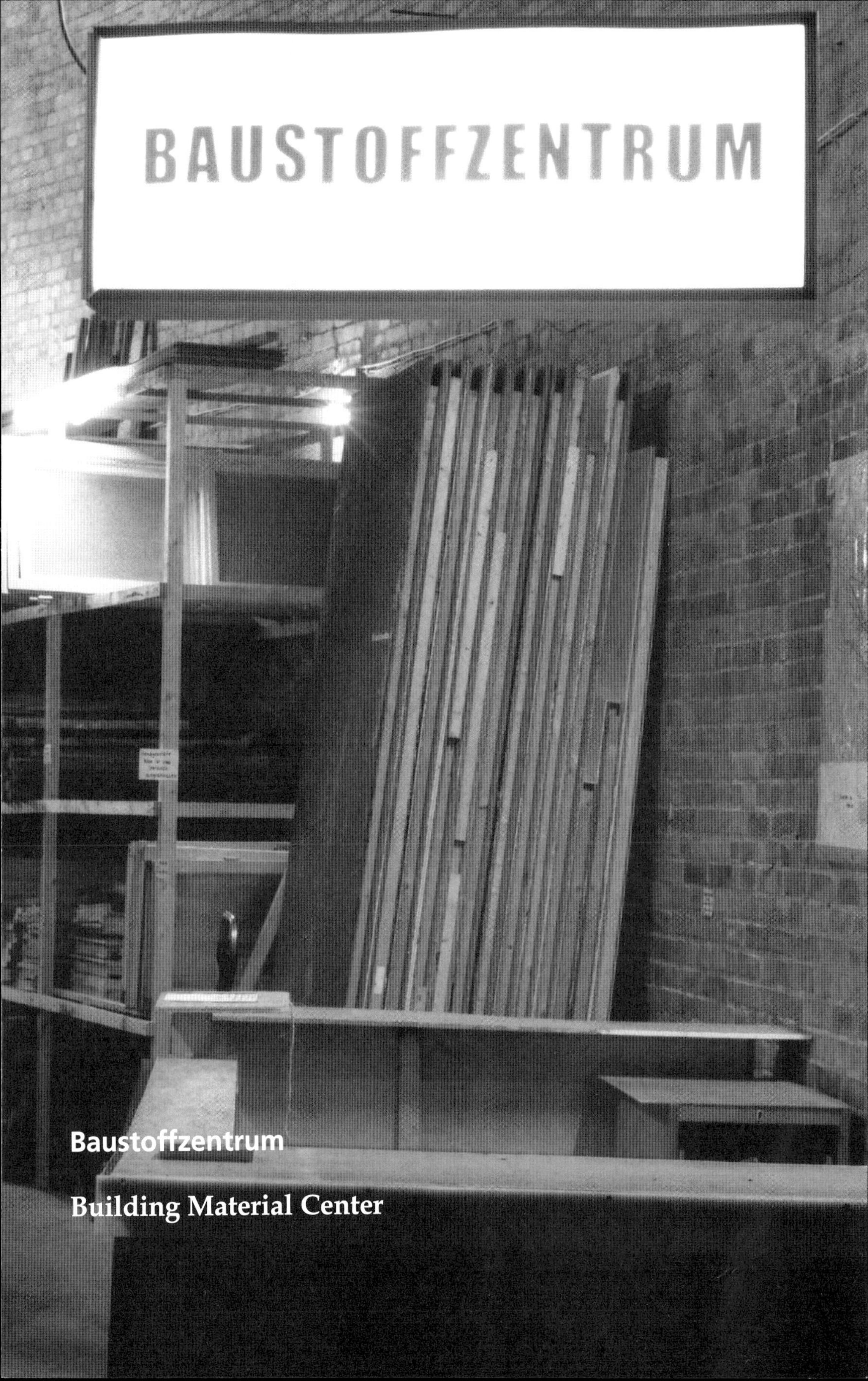

Baustoffzentrum

Building Material Center

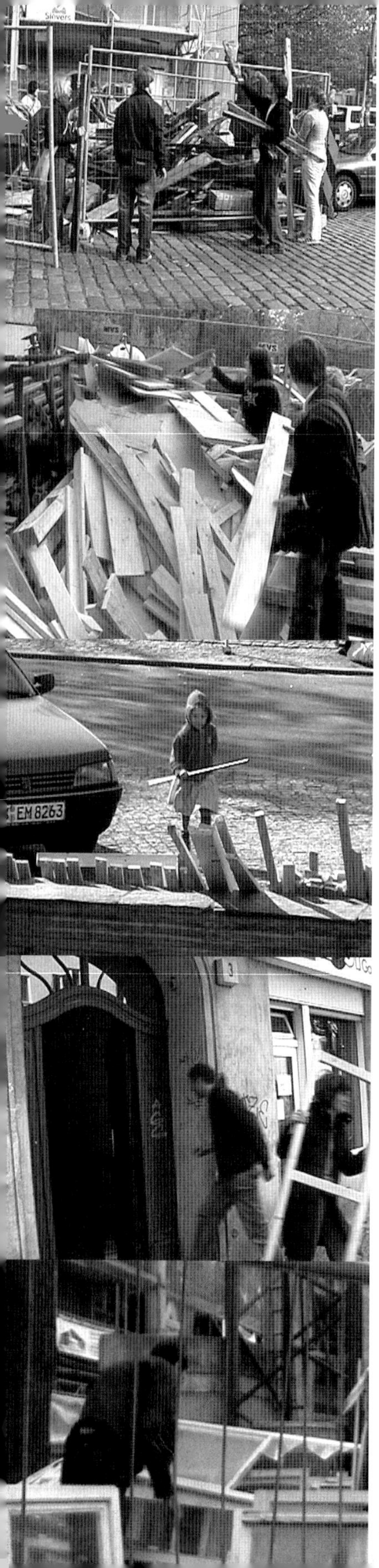

Umsonststadt als Ressource - Die Materialbesch.
Gratis town as a resource - The logistic of getting

Wo das Material hingeht	Projekte
Where the material go	*Projects*

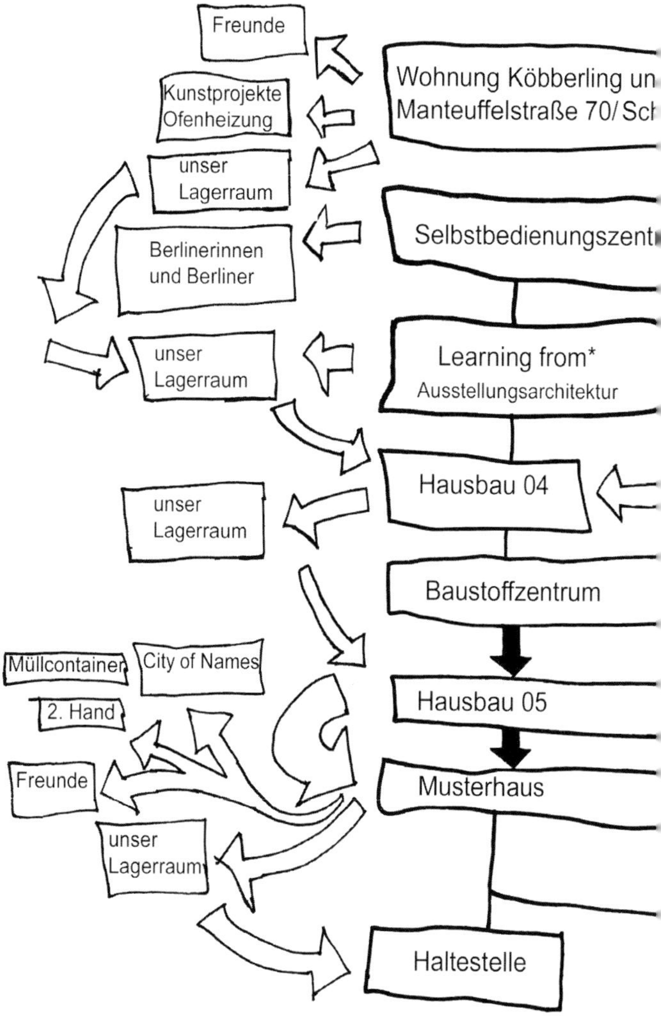

Videostills aus „Die Stadt als Ressource", 12 min
Still shots from the video "City as a resource", 12 min

stik von Köbberling & Kaltwasser
by Köbberling & Kaltwasser

Wo das Material herkommt
Where the material comes from

Baustoffhandel

Berlin Biennale
Manteuffelstraße

Privatbesitz
Sperrmüll

e 8

Berlinerinnen
und Berliner

Baustoffhandel

Berliner Baustellen
M.-Gropius-Bau
Dt. Hist. Museum
KPM Baustelle

Baustoff-
handel

Baufirmen

Stanley-
Kubrick
Ausstellung

rnisierung
r Platz 10

Paletten-
firma

Eigene Material-
funde der
HausbauerInnen,
Baustelle KPM

Baustellen

Straßen

Baustelle
Messe Köln
WDR
Produktionsgelände

Hotelumbau
Stresemannstraße

Plan 05

Müll

Villa Hörstel

Privatspenden
der Steinfurter
Bevölkerung

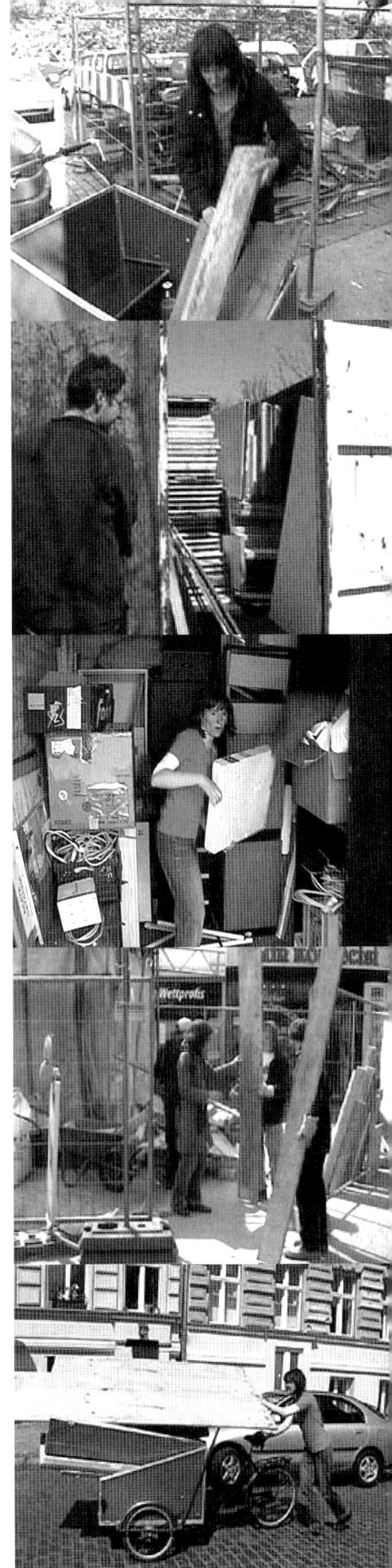

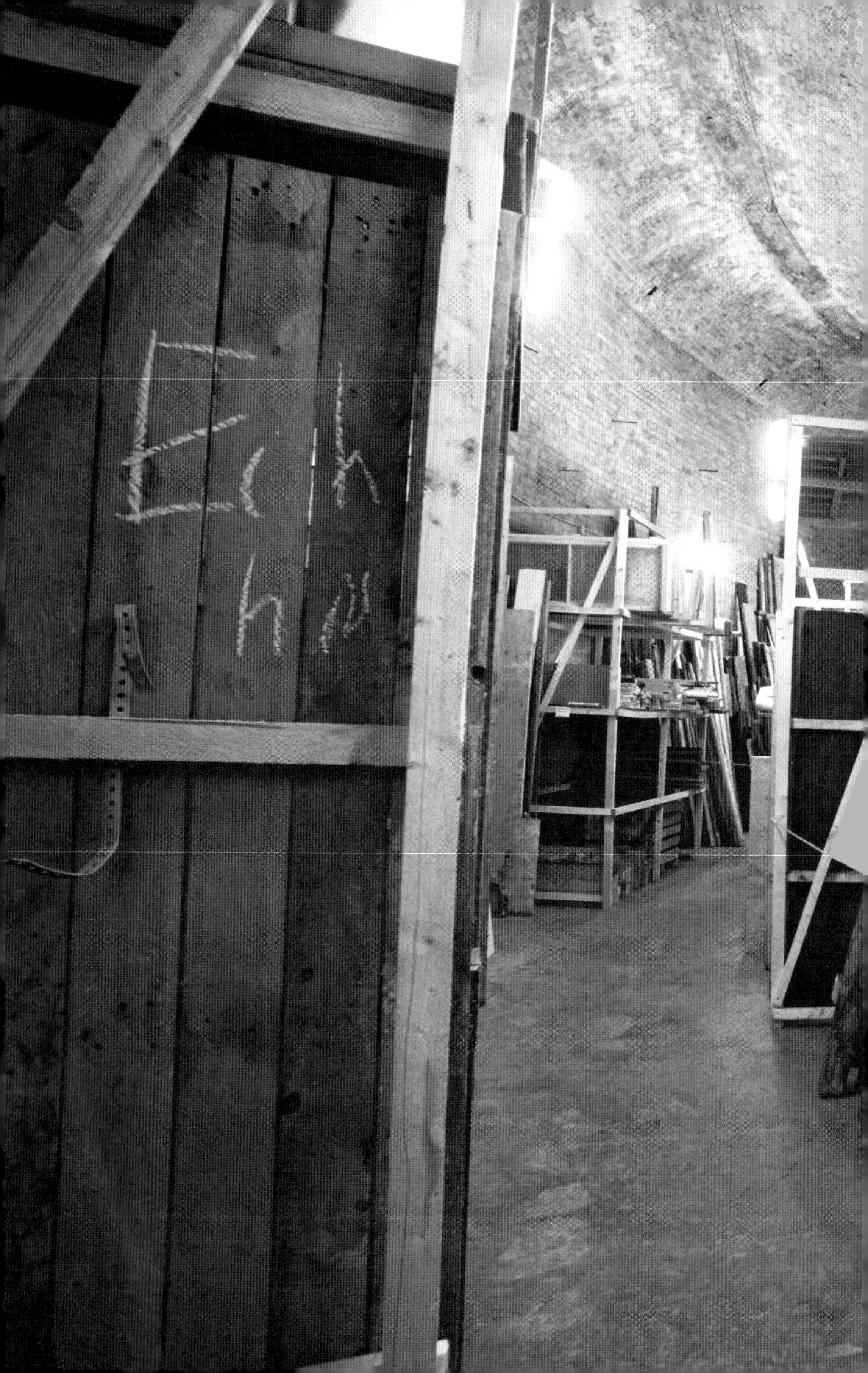

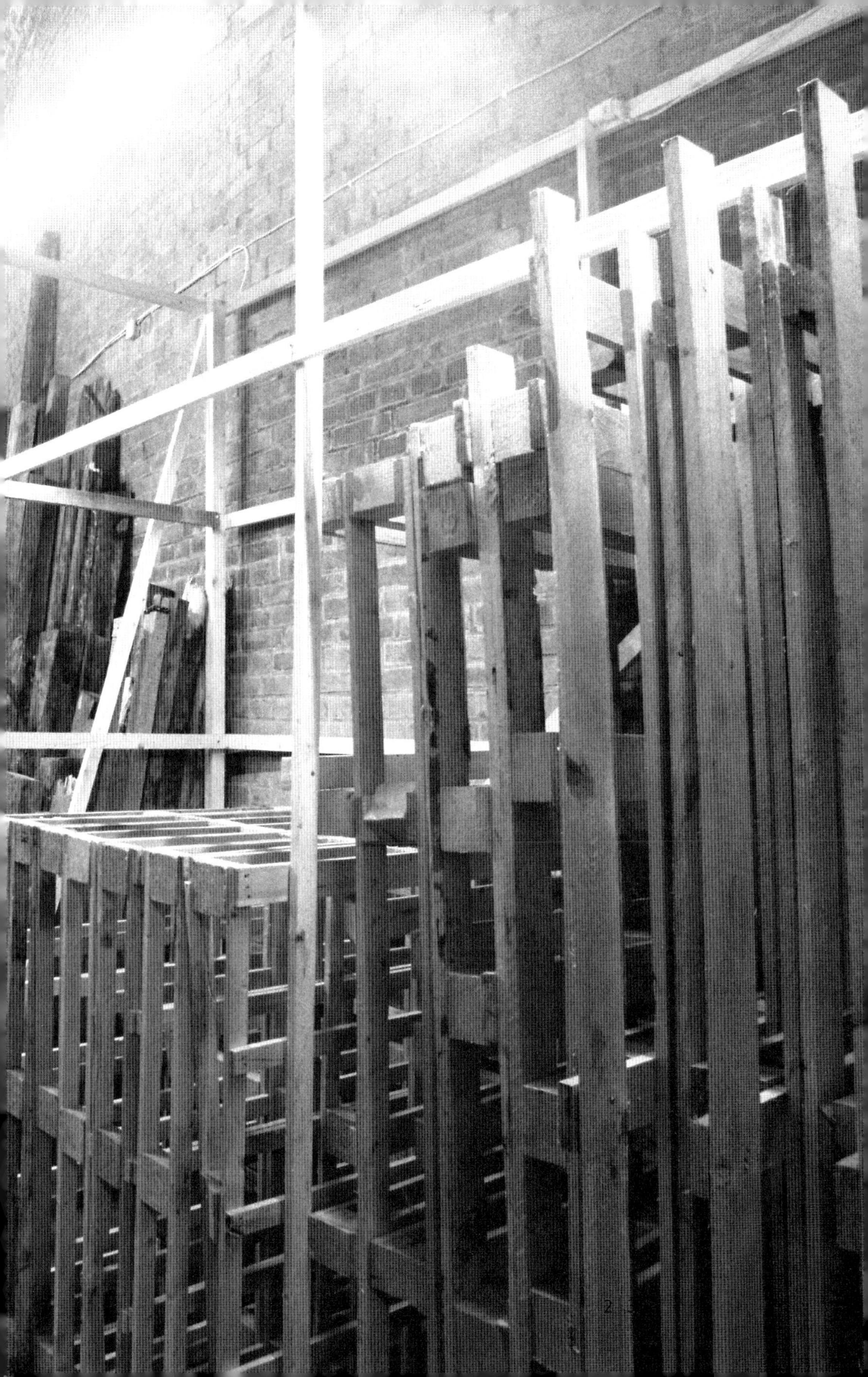

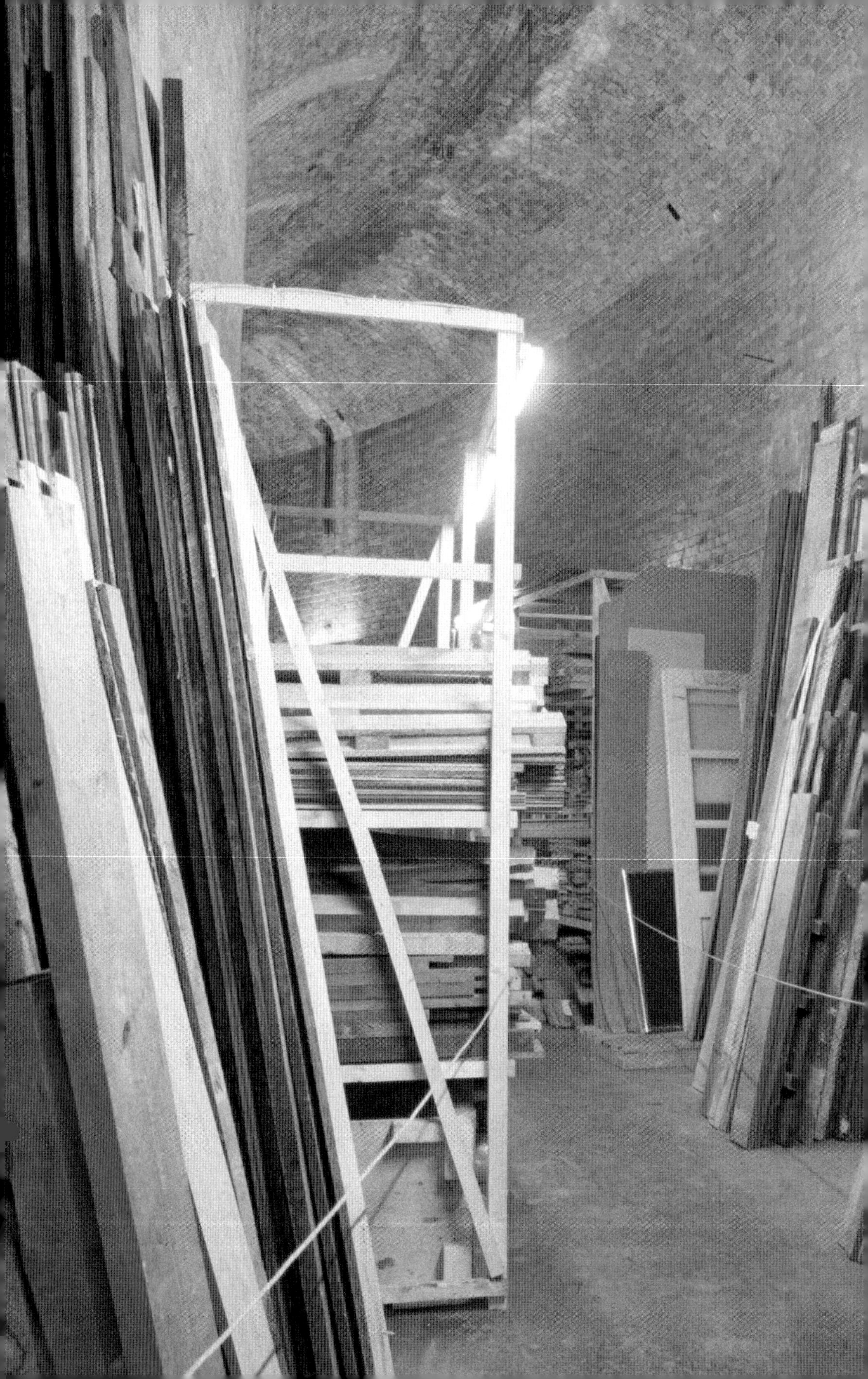

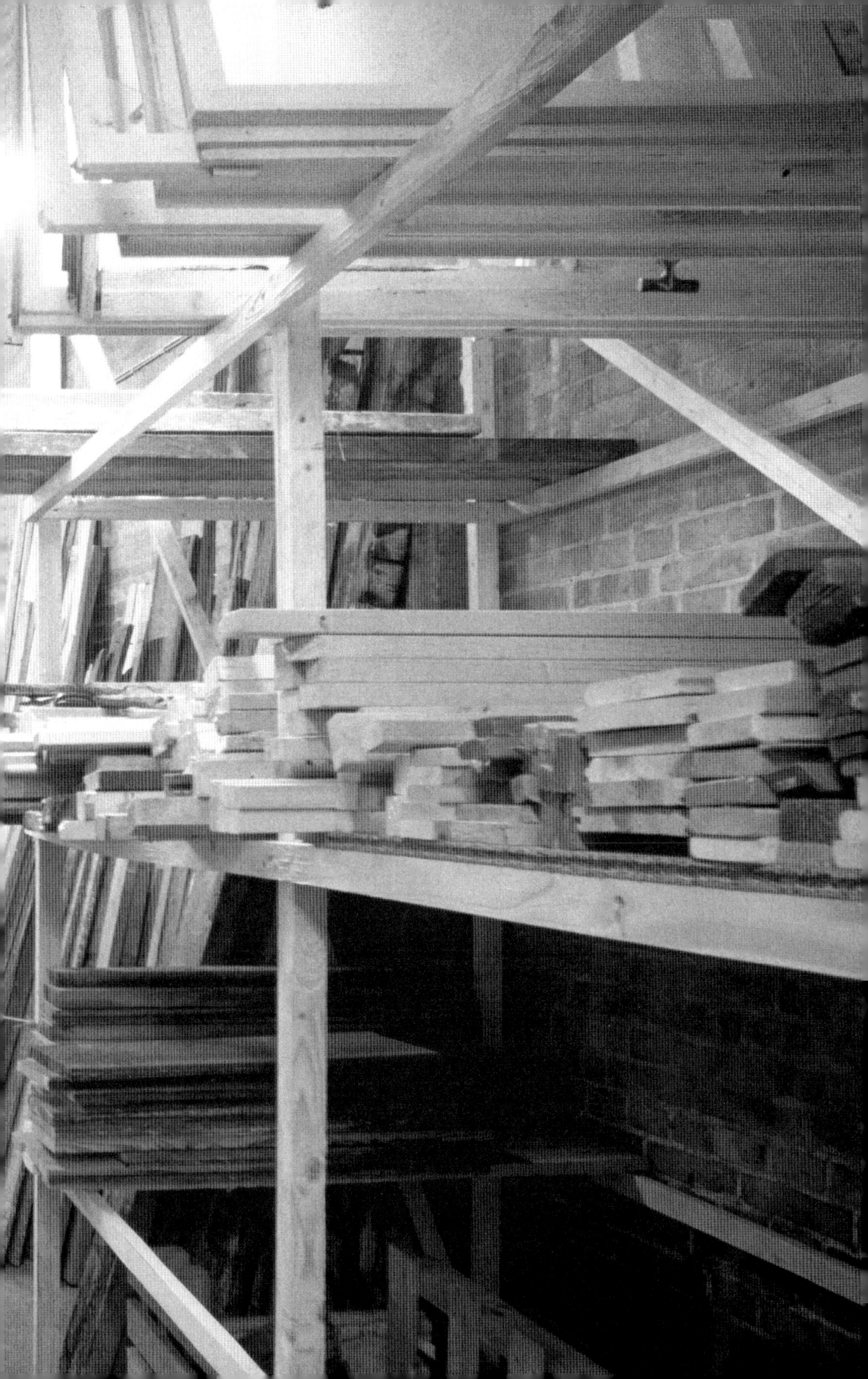

Kunst-Stoffe | Art-materials www.kunst-stoffe-berlin.de

Interview mit CORINNA VOSSE und FRAUKE HEHL über ihr Unternehmen
CV: Corinna Vosse, **FH:** Frauke Hehl, **FM:** Folke & Martin

FM: Ihr habt „Kunst-Stoffe" eröffnet. Könnt ihr kurz erläutern, was „Kunst-Stoffe" ist und wie ihr auf die Idee gekommen seid?
CV: Ein Anliegen von „Kunst-Stoffe", ist es, entwerteten Stoffen wieder Wert zu verleihen und ihnen einen Platz zu verschaffen. Über Abfall und Ressourcenprobleme wissen wir eigentlich alle genug, aber man sieht das Problem nicht. Kunst-Stoffe will aber auch kein Problem ansprechen, sondern praktisch eine Gelegenheitsstruktur für den Zugang zu vorhandenen Materialien bieten. Es gibt Leute, die nach so etwas suchen und sei es auch erstmal aus finanziellen Gründen. Ein weiteres Anliegen ist es, kreative Prozesse mit Materialien zu fördern. Der Umgang mit gebrauchten Materialien bedeutet auch Dinge und Menschen einfach sein lassen zu können. Man ist nicht Bestimmerin, sondern in einem viel stärkeren Dialog mit dem Material als das bei Neuware der Fall wäre. Daraus entsteht nicht nur eine andere Ästhetik, sondern auch eine andere Qualität. „Kunst-Stoffe" ist auch ein Ressourcen-Pool. Erst sind Räume da, dann kommen die Sachen, wir haben eine kleine Transportlogistik, es gibt Internetzugang, jetzt kommen Werkstätten dazu. Da (und auch sonst) ist die Zusammenarbeit mit Frauke super, die eine sehr gute Netzwerkerin ist. Um diese ganzen materiellen Ressourcen gruppieren sich Menschen, die ihrerseits in einem Netzwerk stehen, also unzählige Humanressourcen. Sich auf eine Tauschökonomie einzulassen, ist eine sehr schöne Lernerfahrung, die mensch leider nicht mehr so häufig machen kann. „Kunst-Stoffe" bietet dafür

Interview with Corinna Vosse and Frauke Hehl about their Project "Art-materials"
CV: Corinna Vosse, **FH:** Frauke Hehl, **FM:** Folke & Martin

FM: You recently opened "Art-materials". Can you explain what "Art-materials" is and how you came to the idea?
CV: "Art-materials" is a transformation structure. The first element of the project is to lend value again to devalued materials – and maybe also thought? – and to provide them with a place. We seemingly know enough about waste and resource problems, but not about the problem itself. "Art-materials" doesn't want to speak of problems, however, but rather it wants to provide a very practical structure for gaining access to available materials. Indeed, there are people who are searching for such things – even if it is primarily for financial reasons. A further element that immediately comes to mind is to provide material support for creative processes. Working with used materials also has something to do with being able to leave things – and human beings – as they are. When somewhere a nail is sticking out, something else can be found to be hung on it, something that otherwise would not be there. One is not the sole determiner of the materials, as is with new wares. With used materials, one finds himself in a much stronger dialog instead. Not only does an alternative set of aesthetics arise from this dialog, but also a new quality. "Art-materials" is also a resource pool. One already sees the strength of this: we have rooms, materials, a small transportation logistic, access to internet and the like. Workshops are being started. Here and otherwise, the cooperation with Frauke is great, and she is a very good networker. In addition to these resources, people are creating networks, which is something that provides innumerable human resources. To enter into an economy based on the prin-

ein Praxisfeld, und ich hoffe, dass sich im weiteren Verlauf viele Menschen auf dieses Geschehen einlassen. Zur Ausgangsidee , ich habe eine Weile als Künstlerin in New York gelebt und dort ein reuse-center, „materials for the arts" kennen gelernt habe. Das war super, wenn wir ein größeres Kunstprojekt geplant haben, sind wir dort hin und haben Sachen geholt. Als ich dann vor einem Jahr überlegt habe, mal wieder ein Projekt zu machen, habe ich an diese Erfahrung gedacht, die ich gerne weitergeben möchte.

FM: Wir haben bei unserem eigenen Projekt, dem „Baustoffzentrum", gemerkt, dass der Unterhalt eines solchen Baustofflagers, in dem Umsonstmaterialien gesammelt, gelagert und weitergegeben werden, sehr arbeitsintensiv ist. Wie finanziert ihr euer Unternehmen „Kunst-Stoffe", wer pflegt das Sortiment, wer wird darin arbeiten und zu welchen Bedingungen?

FH: Ich denke, es ist total wichtig, dass es eine übersichtliche Sortierung gibt: Als Anhalts-punkt wollen wir uns an bestehenden Projekten orientieren. Dann haben wir die Idee, dass die Vereinsmitglieder mitarbeiten sollen, z.B. einmal die Woche die Öffnungzeit organisie-ren, so wie in einem Kollektiv oder Umsonstladen. Aber irgendwer, der/die selbstbeauftragt und tendenziell hauptberuflich vor Ort ist und sich um Haus- und Betriebsleitung kümmert, ist sehr wichtig. Die Person muss das machen wollen, und gemeinsam wird nach Machbar-keit, also Personalmitteln oder was auch immer geschaut. Langfristig brauchen wir effizien-te Unterstützung durch den Einsatz von Technik: ein effektives Datenbanksystem für Spen-derInnen und NutzerInnen, eine gute, datengestützte Transportlogistik. So dass Leute, die spontan Zeit und Kapazität haben, etwas zu transportieren, das dann auch tun können. Dann wollen wir Ideen wie Freifunk, Voice over IP etc. nutzen, also getreu dem Konzept von *open source* mit Mitteln arbeiten, die durch gemeinsames Weiterentwickeln optimiert werden. Den Internetanschluss über Freifunk haben wir schon realisiert. Dann wollen wir einen Förderver-ein gründen. Die Jahresbeiträge werden gestaffelt, gering: 30, normal: 60, soli: 120 Euro.

ciple of exchange is a very beautiful learning experience, one which is unfortunately no longer as frequent as it used to be. "Art-materials" is a practice field for such exchange structures, and I hope that many people get involved in the further process.

Regarding the initial idea, I would like to say that I lived as an artist in New York for a while. There, I got to know a so-called "reuse center"called "materials for the arts". It was great. When we were planning a larger art project, we went there and gathered things for it. About a year ago, as I was considering starting a new project, I thought about this experience. I determined that it is one that I would like to pass on.

FM : We noticed in our own project, "Building Material Center", that gathering, storing and passing on materials is very work-intensive. How do you finance your project, who main-tains the assortment, who works in the project and to what conditions do they work?

FH: I think it is extremely important to have a clear sorting structure for the materials. We are orienting ourselves on existing projects in this regard. Then we have the idea that the association's members should work in the project. For example, they should organ-ize the weekly opening hours, as is the case in a collective or a free store. But, it is very important that someone concerns him or herself with the basic workings of the project. This is something that tends towards full-time work. The person doing so has to want to do so. Together with the others involved, this kind of infrastructure must be developed according to feasibility, funding, etc. In the long term we will need a more efficient sup-port structure in technical terms, such as an effective database system for donors and those wanting to use donated materials. We also need a data-oriented transportation logis-tic so that people can spontaneously transport things according to their time and capac-ity. We would also like to work with free radio, voice over IP, etc. – along the lines of the

Wer soundsoviel mitarbeitet, bekommt den Beitrag verrechnet. Pro Besuch bei „Kunst-Stoffe" soll ein Nutzungsbeitrag Summe x gezahlt werden.

CV: Bisher ist die Finanzierung überwiegend aus verschiedenen Projektmitteln erfolgt, mit zunehmender Nutzung kommen nun auch Spenden hinzu. Wir haben in den zwei Monaten seit Eröffnung eine ziemliche Menge an Sachen angesammelt. Unsere Lagersituation vereinfacht die Lagerhaltung insofern, als wir viele kleinere Räume haben, die eine Vorsortierung des Materials erleichtern. Die Lagerräume sollen zum Stöbern und Entdecken einladen und zur Verwendung von Materialien inspirieren. Jetzt müssen Kontakte zu potentiellen Nutzern vorangebracht und die Lagerbestände qualitativ ausgebaut werden, d.h. die Suche nach Materialien gezielt betrieben werden. Die bisher bestehenden Beziehungen zu Suppliern müssen natürlich gepflegt werden, außerdem gibt es ständig besondere Anlässe, zu denen Materialien anfallen, die wahrgenommen werden sollten. Es gibt also eine Reihe von Arbeitsfeldern, für die auch noch Mitwirkende gesucht werden!

FM: Gibt es Unterstützung von der Stadt, von Alba, BSR oder anderen Firmen und Institutionen?

CV: Es gibt Interesse und vereinzelt auch Unterstützung. Firmen steuern Materialien bei, der Bezirk Lichtenberg hat Projektmittel bewilligt. Ich denke, das Projekt muss sich jetzt erstmal stadtweit beweisen. Perspektivisch streben wir an, dass die Stadt uns die Pankower Räumlichkeiten im Gegenzug für unsere städtische Dienstleistung kostenfrei überlässt. Ich bin optimistisch, dass die Gemeinwohlorientierung das Projekt tragen wird. Was die städtischen Entsorgungsbetriebe angeht, müssen wir die Möglichkeiten für eine Kooperation noch entwickeln. Die Frage wird sich in naher Zukunft stellen, wenn gesammelte Materialien vereinzelt doch dem Müll zugeführt werden müssen, z.B. Farben, die hart geworden sind.

concept of open source – to further develop and optimize our concepts and undertakings. We have already set up an internet connection via free radio. We also would like to establish a support association. The yearly dues would be staggered from 30 to 120 Euros. One can offset the dues through working in the project. Also, an undetermined user fee should be paid per visit.

CV: Up until now, the financing came from various project funds. Donations have been increasing with increasing use as well. In the two months since opening, we have collected a considerable amount of materials. Our storage situation makes the pre-sorting of the gathered things rather easy, being that we have many small rooms. The storage rooms should also invite one to rummage around, thus inspiring one to use the materials stored there. Now, we have to increase our contact to potential participants in the project, and our stock must be improved qualitatively, i.e. we have to begin searching directly for particular materials. The existing suppliers have to be maintained as well. In addition, there are always situations that allow us to gather specific materials. Thus, there are a number of fields for which we are looking for new help!

FM: Is the project supported by the waste disposal companies of the city, such as ALBA and BSR, or by other institutions?

CV: There is interest in, and occasional support of, the project. Companies donate materials, the district of Lichtenberg has granted funding for the project. I think that the project must first prove itself to be a city-wide project. For the future we would like to see that the city allows us to use our storage space in Pankow without cost and in return for our service for the city. I am optimistic that the common welfare orientation of the project will carry it in the end. Concerning the city's waste disposal companies, we still need to develop the possibilities for cooperation with them. For the near future, we need to

FM: Welche Erfahrungen habt ihr mit Firmen gemacht, die sonst ihre Materialien entsorgen lassen müssten? Sind diese Firmen bereit, mit Euch zu kooperieren?

CV: Es gibt Bereitschaft zur Kooperation, und es ist kein Problem, das Lager zu füllen. Eine Herausforderung liegt eher darin, die Qualität des Lagersortiments zu gewährleisten – das, was die Firmen abgeben wollen, ist nicht immer das, was wir haben wollen. Praktische Fragen sind, wo die Sachen in der Firma zwischengelagert werden, wir können ja nicht für jeden kaputten Sack Zement losfahren. Und was wirklich schwierig ist, ist das Follow up bei der Akquise. Die Firmen rufen uns in den seltensten Fällen zurück, wir müssen den Leuten zusetzen. Der Erstkontakt ist auch schwierig. Man kommt sich vor wie eine Call-Center-Agentin. Der Trick ist, ganz schnell zu reden, damit man nicht unterbrochen und abgewimmelt wird, und schnell die Worte Kunst, Kinder und Gemeinwesen anzubringen. Es melden sich aber auch zunehmend Privatpersonen. Da muss man ganz klar sagen, dass wir keine Entrümpelungen machen, also die Sachen weder holen noch alte Regalbretter annehmen. In diesen Fällen kann es sinnvoll sein, auf andere Verwertungsstrukturen wie Motz zu verweisen.

FM: Wären die Firmen bereit, euch logistische Unterstützung (z.B. Transportmöglichkeiten) zukommen zu lassen?

CV: Mal sehen, bisher haben wir uns auf die Akquise von Materialien konzentriert und dafür unsere vorhandene Transportlogistik genutzt, einen alten Bus und zwei selbstgebaute Lastenfahrräder. Wie sich schon bei der Sammlung von Materialien zeigt, ist die Bereitschaft, einen extra Aufwand zu betreiben, nicht sehr groß. Wir werden aber ein größeres bzw. offenes Fahrzeug brauchen für Wände, Platten und lange Latten.

work on such cooperation when it comes to the waste removal of the few gathered materials that can be no longer used, for instance dried-up paint.

FM: What has been your experience with companies that have to dispose of waste materials anyway? Are these companies willing to cooperate with the project?

CV: The willingness to cooperate is there. Filling our storage space is not the problem. The challenge lies more in guaranteeing the quality of our assortment – that, what companies sometimes want to give, is not what we always want. Practical questions are also there, such as where things can be temporarily stored at the companies. We can't set off immediately to pick up every busted sack of cement. What is, in fact, rather difficult is the follow-up phase of the aquise. Only in the rarest of cases to companies call us; we most often have to call them. The first contact with the companies is also difficult. One feels like a call center agent. The trick is to talk very quickly so that one is not interrupted or shaken off. Some of the first words need to be: art, children and community. Increasingly, individuals are calling us as well. One has to make clear that we are not a junk clearance project – and that we don't pick up stuff like old shelves. In these cases, it has proven positive to refer these people to other utilization structures like Motz.

FM : Are companies willing to provide you with logistic support (such as the transportation of materials)?

CV: That remains to be seen. Until now, we have concentrated ourselves on gathering materials and have used our own transportation logistic – an old bus and two self-built transportation bicycles. As we have seen while gathering materials, the willingness on the part of companies or other donors to take on more work or expenditure is rather limited. We also need a larger or open vehicle for transporting walls, boards and long bars.

Hausbau 05

Ein Selbstversuch: Bau einer ungeplanten Siedlung

Nachdem wir 2004 ein Gropiusstadt-Gecekondu auf einer Grünfläche unweit der Großsiedlung Gropiusstadt gebaut und eine Woche lang bewohnt haben, ließ uns die Idee nicht mehr los, im Sommer 2005 wieder in den Berliner Süden zu gehen, um dort das informelle Bauen praxisnah mit vielen enthusiastischen MitstreiterInnen zu erproben. Diesmal verlagerten wir den Schwerpunkt weg von der familiären Ausrichtung hastigen Gecekondubauens hin zu langsameren, wohldurchdachten Hochbaumethoden. So entstanden insgesamt sieben Häuser, Hütten, Hochbaukonstruktionen und ein Garten, die für zehn Tage eine kleine, temporäre Siedlung bildeten. Dabei war es interessant zu beobachten, wie die einzelnen Häuser zueinander positioniert wurden (siehe nächste Seiten). Wir ergänzten den Bauaktivismus durch ein Rahmenprogramm mit Filmen und Vorträgen zu Fragen der Selbstorganisation, der Kultur des Bastelns, der Nutzung des öffentlichen Raums, der Schaffung von gestalterischen Freiräumen, des Nicht mehr und Noch nicht im Zeitalter der Rundum-Turbokapitalisierung aller Lebensbereiche und der Entsorgung des öffentlichen Raums.

Ein Projekt im Rahmen des Pilotprojektes Gropiusstadt, gefördert aus den Mittel des Stadtteilmanagements der GEHAG GmbH

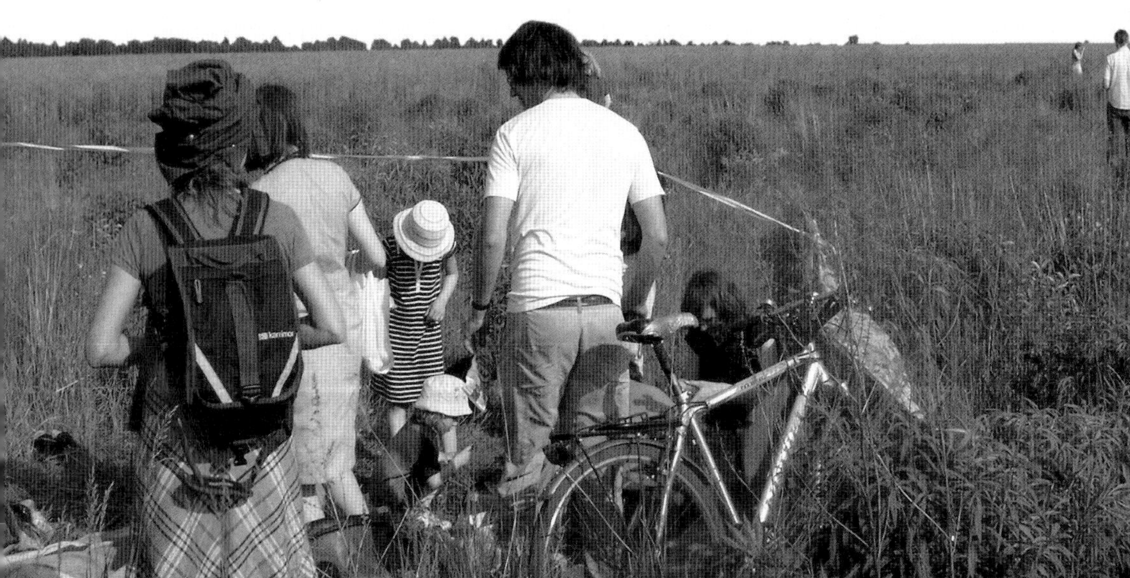

Anfang Mai 2005: Baulandbesichtigung
Beginning of May, 2005: checking out the site

House Building 05

A Self-Experiment: The Building of an Unplanned Settlement

After building and inhabiting a gecekondu on an open space near the large high-rise settlement Gropiusstadt for a week in 2004, we failed to lose interest in the idea that we should return to the south of Berlin in order to test the concept of informal building with a number of enthusiastic colleagues. In the summer of 2005 we realized our plan. This time we shifted the emphasis away from the familiar method of hastily building a single gecekondu and towards a slower, better-conceived construction of a larger settlement. In total we built seven houses and other buildings, which served as a small settlement for ten days. In doing so, it was interesting to observe how we eventually positioned the individual buildings and houses in relation to one-another (see the following pages). We complemented our building activities with a framework program, which included films and lectures on questions pertaining to self-organization, the culture of tinkering, the use of public space and the creation of formative open spaces. We also discussed that which is no longer or not yet in the age of the turbo-capitalization of all life spheres, and in a time in which the public sphere is being disposed of.

A project in the context of the pilot project Gropiusstadt, funded by the City Quarter management funds of GEHAG GmbH

Mitte Juni 2005: Materialanlieferung
Mid-June 2005: First load of materials

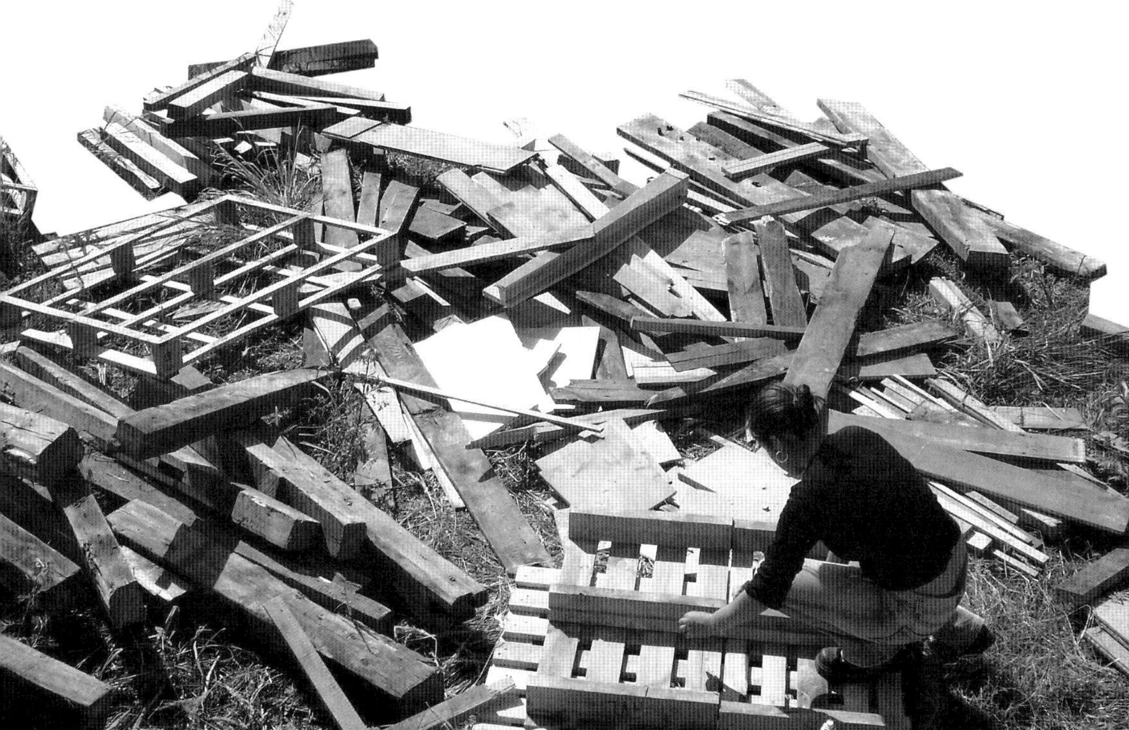

Ein Gespräch über Hausbau 05

Gesprächsteilnehmerlnnen

MB: Mathis Burandt (ifau), **CI:** Cagla Ilk, **PH:** Philip Horst (TU Berlin, Fakultät für Architektur, Lehrstuhl Bildende Kunst), **MK:** Martin Kaltwasser, **FK:** Folke Köbberling

FK: Martin und ich haben letzten Sommer im Rahmen des Pilotprojekts Gropiusstadt die Bauaktion „Hausbau 05 – 1. internationale Woche für informelles Bauen" initiiert. Am Anfang dachten wir, es wäre wichtig, den Bau im Rahmen von „Hausbau 05" der entstehenden Experimentalsiedlung vorab genau zu planen. Das erste Treffen in der Gropiusstadt, bei dem wir den Bauplatz gemeinsam besichtigten, ergab, dass zunächst kein Interesse an einer Planung und vorab festgelegten Anordnung der Bauvorhaben existierte.

Wir beschlossen daher, während des Bauens vor Ort zu planen, also die Konfiguration der Siedlung zeitgleich mit dem Aufbau zu verhandeln. Es wurde also diese Form der Planung gewählt, die dann aber aus verschiedenen Gründen gescheitert ist. Die einzige Vorgabe von uns war, dass wir das Grundstück, auf dem unser Haus von 2004 gestanden hatte, gerne wieder benutzen wollten. Es kam dann aber ganz anders. Als die Siedlung fertig war, merkten wir, dass wir nicht anders gebaut haben, als es bei einer Siedlung in der Türkei oder im zersiedelten Münsterland der Fall ist. Jeder und jede baute sein Haus dahin, wo er oder sie wollte. Ich würde gerne von euch erfahren, wie es dazu kam, bzw. ob ihr denkt, dass es auch anders gegangen wäre. Es gab mangelnde Kommunikation unter uns und zeitlich unterschiedliche Anfänge des Bauens, was vielleicht ein Grund dafür war. Mich würde interessieren, ob es so ist, dass sich jeder mit seinem Haus eine „pole-position" geschaffen hat – jeder sah nur sein Haus und keine Beziehung zu den anderen Bauten mehr? Ist es so, dass, wo die meisten doch Architektur studiert haben, der Urwunsch besteht, sich nur an eine schöne Stelle zu setzen und auf die anderen keine Rücksicht zu nehmen?

17. Juni June **2005**
Das leere Feld zwischen Gropiusstadt und Müllhalde.
The empty field between Gropiusstadt and a landfill.

18.–20. Juni June **2005**
Die StudentInnen fangen an, abzuladen und zwei Häuser aufzubauen.
The students start to build two houses.

19. Juni June **2005**
Eckhard Roth baut in der Nähe der StudentInnen sein „Windrad".
Eckhard Roth built his "windwheel" near the student's buildings.

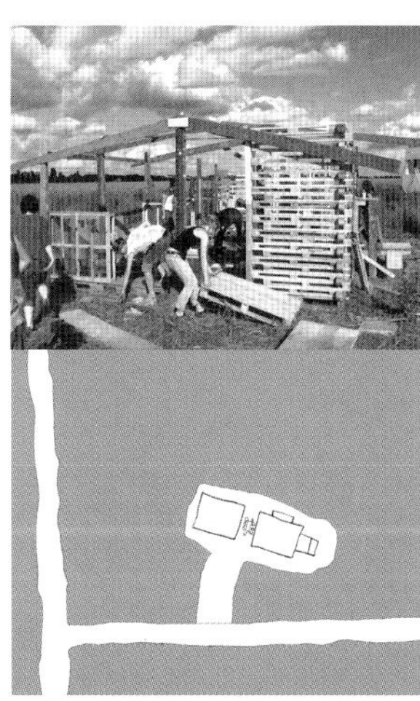

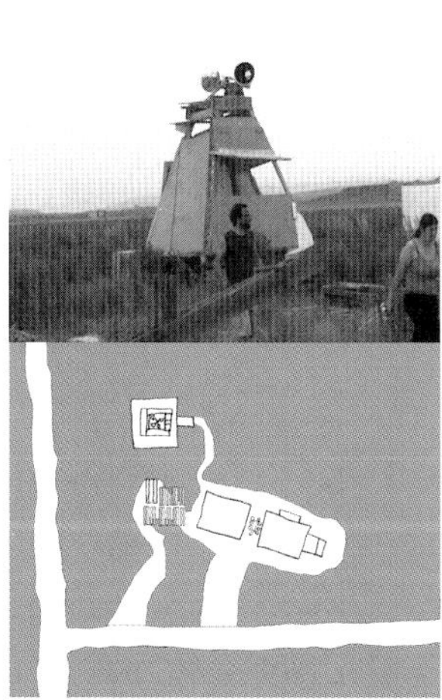

A Conversation on House Building 05

Participants

MB: Mathis Burandt (ifau), **CI:** Cagla Ilk, **PH:** Philip Horst (Department of Architecture, TU Berlin, Fine Arts Chair), **MK:** Martin Kaltwasser, **FK:** Folke Köbberling

FK: Martin and I initiated in the context of the pilot project Gropiusstadt the building activity "House Building 05 – 1. international week for informal building" in Berlin, Germany. At the outset we thought that it would be important to minutely plan the construction of the experimental settlement. In the first meeting we not only checked out our future construction site, but also determined that there was, at least for the meantime, really no interest on part of the participants to create a concrete plan for the settlement in advance.

We therefore decided to spontaneously plan the settlement while constructing it. This plan failed for a number of reasons. The only pre-construction planning was our decision to build our building on the plot where our house stood in 2004. Everything happened differently, though. When the settlement was completed, we noticed that we had not built any differently than builders in Turkey or in the Münsterland. Everyone builds where they want to. I would like to hear from you on how you experienced this, and whether you think that it would have been possible to do so differently. Communication was lacking, and we all had varying timelines for construction. Maybe these were reasons. It would interest me to hear whether everyone created a "pole-position" in the form of their own house – that is whether everyone saw only their house and no relationship to other buildings. Is it so that we, where most of us have studied architecture, still would like to find a nice spot for ourselves, with little regard for others?

22. Juni June **2005**
Cagla Ilk baut mit einem Gecekondubauer ihr Haus, ohne zu sägen.
With a gecekondu builder, Cagla Ilk built her house without sawing.

23. Juni June **2005**
Anja Lutschers Haus und das Haus von Köbberling & Kaltwasser wird gebaut.
Anja Lutscher's house and the house of Köbberling and Kaltwasser get constructed.

24. Juni June **2005**
Ifau mit Jens Caspar und Frank Skupin bauen als Letzte.
Ifau with Jens Caspar and Frank Skupin are the last ones to build.

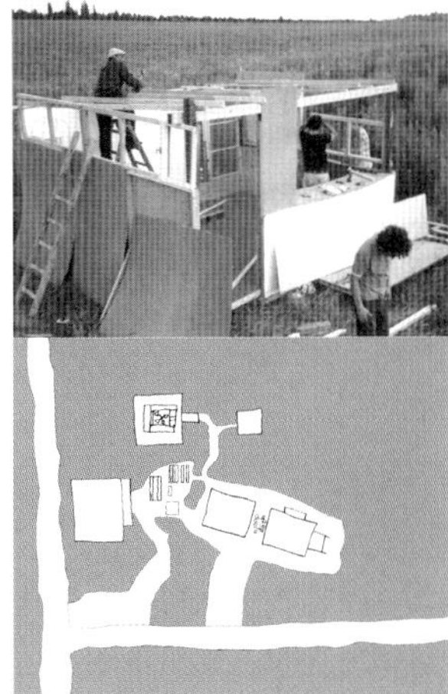

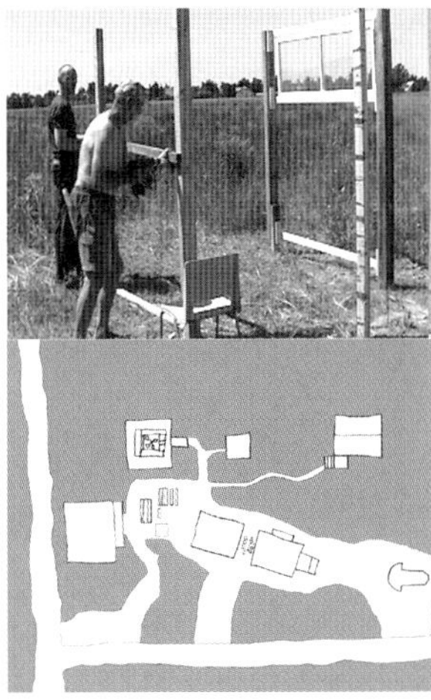

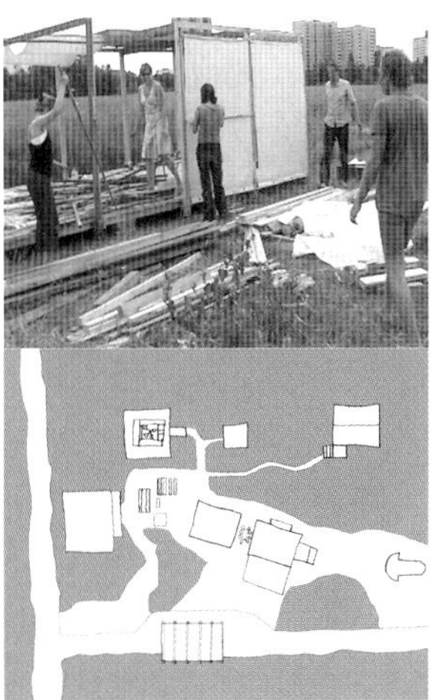

PH: Wir *(Studentengruppe der TU)* haben zuerst gebaut. Ich habe mich nie als Bauleiter gesehen, sondern als Vermittler. Ich war natürlich schon vorher da, die anderen noch nicht. Wir kamen dann mit unserem Lastwagen und der halben Crew, die anderen waren noch im Prenzlauer Berg *(Materialien holen im Baustoffzentrum)*. Für uns gab es zwei Anhaltspunkte, an denen wir uns orientiert haben. Das war einmal die Position eures Hauses von 2004. Das Haus war tabu, und zum anderen gab es die zwei Wege, die an einer Stelle zusammenstießen. Es war klar, dass wir mehr ins Feld rein bauen wollten, keine direkte Blockbebauung. Es gab die Idee von den StudentInnen, dass es zwei Häuser geben sollte, die irgendwie verbunden werden sollten. Das waren die zwei Parameter, die die Wahl von unserem Standort beeinflusst haben. Und dann gab es noch den ganzen Haufen von abgeworfenem Material am Wegesrand, den wegzuräumen, war logistisch nicht möglich. Schließlich haben wir uns dafür entschieden, uns dazwischen zu setzen, mit den beiden Häusern, die so ein Dreieck bildeten zu den Wegen. Wir wollten auch offen sein zur Gropiusstadt.

CI: Mit unserem Bau haben wir zwei Tage später als die StudentInnen angefangen. Es standen schon einige Häuser. Wir haben mit einem Bauleiter *(ehemaliger türkischer Gecekondu-Bauer)* gearbeitet. Er hat schon 40 Jahre Gecekondus in Izmir gebaut und arbeitet hier in Deutschland jetzt als Bauleiter. Er ist gekommen, hat geguckt und hat entschieden, wo das Haus stehen sollte. Wegen meiner mangelnden Deutschkenntnisse habe ich die Situation mit dem Grundstück von Hausbau 04 nicht verstanden. Das habe ich erst danach bemerkt, als Martin ein bisschen sauer war. Deshalb haben wir wie die Kinder auf dem alten Platz von dem anderen Haus gebaut.

FK: Was ja auch o.k. ist. Ich finde es gut, dass wir uns endlich mal darüber unterhalten. Ich finde es auch interessant, wie jeder reagiert hat.

CI: Es war die Entscheidung des Bauleiters. Er hat sich für diesen Ort entschieden, er hat ihn gesehen. Wir bauten ja eine Pension. Deshalb wollten wir nicht ganz in der Mitte sein, sondern ein bisschen außerhalb. Und der Weg war ganz gut.

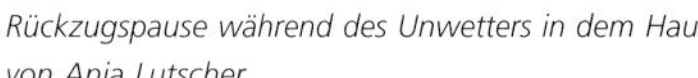

Rückzugspause während des Unwetters in dem Haus von Anja Lutscher

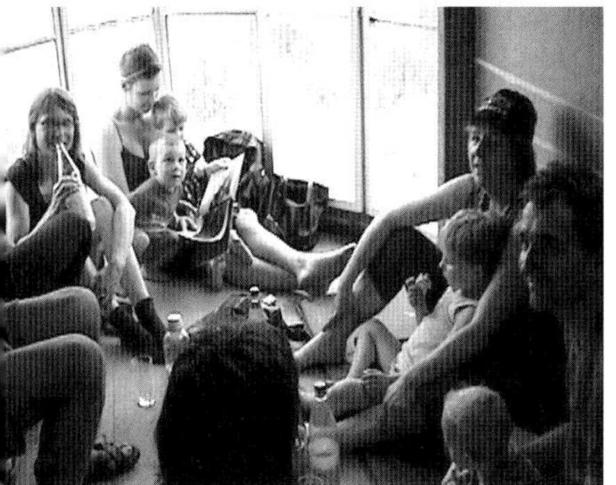

Retreating into Anja Lutscher's house during a storm

MB: Wir hatten extreme Probleme, überhaupt einen Grund zu finden, warum wir da bauen sollten, informell siedeln als Kunstprojekt, das ist nicht ohne Widerspruch. Kurz vor eurer Einladung zu Hausbau 05 hatten wir überlegt, ein Floß zu bauen und in Berlin herumzuschippern, eine große Plattform und eine relativ einfache Konstruktion. Dann haben wir einfach beschlossen, das Schöne mit dem Praktischen zu verbinden: Wir bauen eine Plattform, die erste Form des Floßes. Das Floß sollte Aufbauten haben und war somit auch als Behausung gedacht. Hausbau 05 war also der ideale Testfall für einen Prototyp. Wir haben dann direkt vor unserem Büro angefangen zu werkeln. Das hatte den Grund, dass wir zu faul waren, von Hand zu sägen *(in der Gropiusstadt gab es keinen Strom)*. Wir haben dann ein riesengroßes Deck gebaut, 6 mal 3 Meter. Das haben wir dann auseinandergebaut und mit einem geliehenen LKW dahin gefahren. Zu diesem Zeitpunkt waren wir die allerletzten, die ankamen. Wenn man sich dann die Landkarte anguckt, fällt einem auch nicht mehr so viel ein. Das allein stehende Haus von Martin und Folke, das hatte so einen Kreis um sich, der gefordert wurde. Ansonsten hat jeder versucht, ein bisschen Abstand von der Straße zu

PH: We (*a student group of the TU*) built first. I have never seen myself as a foreman, but rather as a mediator. I had viewed the site beforehand, but the others had not. We came then with our truck and half of our crew; the others were still in Prenzlauer Berg (*getting materials from the Building Material Center*). There were two set points along which we oriented ourselves upon construction. The first was the position of your house in 2004. The house was taboo. The second set point was made up of two paths that met at a certain spot. It was clear that we wanted to build on a spot farther into the field, and that we did not want to build as along the lines of block building. The students had the idea to build two houses somehow connected to one-another. These were the two parameters that influenced our choice of where to build. And then there was the whole pile of material off to the side of the path. It was not logistically possible to move the pile. In the end, we decided to place our buildings in the middle so that the two houses form a triangle with the two paths. We also wanted to be open to the Gropiusstadt.

CL: We began with our building two days later than the students. Some houses were already standing. We worked with a builder (a Turkish builder who had formerly built gecekondus). He had built gecekondus for 40 years and now works here in Germany as a builder. He came to the site, looked around and decided where the house should stand. Because of my lacking German skills last year, I did not know about the situation with the plot from the House Building 04. I noticed only later that Martin was a little annoyed. For this reason we built on the spot from the previous house.

FK: This is ok. I think that it is good that we finally talk about it. I think that it is interesting how every-one reacted.

CL: It was the builder's decision. He decided the spot. He saw it. Indeed, we built a pension. Therefore, we didn't want it to be in the middle, but rather a bit outside. And the path was pretty good as well.

MB: We had enormous problems to find a reason at all why we should build there. Informal settling as an art project is not without contradiction. Shortly before we received your invitation to House Building 05, we had considered building a raft to ride around Berlin on – a large platform and a relatively simple construction. Then we decided to simply combine the beautiful with the practical. We built the platform, the first form of the raft. The raft was supposed to have a superstructure and was thus thought to be a dwelling. House Building 05 was in this sense the ideal test case for a prototype. We started to work directly in front of our office. The reason behind this was that we were too lazy to saw by hand (*there was no electricity in the Gropiusstadt*). We built a giant deck, three by six meters large. We then disassembled it and took it there with a rental truck. We were the last ones to arrive. When one then looks at the map, one no longer had many options. As they had stipulated, Martin's and Folke's free-standing house had a circle around it. Otherwise, everyone attempted to place a distance between their buildings and the paths. We had had the idea at the beginning to place our construction more deeply into the field. But, this was no

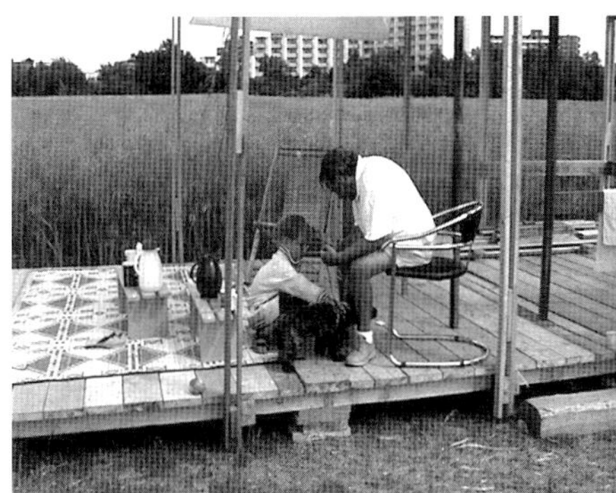

Die Plattform von ifau mit Jens Caspar und Frank Skupin wurde von den Gästen aus der Gropiusstadt oft als Picknickareal und Ruheplatz genutzt.

The platform of ifau with Jens Caspar and Frank Skupin, was often used by guests from the Gropiusstadt as a picnic area and a place for relaxation.

halten. Wir hatten am Anfang die Idee, uns mehr ins Feld zu setzen. Das war dann aber nicht mehr möglich. Wir sind dann doch auf der Straße gelandet. Ich glaube, wir hatten damit die wenigsten Probleme von allen, weil wir nie vorhatten, eine Wand zu stellen, da ein Floß keine Wand haben darf. Eine ganz einfache Regel, mit dem Bau weiter zu machen. Unser Haus hat dann später tatsächlich auch ein bisschen die Funktion einer Plattform übernommen, gerade weil es offen war und weil es zum „Dorfplatz" hin ausgerichtet stand.

FK: Martin, du hast dann in Eigenregie unser Haus, was ja eigentlich an seinem ursprünglichen Platz vom letzten Jahr stehen sollte, an eine ganz andere Stelle gesetzt. Darüber hatten wir vorher auch lange diskutiert.

MK: Mich hat es zutiefst beunruhigt, dass den Letzten die Hunde beißen. Oder die Vorletzten beißen die Hunde. Ihr habt ja auch aus einer gewissen Logik heraus einen gewissen Abstand gehabt, der dem Floß angemessen war. Es war so eine Art Abstand Nehmen von der restlichen Bebauung. Von eurem Floß aus hatte man auch einen Tribünenausblick auf die Siedlung gehabt und auf die Gropiusstadt. Und ich hatte mich erstmal sehr geärgert. Die Qualität unseres ersten Hauses vom letzten Jahr war bestimmt durch die Aussicht, die jetzt verbaut war. Und das war so ein Reflex: Sollen wir jetzt konsequent und konzep-

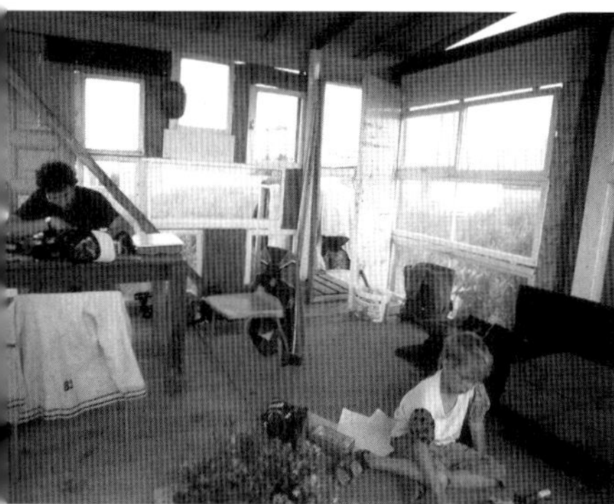

Rückzugsort im Haus Köbberling & Kaltwasser

A place to retreat in the house built by Köbberling and Kaltwasser

tionell das Haus da wieder hinbauen oder in anderer Weise konzeptionell und konsequent sein, so wie es bestimmt jeder Gecekondubauer auch wäre, und uns woanders hinsetzen. Es gibt ja genug Platz. Irgendwie war aber der Drang, ein Haus zu bauen, wo man eine schöne Aussicht hat, größer, als derjenige, konzeptionell und konsequent zu sein. So fand dann eine typische Zersiedlung statt.

MB: Warum wolltest du denn nicht auf uns gucken?

MK: Weil von drei Seiten die Sicht versperrt war, alle anderen Häuser hatten ja zu irgendeiner Seite Sicht. Das ist auch das, was die Siedlung ausmacht. Und das hätte dann unser Haus nicht gehabt. Und das hat mir richtig wehgetan. Weil ich dachte, das ist die Qualität des Ganzen, eine schöne Sicht zu haben.

FK: Dann nimmst du ja die Haltung an, die jeder Eigenheimbauer z.B. im Münsterland auch annehmen würde. Ich setz mich dahin, wo ich die beste Aussicht habe.

MK: Ich glaube, das ist ein Urbedürfnis des Menschen. Wenn du dir ein Bergdorf ansiehst, da bauen die Leute lieber am Hang, weil die Aussicht einfach lukrativer ist. Eine Privatsphäre zu haben, aber auch einen Weitblick zu haben. Da kommen ganz viele Phantasien zu Tage.

FK: Kann man es nicht über die Vernunft regeln? Wenn keine Planung existiert, findet eine Zersiedelung statt, die selbst Architekten wie in diesem Falle mittragen? Das ist schon schwierig, oder?

MK: Nee, jeder hat sich individuell seinen besten Platz gesucht, warum soll ich dann ausgerechnet das verbindende Element sein?

MB: Ich glaube, die Leute haben immer von der Plattform auf die Siedlung geschaut und nicht in Richtung Gropiusstadt. Was auf dem Platz passierte, war interessant. Ein schlechtes Beispiel, aber vielleicht passend: Wenn ich zu Hause im Prenzlauer Berg bin, schaue ich lieber auf die Straße als auf den Hinterhof. Es gibt Leute, die schauen auf ihren begrünten

longer possible. We therefore landed on the path. I believe that we had the least problems because we had never planned a wall, being that a raft doesn't have walls. A very simple rule: keep building. Our house later assumed the function of a platform because it was relatively open, and because it stood open to the "village square".

FK: Martin, on your own initiative, you then placed our house, which was originally intended to be placed or the spot from the previous year, on a completely new spot. We had previously discussed this for a while.

MK: What worried me intensely was the idea that the last ones are for the dogs. Or, the second to the last ones. You had placed your raft with certain proximity to the rest, according to certain logic applicable to a raft. It was in this sense that you distanced the raft from the rest of the settlement. From your raft you also had a bleacher view of the rest of the settlement and of the Gropiusstadt. And I was pretty annoyed from the outset. The quality of our first house in the previous year came from the type of view that we had from the house. This view was obstructed. And so my decision was like a reflex. Should we build our house on the previous spot in a conceptual and consistent manner, or is it otherwise conceptual and consistent to build elsewhere, something that every gecekondu builder would do? After all, there was enough space. Somehow the urge was greater to build a house on a spot where we would have a beautiful view than was the urge to carry out the first variation. So a typical splitter development took place.

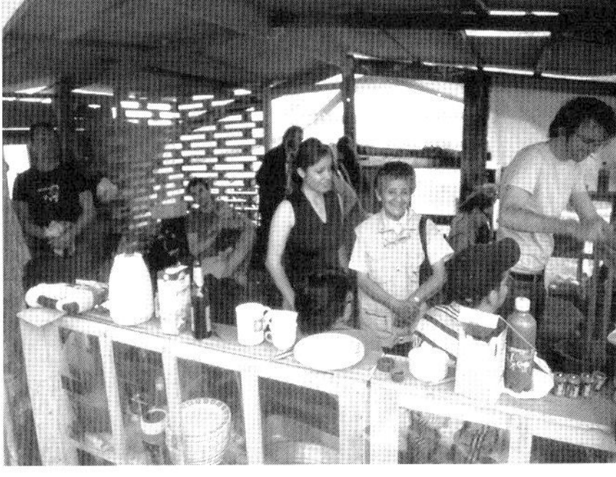

Jeden Tag gab es für alle sehr gutes, warmes Essen, gekocht von Claudia Burbaum (Propeller) und Annett Krause.

Each day, Claudia Burbaum (Propeller) and Annett Krause cooked a very good, warm dish for us.

MB: Why did you not want us in your view?

MK: If the view is obstructed from three sides – all other houses had a good view from one side or the other. That is also what forms the settlement. And our house wouldn't have had that. And it really caused me pain. Because I thought that the quality of the whole required a beautiful view.

FK: Then you took on the attitude that every single-family house builder, for example in Münsterland, would also take on. I place my house where I have the best view.

MK: I believe that it is a primal urge of human beings to do so. When you look at a mountain village, the people would rather build on a slope because the view is simply more lucrative. To have a private sphere, but also a good wide view. Here many fantasies come to light.

FK: Can't one determine this through reason? If there already is no planning, a splitter development takes place – even architects act in this manner? This is pretty problematic, is it not?

MK: No, everyone looked for their own best spot. Why then should I be the joining element?

MB: I believe that the people always looked at the settlement from the platform, and not towards the Gropiusstadt. What went on there was interesting. This is a bad example, but perhaps fitting: When I am at home in Prenzlauer Berg, I look with more pleasure onto the street than onto the courtyard. There are people who would rather look onto their green courtyards. I would rather look onto the street. But, this always has something to do with the buildings. A platform is more a communication thing, and your house had

Hinterhof. Ich schaue lieber auf die Straße. Das hat aber immer etwas mit den Gebäuden zu tun. So eine Plattform ist eher ein Kommunikationsding und euer Haus hatte Fenster, hatte ganz bewusst Bilderrahmenfenster. Für mich war das ein Ort, wo man ganz spät am Abend hingeht, um sich den Sonnenuntergang anzugucken. Mehr als fünf Leute waren nervig in dem Gebäude. Das sind Ausrichtungen. Beide Gebäude hatten spezielle Funktionen. Martins Haus hatte einen unglaublich präzisen Ausblick, entworfen als Naturhaus?

PH: Nicht nur Ausblick, es war ja auch in der Natur mit dem kleinen Garten. Es gab ja auch die Schilder mit „Verboten" und „Ihr Naturschänder". *(Ein Schild, das den Begriff „Naturschänder" verwendet, gab es nicht).*

MK: Guck mal, wo ifau hingegangen ist. Ihr von ifau seid ja mit dem Floss auch nicht hier hingegangen. Das ist eine typische Künstlersiedlung, durch und durch. Alles Eremiten.

MB: Wenn man dich hätte toppen wollen, hätte man außerhalb des Kreises bauen müssen. Du hast wirklich den meisten den Blick genommen. Die haben sich alle noch eingepasst. Keiner hat den anderen die Sicht weggenommen.

MK: Dann war es schon von den meisten der Wunsch, eine Reihensiedlung zu machen.

PH: Eher nicht, eher ein Dreieck.

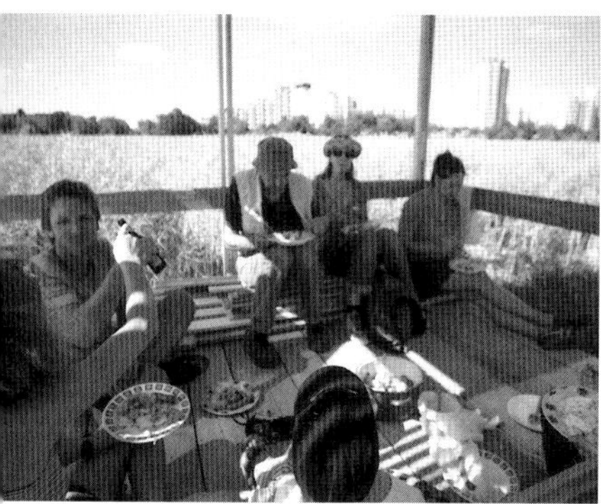

Gemeinsame Mahlzeit

Common meal

MB: Mich erinnert das sehr an eine Familienaufstellung: Jeder soll sich irgendwo hinstellen, der Einzelne positioniert sich innerhalb der Gemeinschaft.

FK: Es war ja eher ein Experiment, Materialien und Bauland zur Verfügung zu stellen und zu gucken, was rauskommt.

MB: Das fand ich super daran. Es geht ja nicht um Planung und Nichtplanung. Es geht darum, wann man anfängt mit der Planung und mit welcher Intensität man plant. So eine städtebauliche Planung, wie bei der Familienaufstellung, dass sich jeder überlegt, wo er sich hinstellt und welche Konsequenzen das mit sich bringt, hat ja nicht stattgefunden. Die Leute haben einfach losgelegt, so aus dem Bauch heraus. Dann kommt das als Resultat raus.

MK: Das Ganze ist ja in ein paar Minuten abgelaufen. Oder in ein paar Stunden.

MB: Ein Grund dafür, dass wir da am Wegesrand gebaut haben, war auch, dass wir da mit unserem LKW nicht weiterkamen. Es war spät am Abend und wir hatten einfach keine Lust mehr, alles durch die anderen Häuser zu bugsieren, hingefahren und abgeladen.

FK: *(zu Philip)*: Und ihr seid dann die Küche, der Mittelpunkt der Siedlung geworden. Was ihr wahrscheinlich gar nicht vorhattet.

PH: Das ist so passiert, weil wir die Siedlung verlassen haben. Als ihr kamt, waren wir eigentlich schon weg. Dann kamt ihr, habt alles gebaut. Die Reaktionen von den StudentInnen waren so: Ihr habt unser Haus besetzt, habt überall angebaut. Es war schon eine feindliche Übernahme. Sie wollten ja auch dort schlafen, hatten aber Verpflichtungen in der Uni. Dann kamen sie nach einer Woche wieder, und dann hingen in den Räumen Leute ab und es wurde gekocht. Das hat dann auch die Dynamik raus genommen, gleichzeitig irgendwelche Schilder, „Du Umweltverschmutzer", „Naturschutzgebiet". Es war dann eine ganz andere Welt, als die, in der man angefangen hat. Wir haben da drei Tage gebaut und gepennt, Feuer gemacht und dann kamen irgendwann die Erwachsenen.

windows, it consciously had windows with frames. For me, it was a place where one could go to very late at night to look at the sunset. And more than five people in the building was unnerving. Both buildings had specific functions. Martin's house had an incredibly precise view, and was planned to be a natural house?

PH: Not only a view, but it was in nature, with a small garden. There were also the signs: "forbidden", "nature violator" (*no sign used the term "nature violator"*).

MK: Look at where ifau went. You from ifau did not put your raft there either. It was a typical artists' settlement, through and through. All hermits.

MB: If one had wanted to top you, then one would have had to build outside of the ring. You really did take the view away from most of us.

MK: Then it was the wish of most of you to build a row settlement.

PH: Not really. Rather a triangle.

MB: This reminds me of a family formation. Everyone is supposed to place themselves somewhere. The individual must place him or herself within the community.

FK: It was more an experiment. To make building materials and land available and to see what the result is and then to see what would happen, what the result would be.

MB: That's what I thought was great about it. The question concerns neither planning nor not planning. It is more important to ask when one begins planning and with what intensity. This kind of city planning – as one does when placing him or herself into the family, where one considers where he or her stands and with what consequences – did not occur. The people just set out and started. And the result of this was clear.

Aussichtsplattform

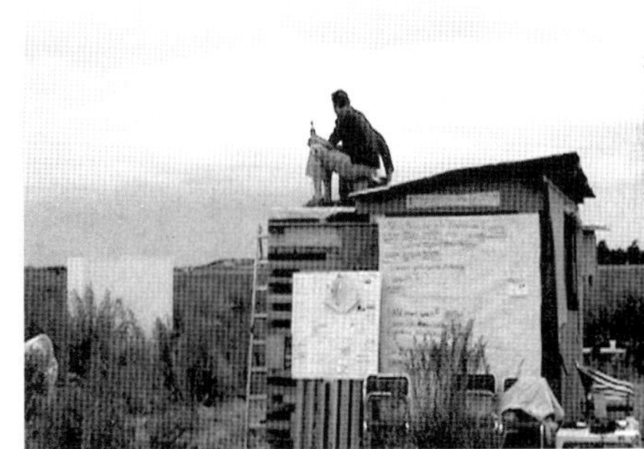

Viewing platform

MK: The whole thing was over after a few minutes. Or a few hours.

MB: A reason why we built next to the path was because we couldn't drive any farther with our truck. It was late and we didn't want to have to maneuver everything through the other houses. So we drove up and emptied the truck.

FK: (*to Philip*): And you set up the kitchen and became the center of the settlement. Something that you probably didn't plan at all.

PH: It happened that way because we left the settlement. When you came we were pretty much already gone. Then you came and built everything. The students' reactions were: you occupied our house, built everywhere. It seemed like a hostile takeover. They wanted to sleep there, but they had university obligations. Then they came back a week later and people were hanging out and cooking in the rooms. That took the dynamics out of the situation, and at the same time brought about signs like polluter, nature reserve, etc. It was a completely other world than it was at the beginning. We built and slept there for three days, we made fires, and then at some point the adults came.

MK: I have to say, though, that we were shocked at the state of the buildings when we came. With three people it took five hours to tidy up the whole settlement. It was unbelievable. It was as if people had stopped building and left, leaving everything lying around.

PH: Those things were materials to be used.

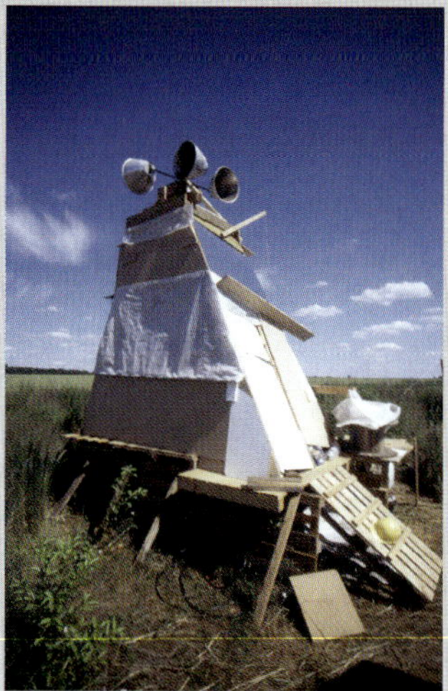

4 **Windkraftwerk** Windpowerstation
Eckhard Roth

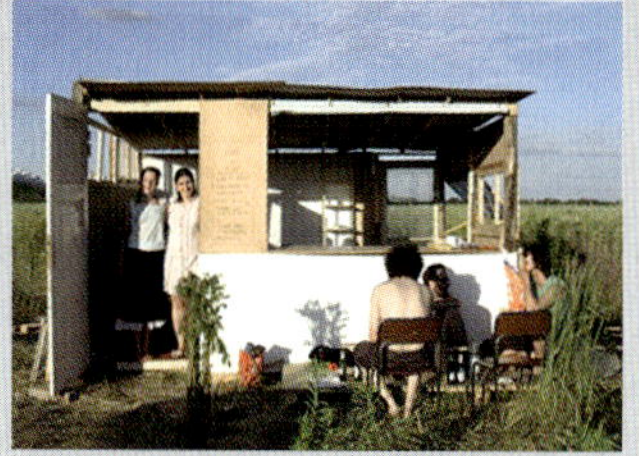

3 **Rent a room**
Cagla Ilk

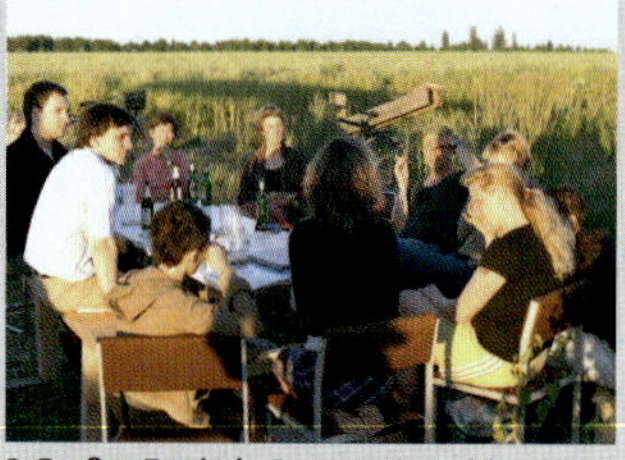

2 **Großer Esstisch** Community table

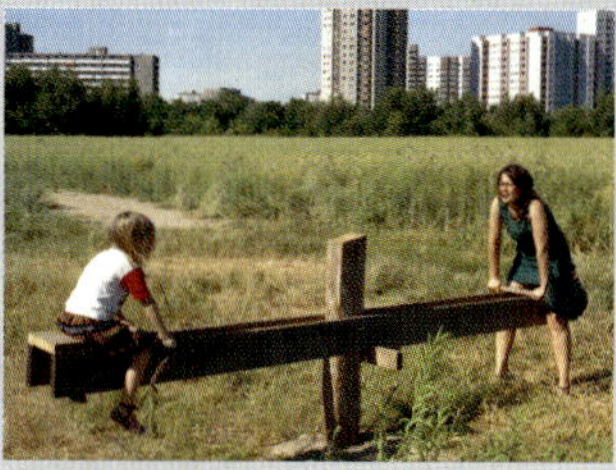

1 **Wippe** Seesaw
Roman Lutscher

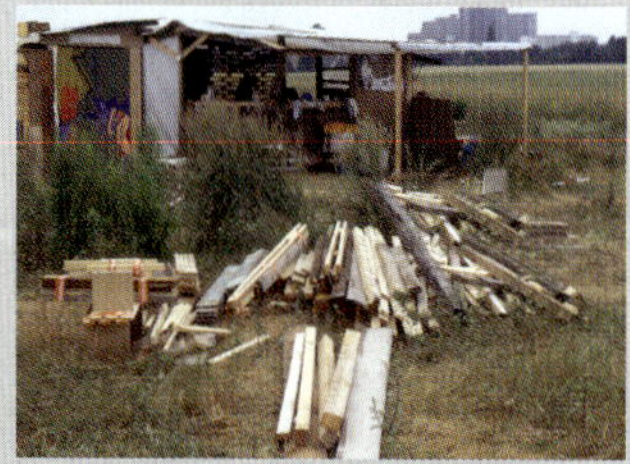

18 **Materiallager** Storage of materials

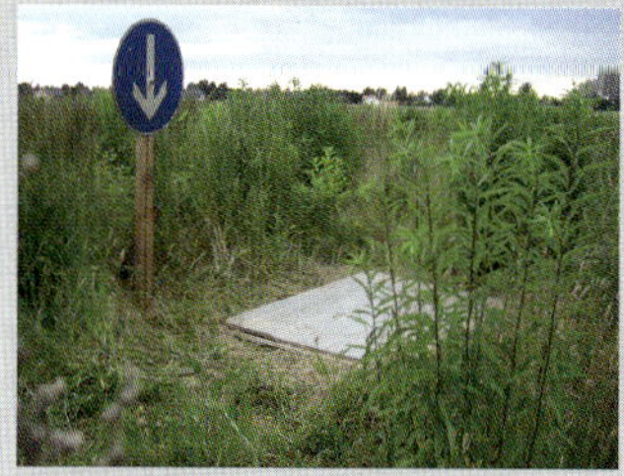

5 **Kellerabgang** Cellar entrance
Ulla Ostendorf

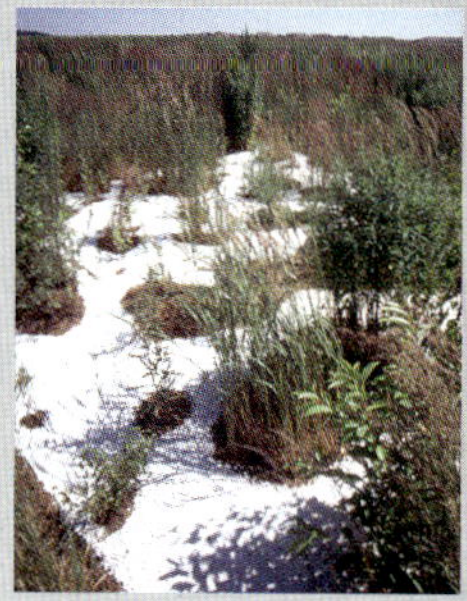

6 **Steingarten** Stonegarden
Anja Vormann & Gunnar Friel

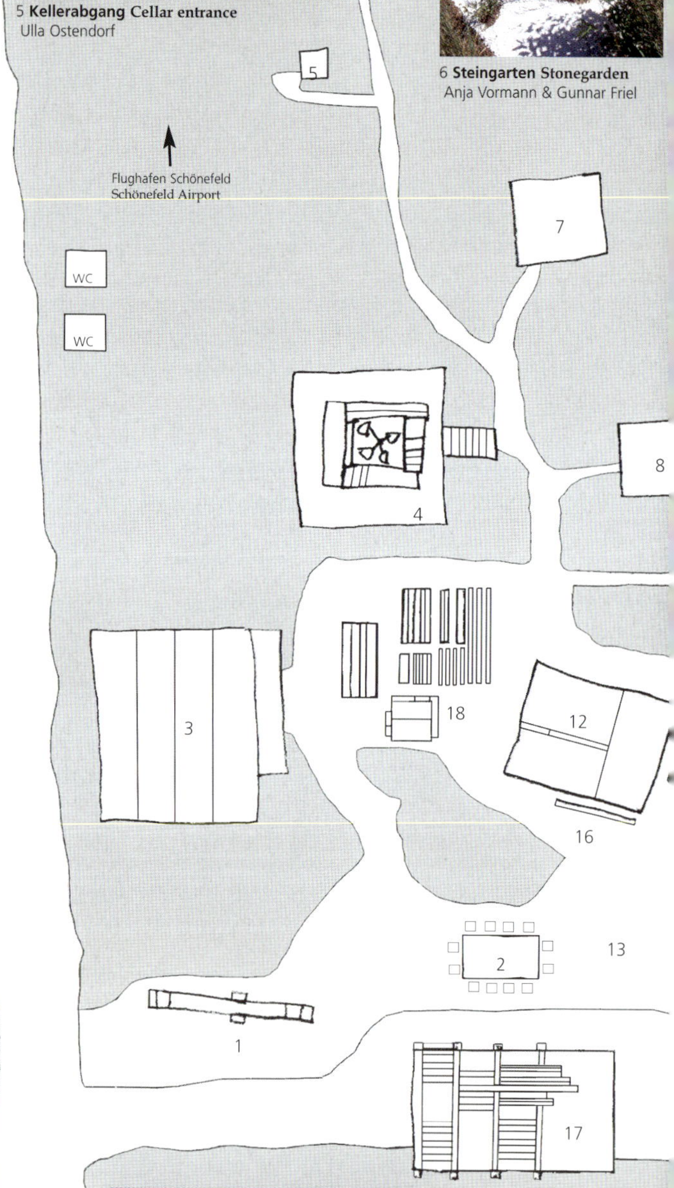

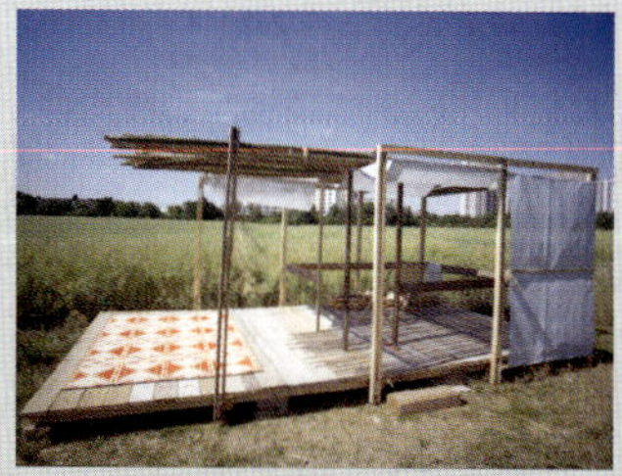

17 **Plattform** Platform
Ifau mit Frank Skupin und Jens Caspar

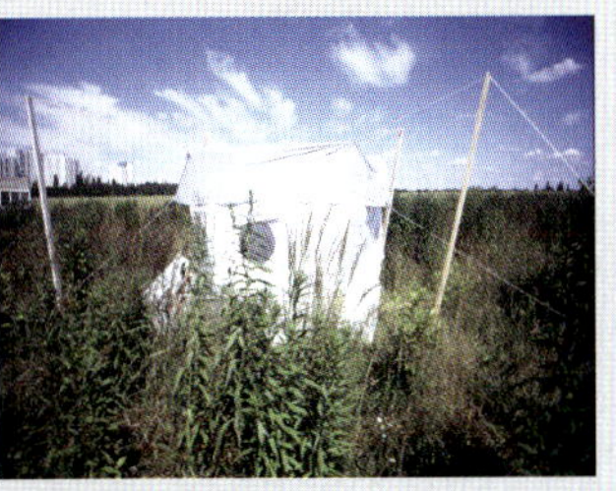

7 **Zelt Tent**
Ella Ziegler

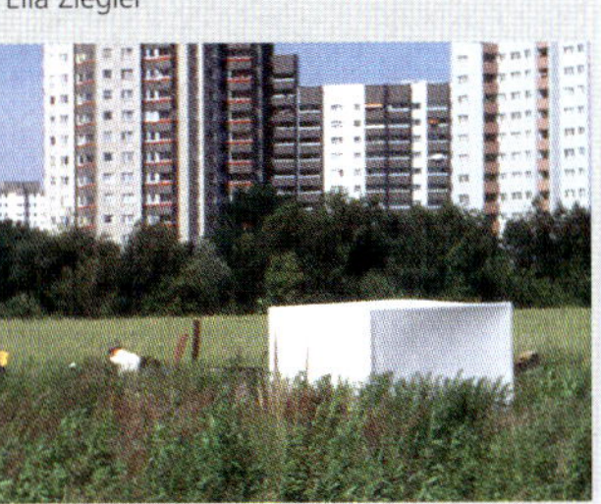

8 **Mobilfix**
Michael Neudeck

Gartenstadt Großziethen
Garden City Großziethen →

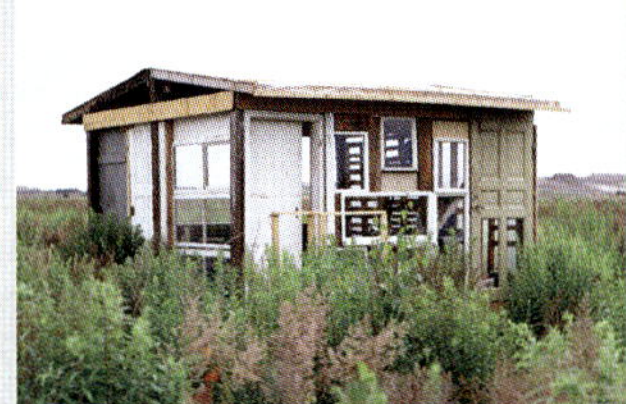

9 **Ruhehaus Rest house**
Martin Kaltwasser & Folke Köbberling

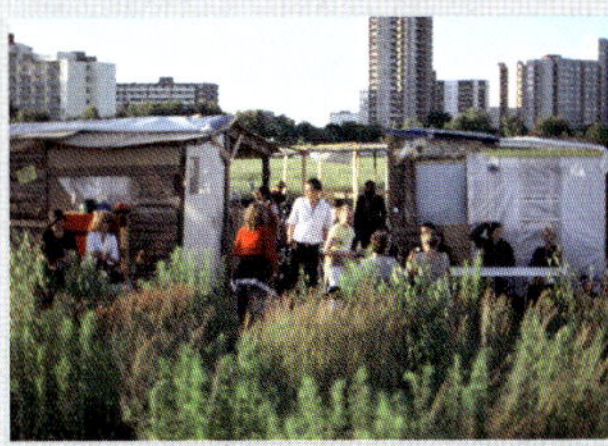

10 **Gäste- und Küchenhaus Guest- and kitchenhouse** StudentInnen der TU Berlin

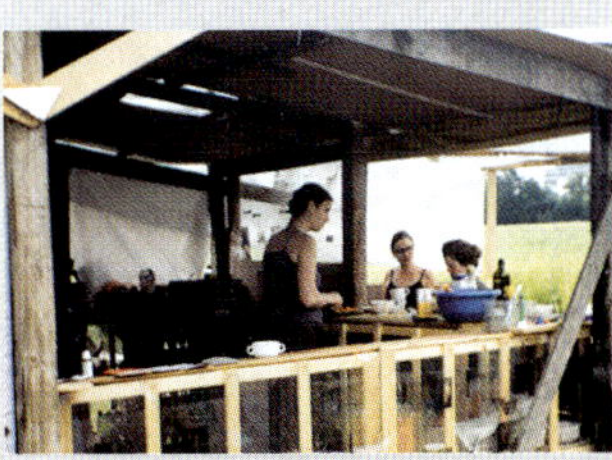

11 **Warme Küche Warm kitchen**
Propeller und Annett Krause

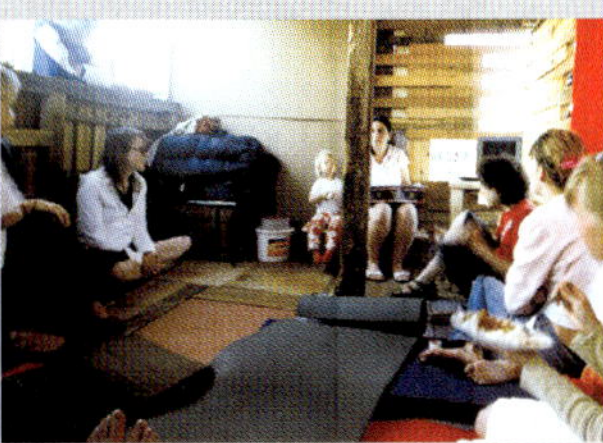

12 **Gästehaus Guesthouse**
StudentInnen der TU Berlin

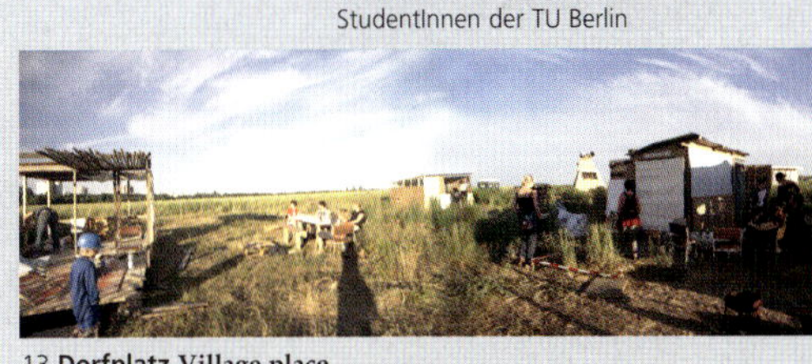

13 **Dorfplatz Village place**

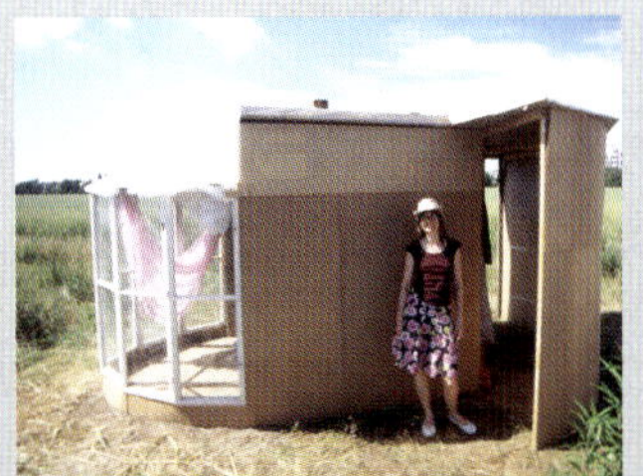

15 **Pavillon Pavilion**
Anja Lutscher

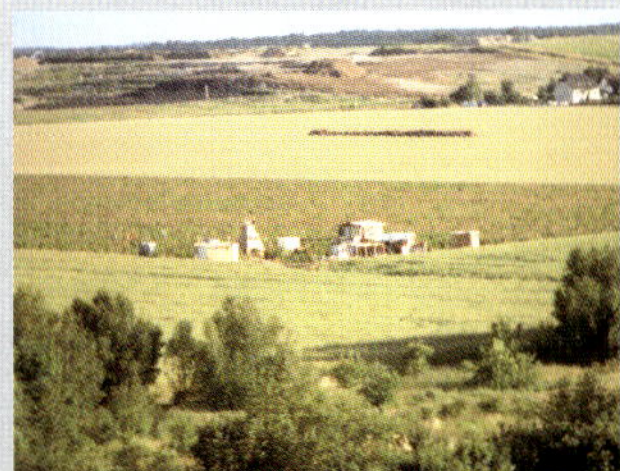

14 **Blick aus der Gropiusstadt
View from Gropiusstadt**

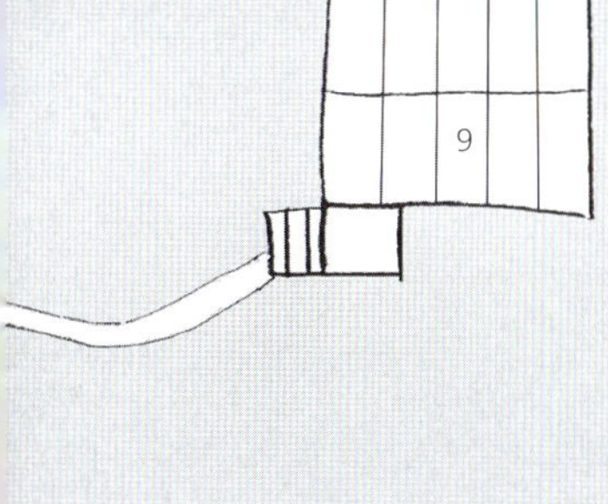

16 **„Ohne Eigentum" "Without property"**
Frauke Hehl & Petra Spielhagen

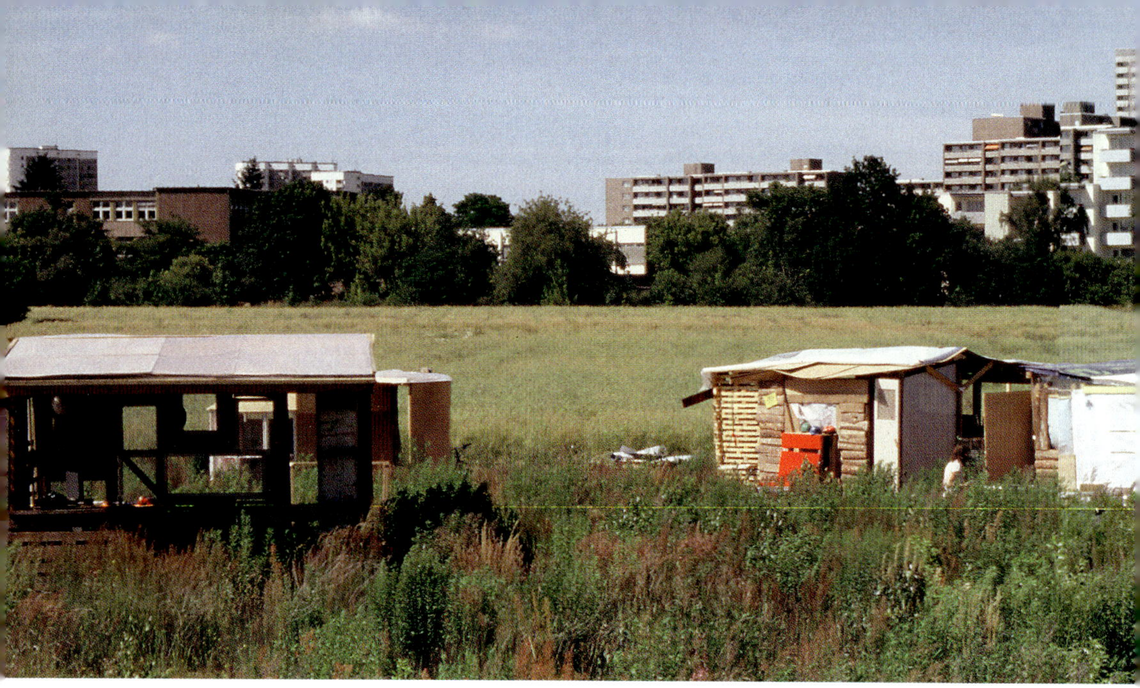

MK: Da muss ich aber sagen, als wir kamen, waren wir erschrocken, in welchem Zustand die Häuser waren. Mit drei Leuten haben wir erst mal fünf Stunden ringsum aufgeräumt. Es war ein unglaublicher Zustand – wie einfach gestoppt, weggegangen und alles liegengelassen.

PH: Es war einfach Material, was dann zur Verfügung stand.

MK: Das war dann auch der Punkt, an dem wir reagiert haben. Wir, die wir die nächste Woche da verbracht haben, mussten uns das irgendwie aneignen und nicht wie ein Heiligtum da stehen lassen, weil wir uns sonst sehr unwohl gefühlt hätten.

PH: Es ging ja nicht ums Material, sondern um die gebaute Struktur selbst.

MK: Es ging um ein Gesamtbild. Das Bild, das ihr uns gezeigt habt, war: nach uns die Sintflut. Wir bauen das, dann haben wir keinen Bock mehr und gehen, egal was. Dann kommen einige Leute, die interessieren uns aber nicht. Wir mussten aber die nächste Woche da verbringen. Zum Schluss glaube ich, wenn wir es noch mal machen würden, würde ich das Haus dahin stellen, wo es ursprünglich stand.

Das Gespräch fand am 15.06.2006 statt. In Klammern und kursiv sind kleine Ergänzungen von uns, um das Verständnis des Gesprächs zu verbessern.

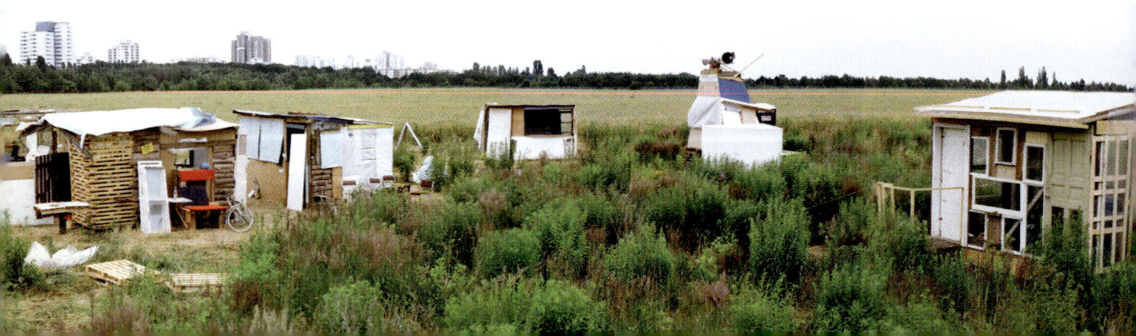

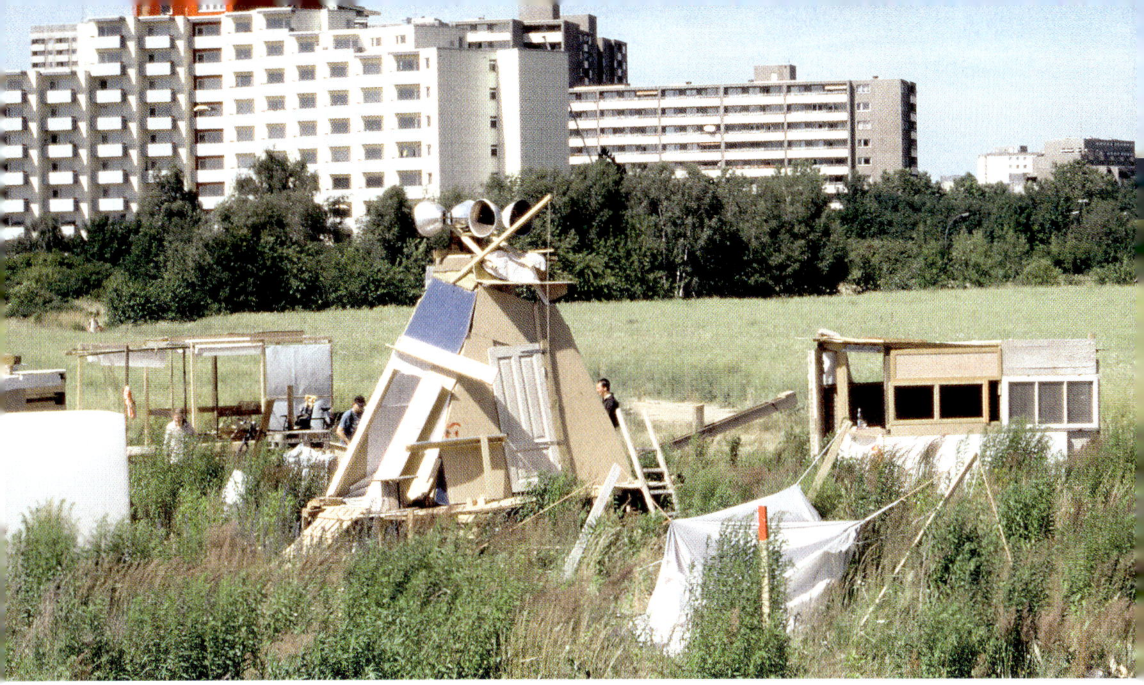

MK: We had to react at this point. We were the ones that had to spend the next week there. We somehow had to make the settlement our own, and not act as if it were a holy site. If we hadn't done so it would have made us feel uncomfortable there.

PH: It was not a question of the materials, but rather of the building structure itself.

MK: It was a question of the overall picture. The picture that you showed us was like a great flood to us. We build that what we want. We don't feel like it anymore, and then we leave. We had to live there the following week.

In the end, I believe that, if we were to do it again, I would place the house on the spot where it originally was.

The conversation took place in 15 June 2006. Short commentaries in italics and parentheses provide complementary information for clarity purposes.

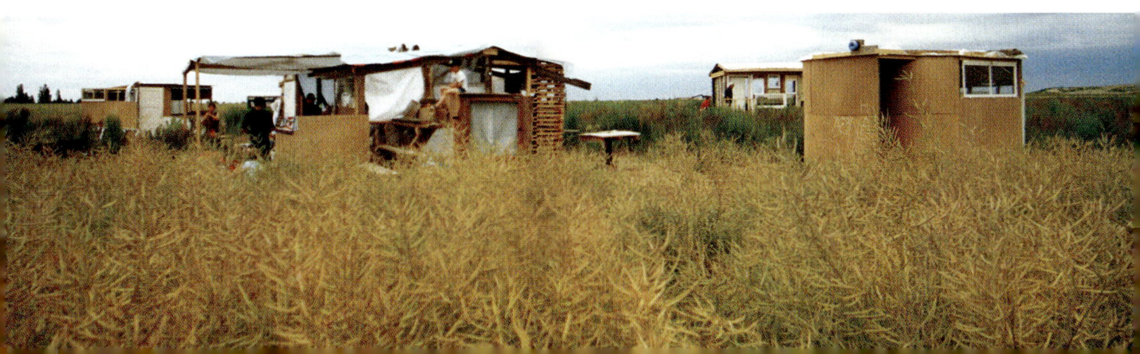

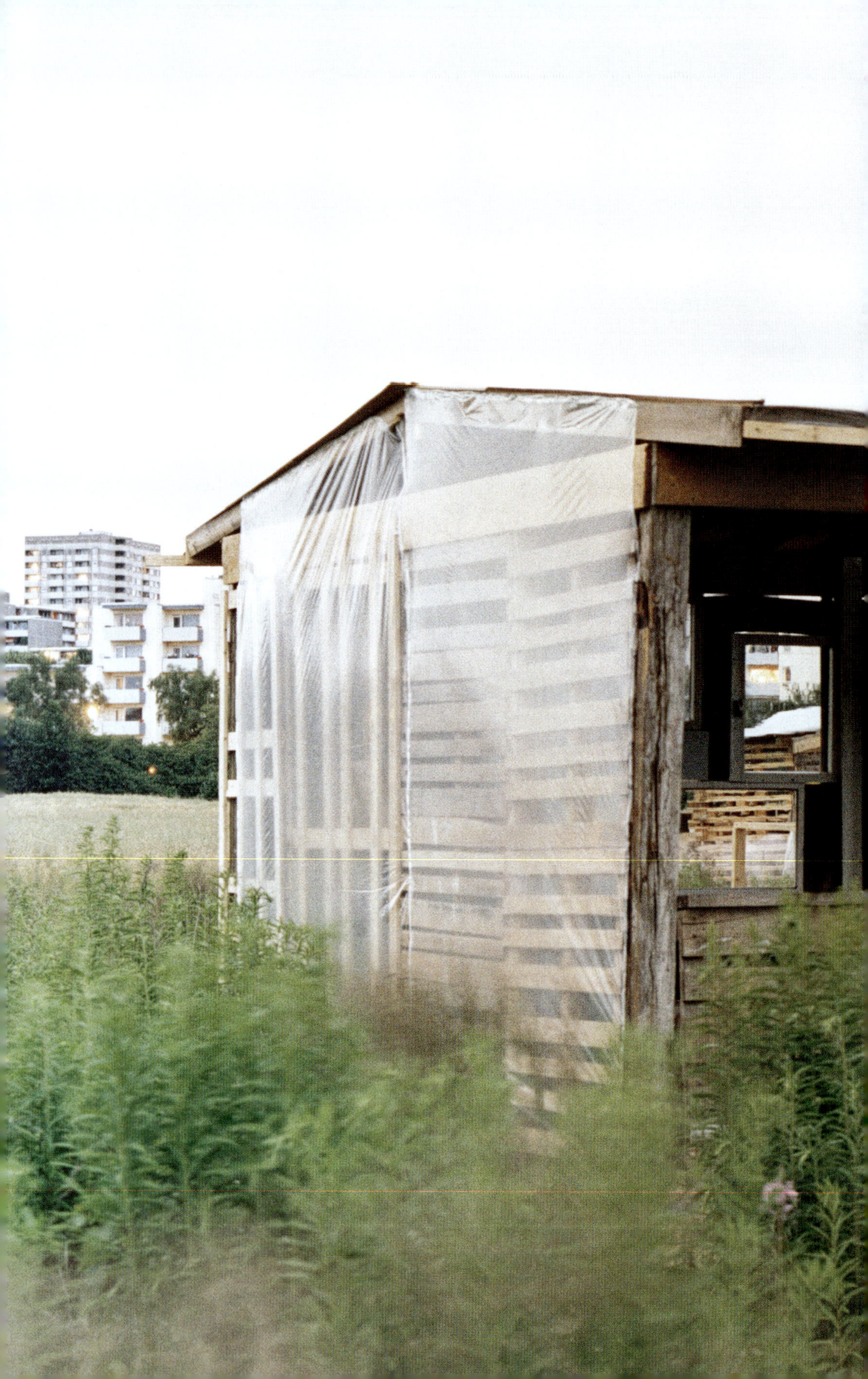

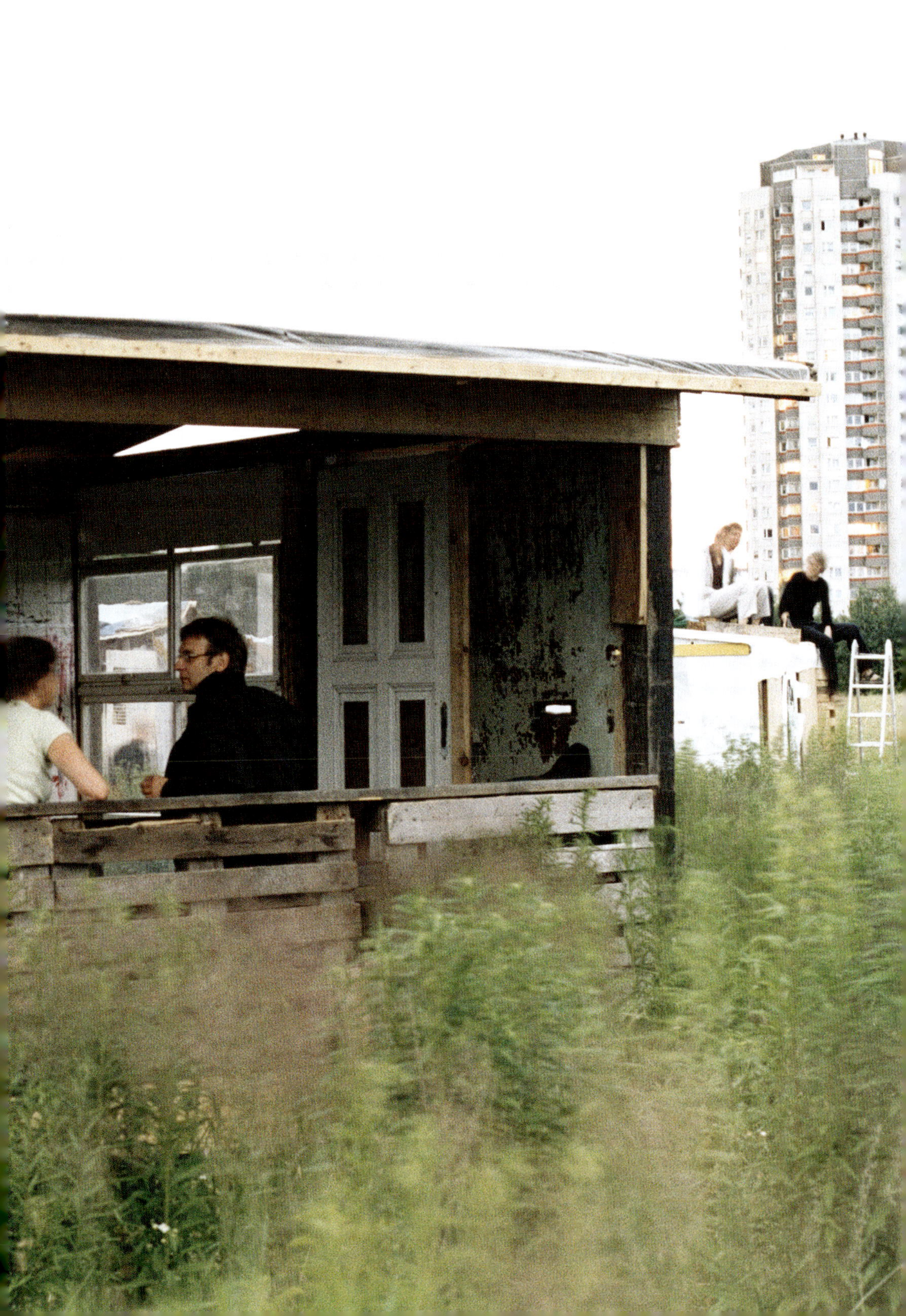

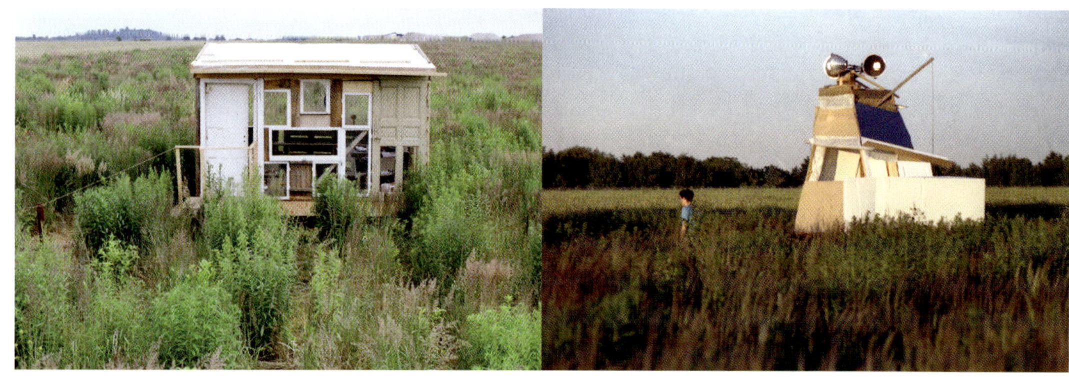

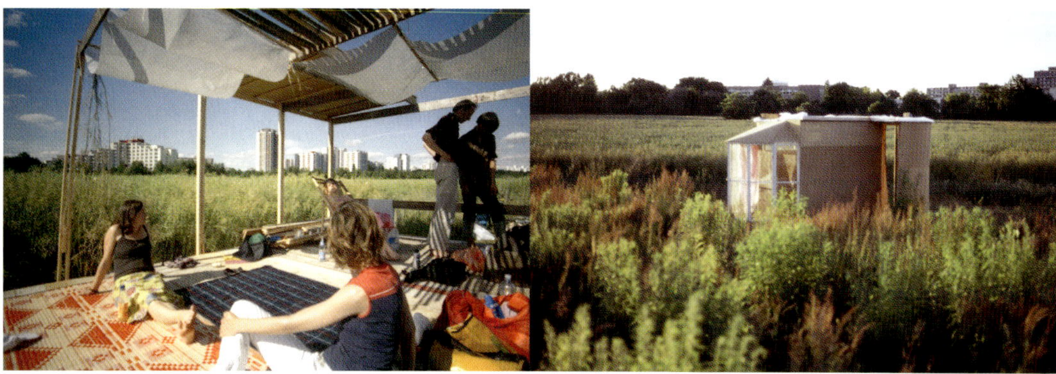

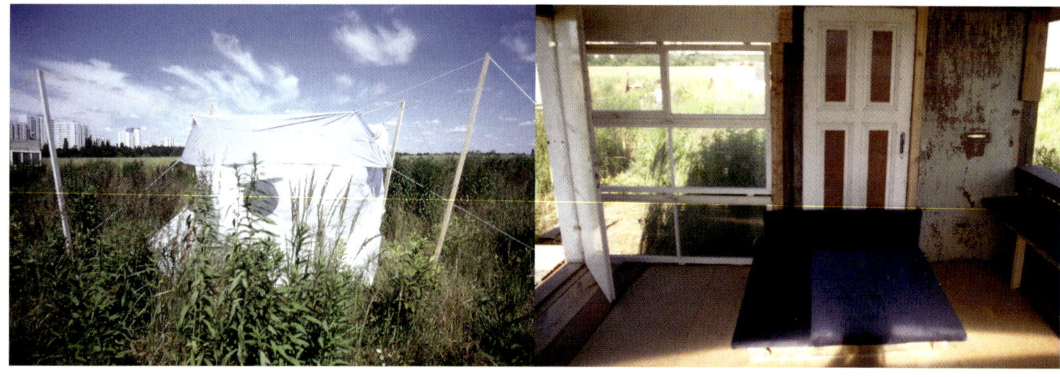

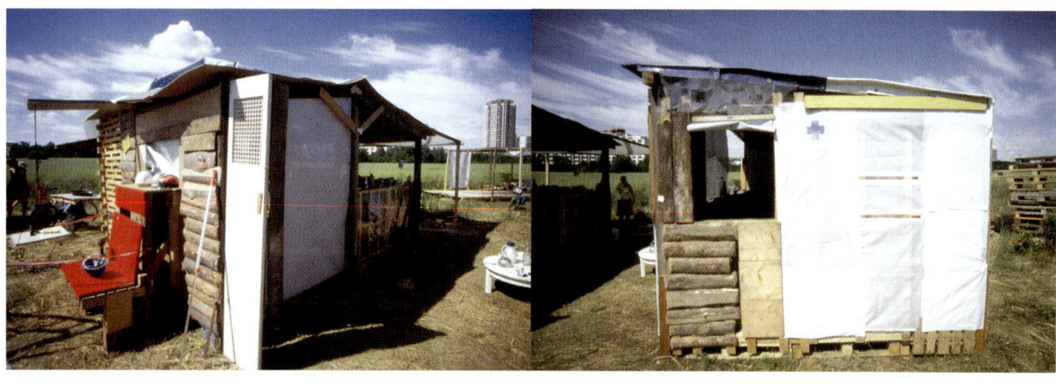

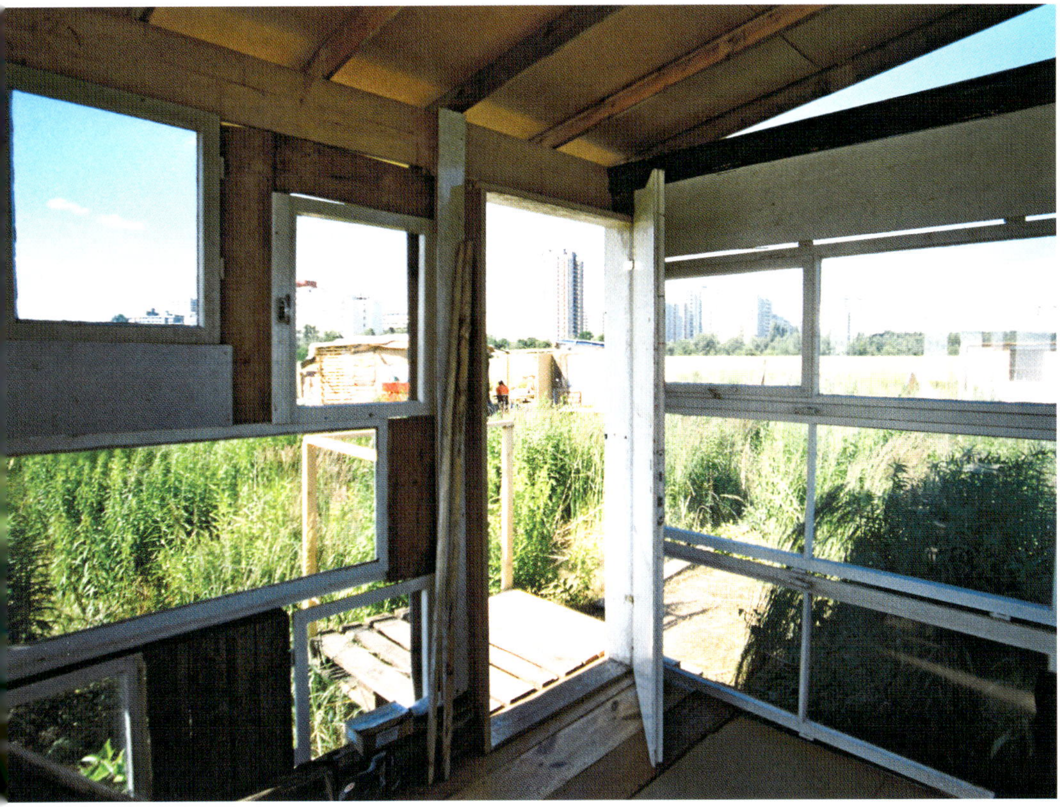

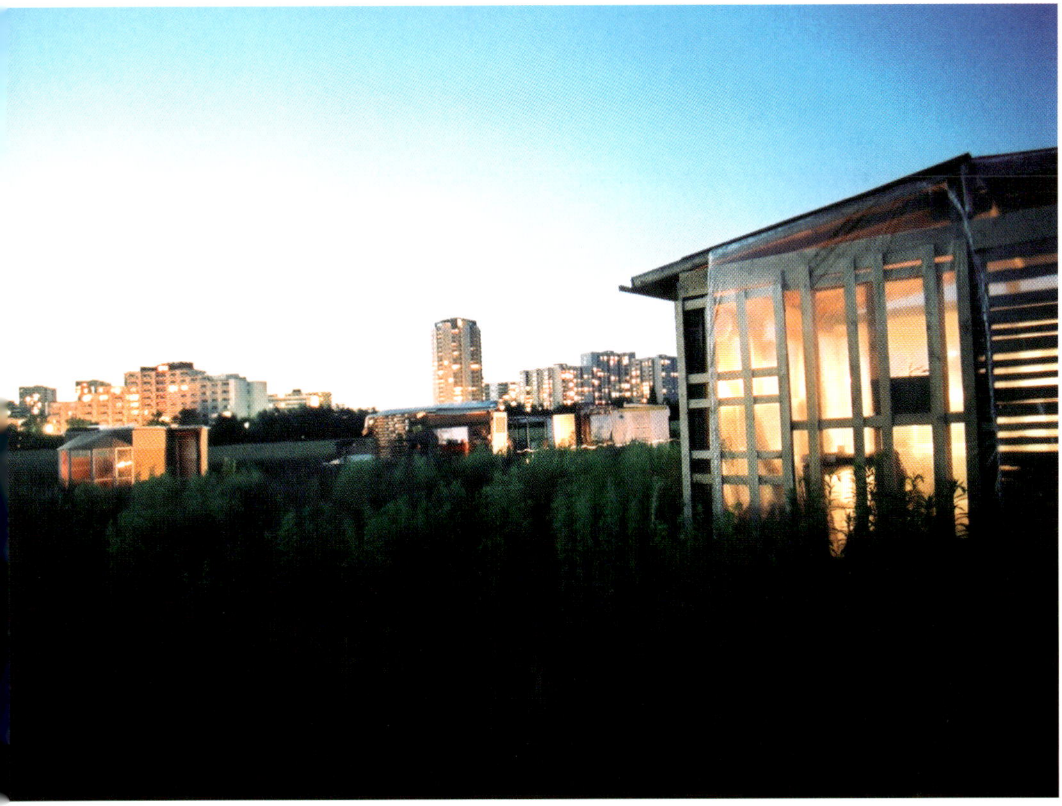

Musterhaus

Das „Musterhaus", auf einer Grünfläche des Martin-Gropius-Baus an der Stresemannstraße errichtet, ist eine Einfamilien-Fertighausattrappe, die in ihrer Kubatur dem „T-Com Haus" ähnelt, einem High-Tech-Haus, das ein Fertighaushersteller derzeit mitten in der Berliner Innenstadt präsentiert, um für das perfekte vorstädtische Wohnen zu werben.

Im Gegensatz dazu bauten wir das „Musterhaus" aus Materialien, die auf Berlins Straßen, Brachgrundstücken und Baustellen reich vorhanden sind: Sperrmüll, Gebrauchtmaterialien, Fundstücke, Bauabfälle. Das aus dem Verwertungszyklus Ausgeschiedene führten wir einer neuen Nutzung zu und ahmten somit die vor allem im globalen Süden praktizierte, hierzulande unterentwickelte Kulturtechnik des nachhaltigen userbasierten Direktrecyclings nach.

Mit dem „Musterhaus" transportierten wir direkt in das Berliner Stadtzentrum zudem die Idee des weltweit verbreiteten informellen Bauens, das auch Teile der jüngeren Stadtentwicklung Istanbuls geprägt hat. Es stand in Sichtweite des Potsdamer Platzes, im Widerspruch zur Berliner Monokultur der Blockrandbebauung und zum rigiden Planwerk Innenstadt.

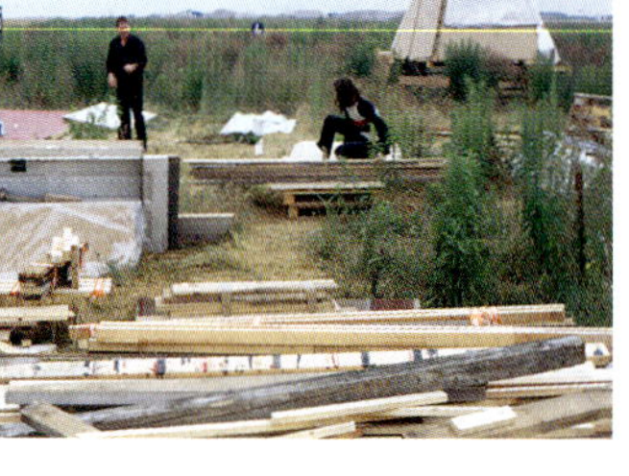

▲ *Gleichzeitiger Abbau von „Hausbau 05" und Aufbau des „Musterhauses" vor dem Martin-Gropius-Bau.*

▼ *Simultaneous dismantling of the "House Building 05" and construction of the "Model House" in front of the Martin-Gropius-Bau.*

Das Musterhaus entstand im Rahmen der Ausstellung „urbane Realitäten: Fokus Istanbul", ein Projekt der Künstlerhaus Bethanien GmbH, 2005 im Martin-Gropius-Bau, Berlin. Unterstützt durch: Hauptstadtkulturfonds und Marli-Hoppe-Ritter-Stiftung.

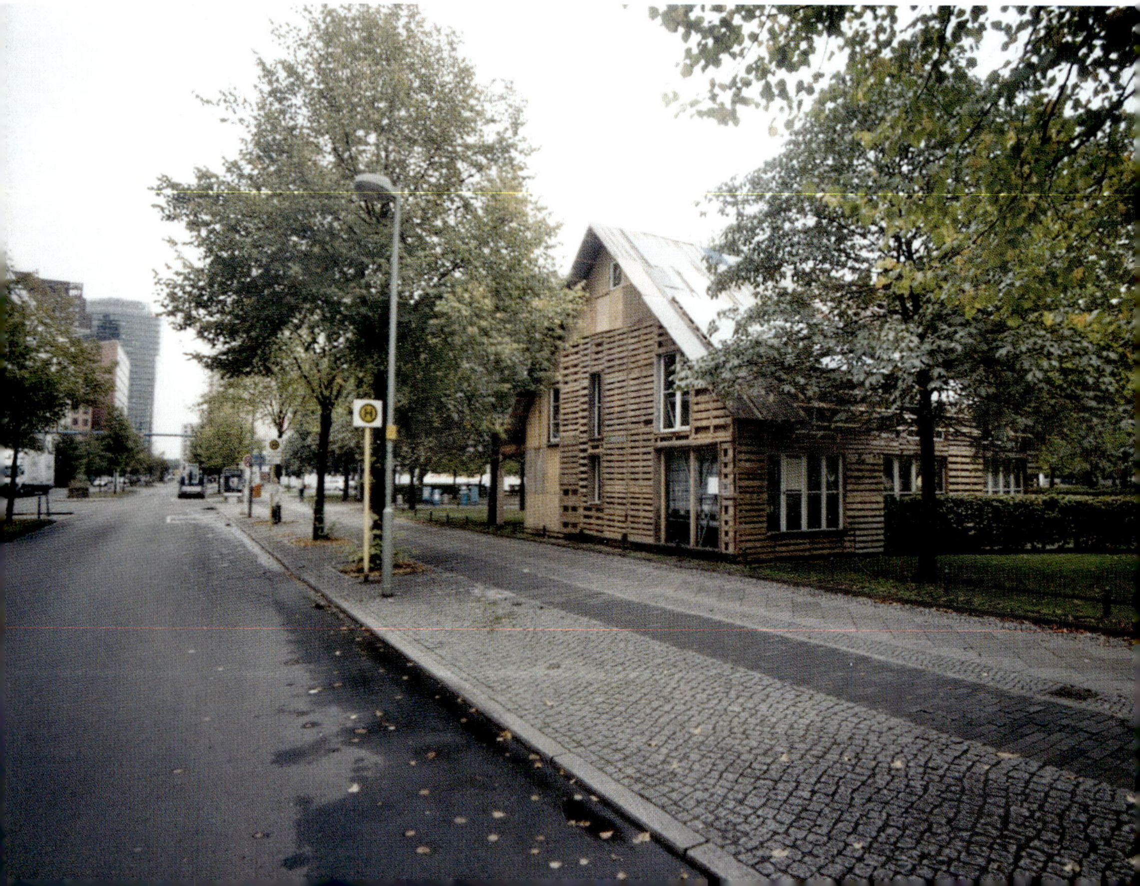

Model House

Built on a green area of the Martin-Gropius-Bau premises in Berlin, the Musterhaus (Model House) is a one-family prefab model house. In its cube shape it rather resembles the "T-Com House", a high-tech house which a manufacturer of prefabricated houses put on show in central Berlin to advertise the delights of suburban life.

In contrast to this, we made the Musterhaus from materials that are widely available on Berlin's streets, disused lots and building sites: bulky scrap, used materials, random findings and construction waste. We put these production cycle rejects to new use and imitated the cultural technique of direct, sustainable, user-based recycling is primarily practiced in the southern hemisphere.

The Musterhaus brings the globally prevalent concept of informal building, which has also characterised the recent urban development of Istanbul, to the heart of central Berlin. The Musterhaus, just a stone's throw from Potsdamer Platz, forms a marked contrast to the Berlin monoculture of block buildings and the rigid plans for the city's urban development.

The Musterhaus (Model House) was built for the exhibition "urban realities: Focus Istanbul", a project by Künstlerhaus Bethanien GmbH, 2005 in Martin-Gropius-Bau, Berlin. Supported by: Hauptstadtkulturfonds and Marli-Hoppe-Ritter-Foundation.

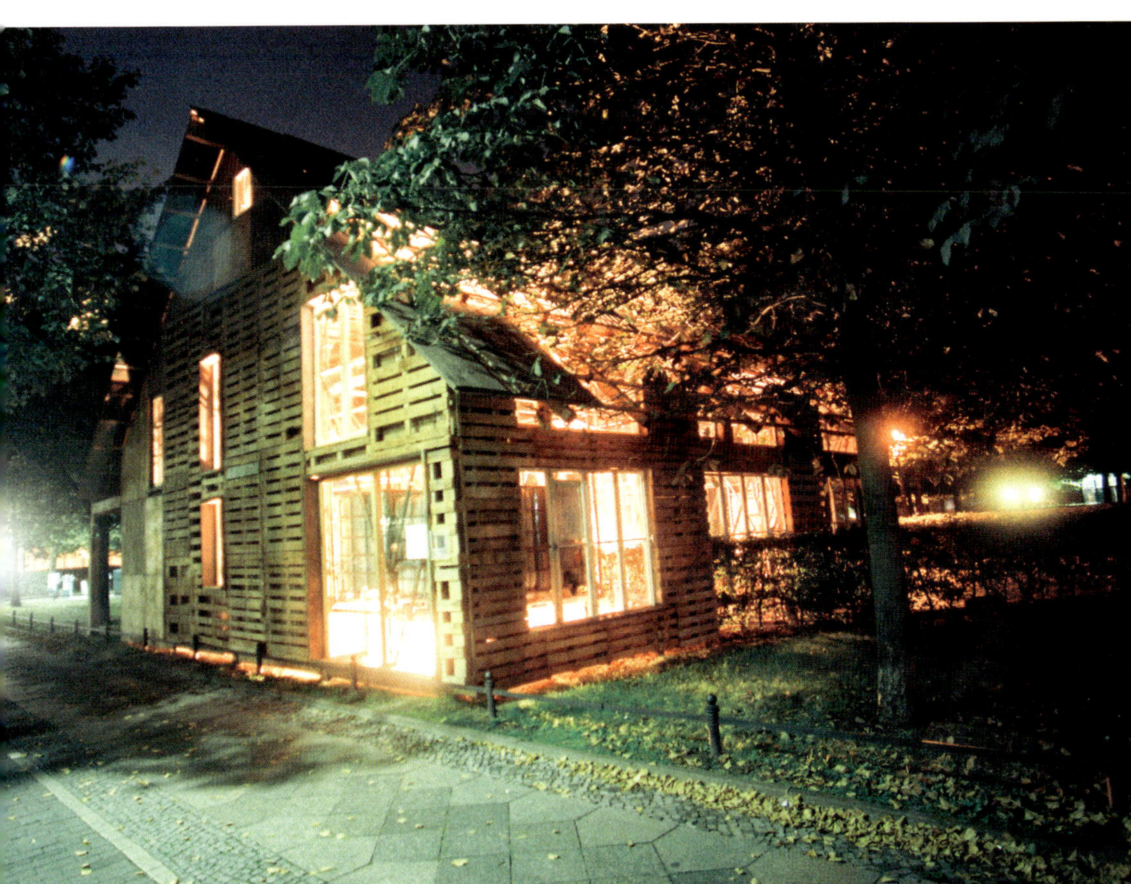

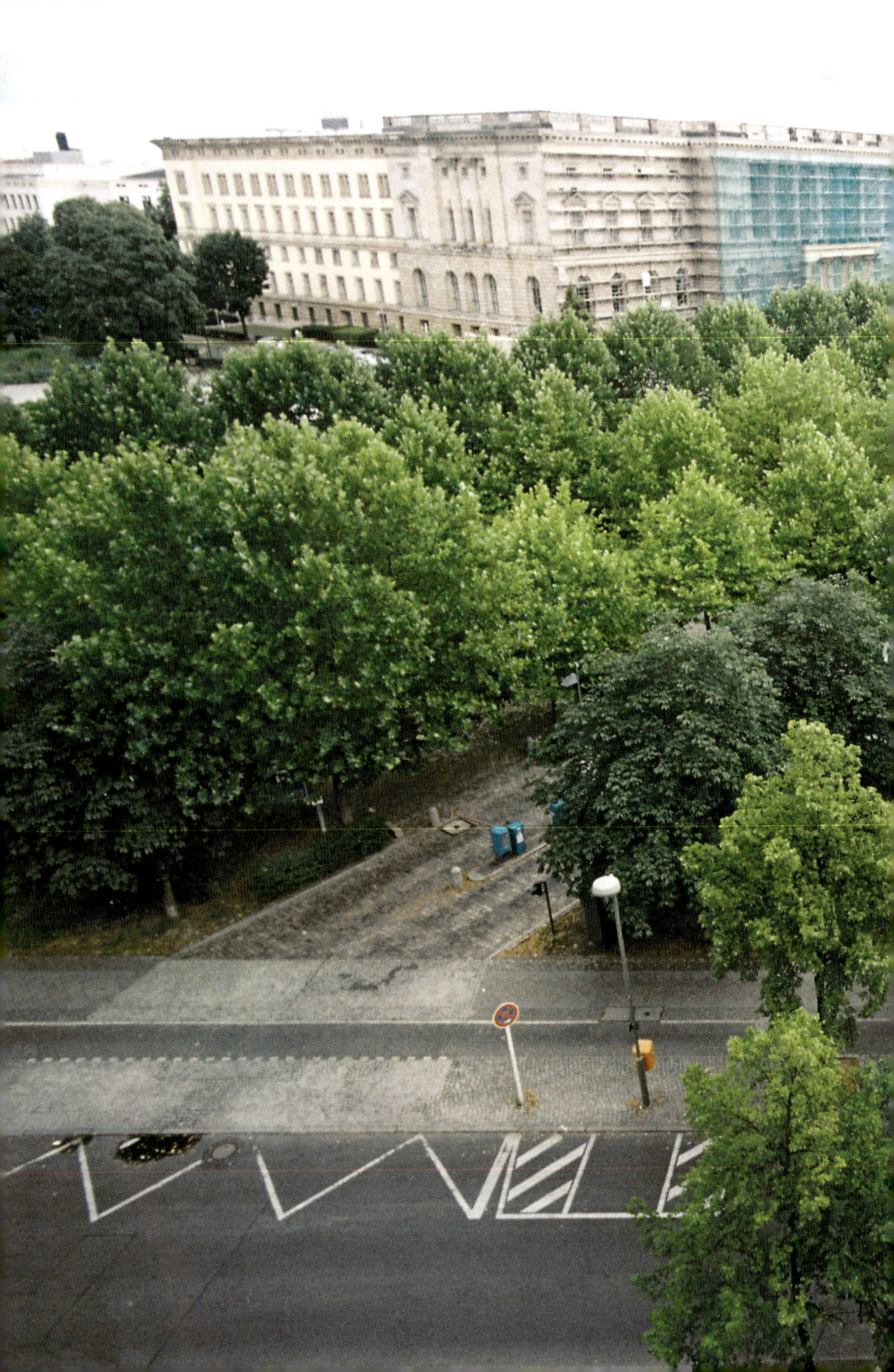

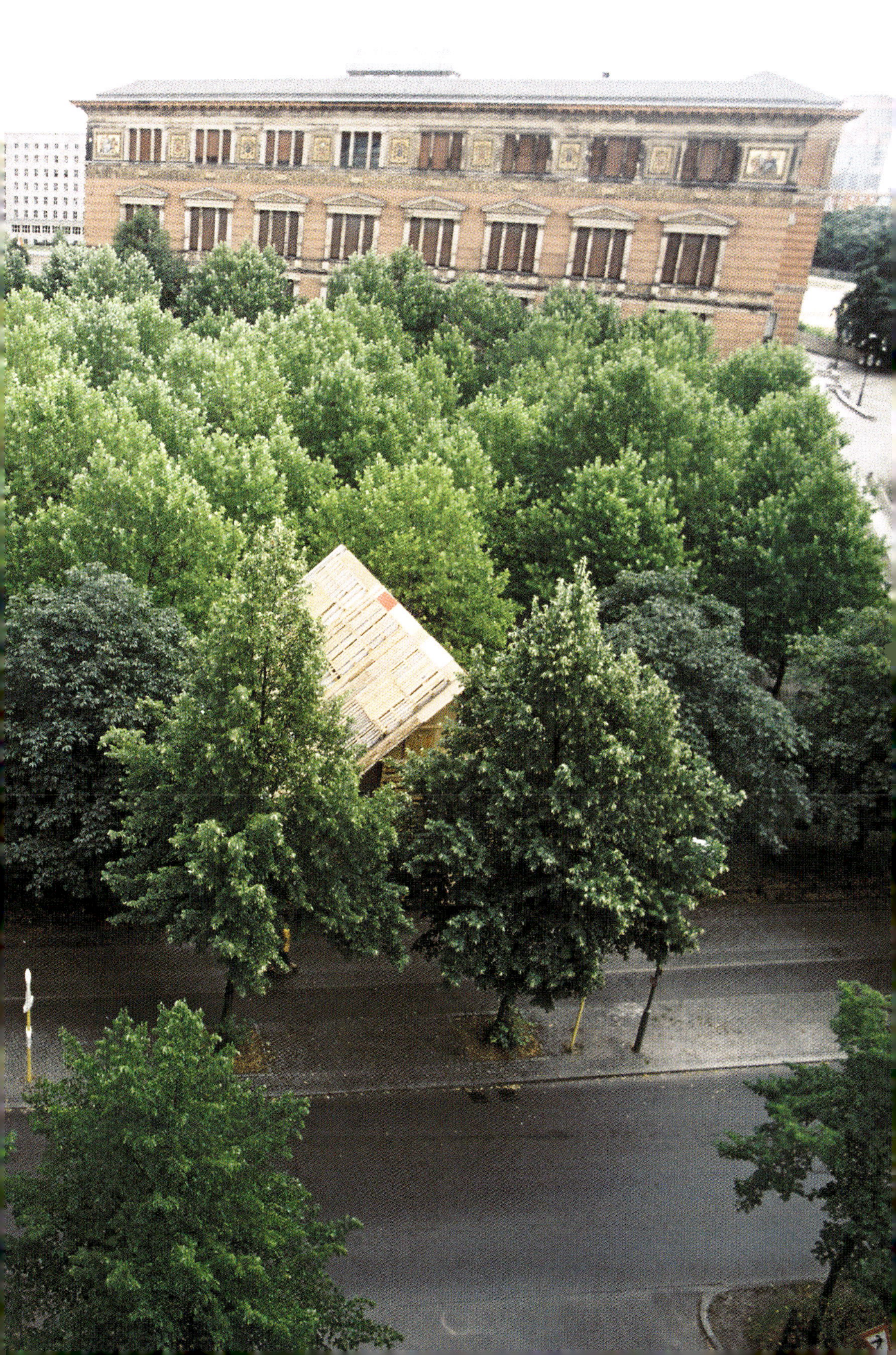

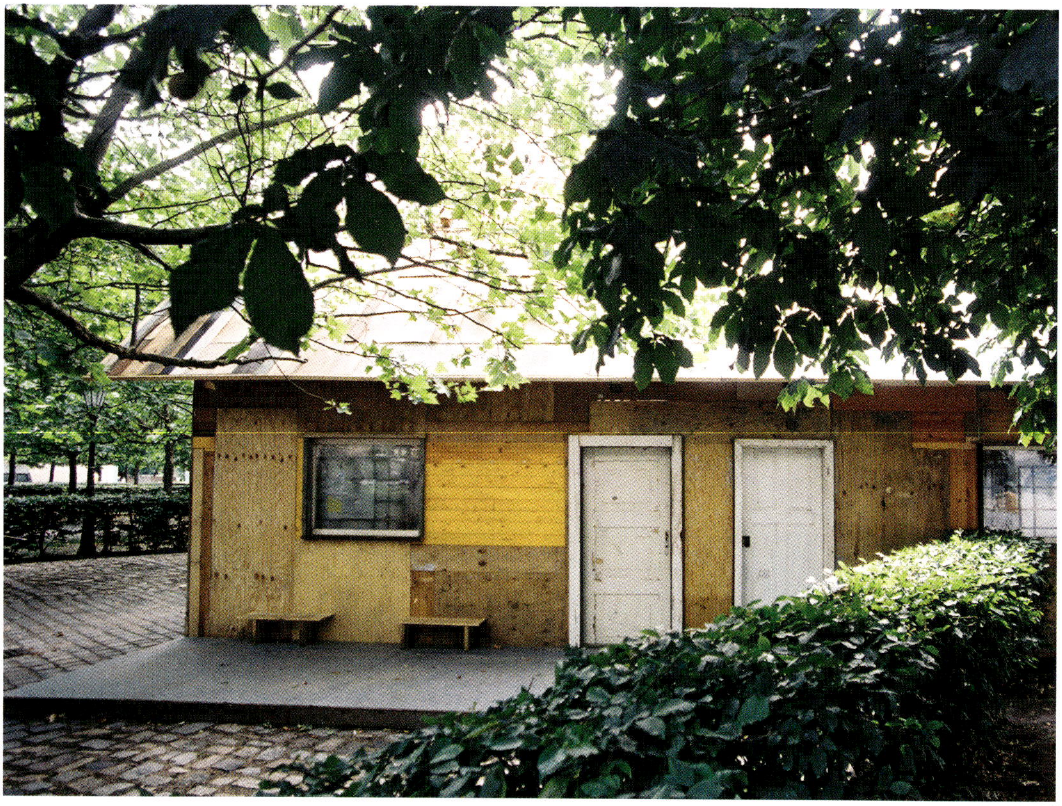

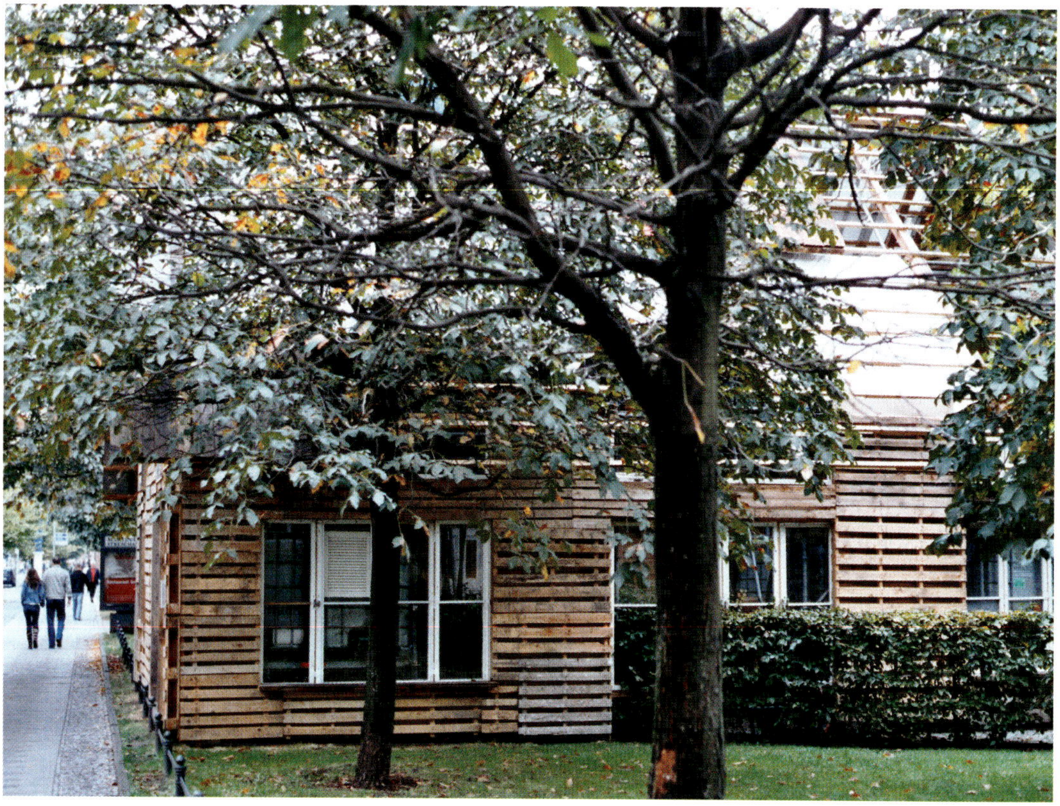

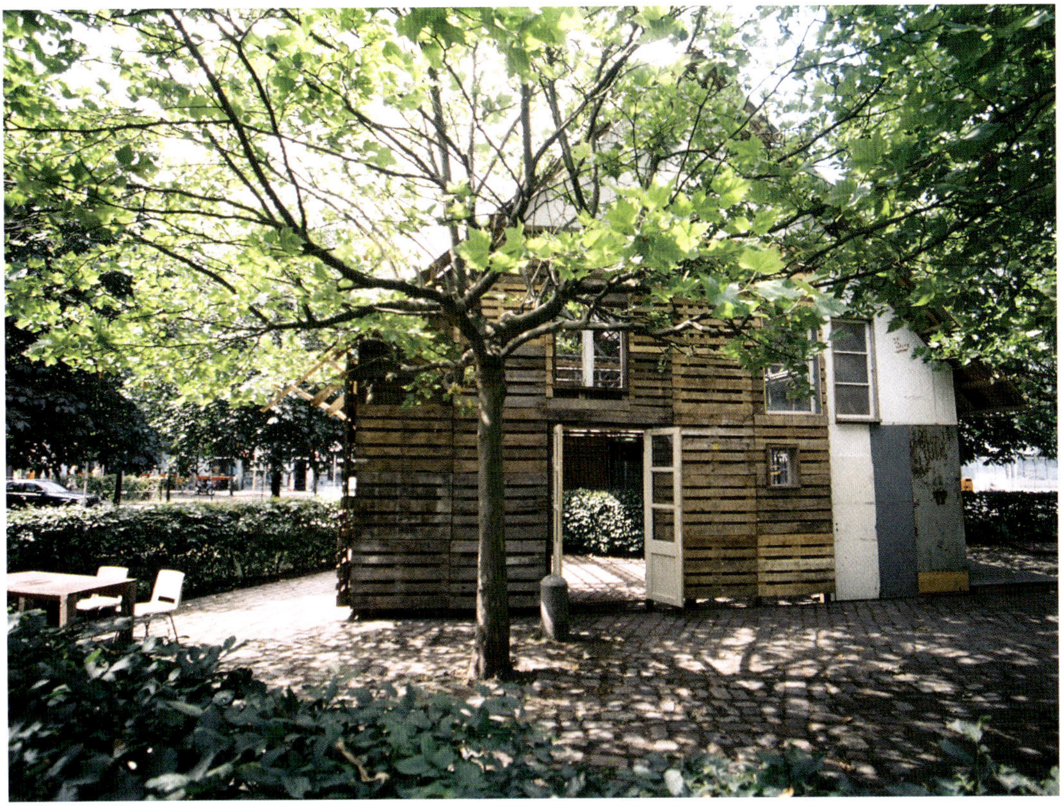

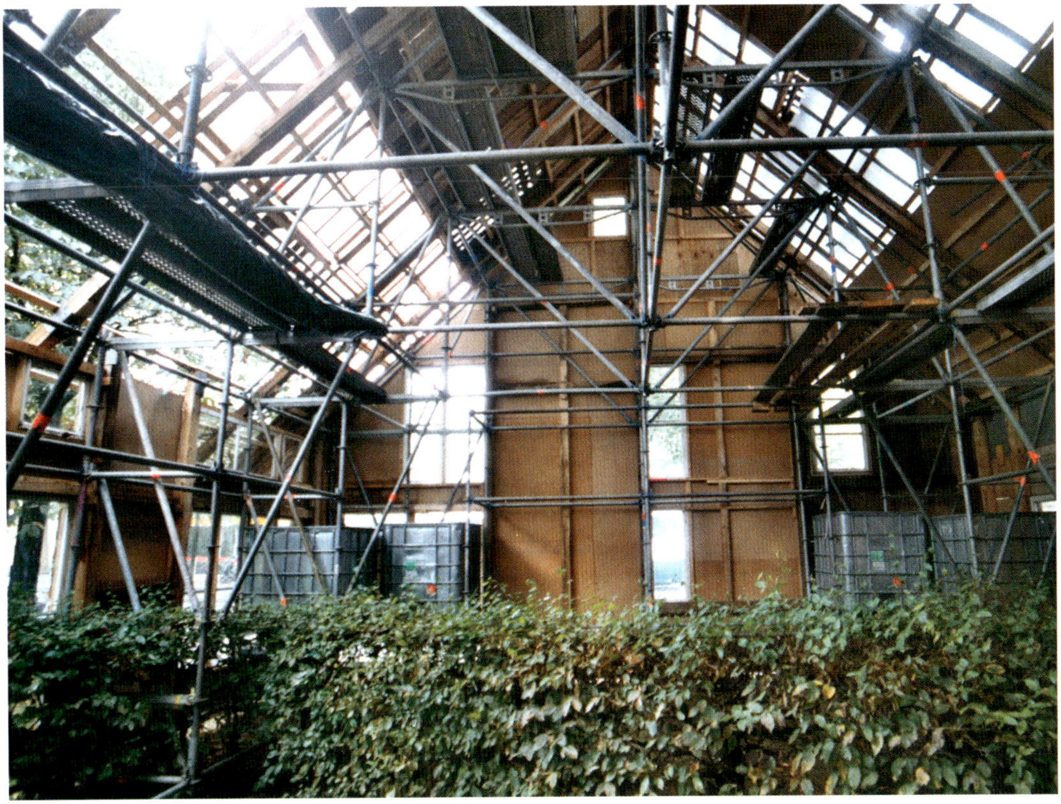

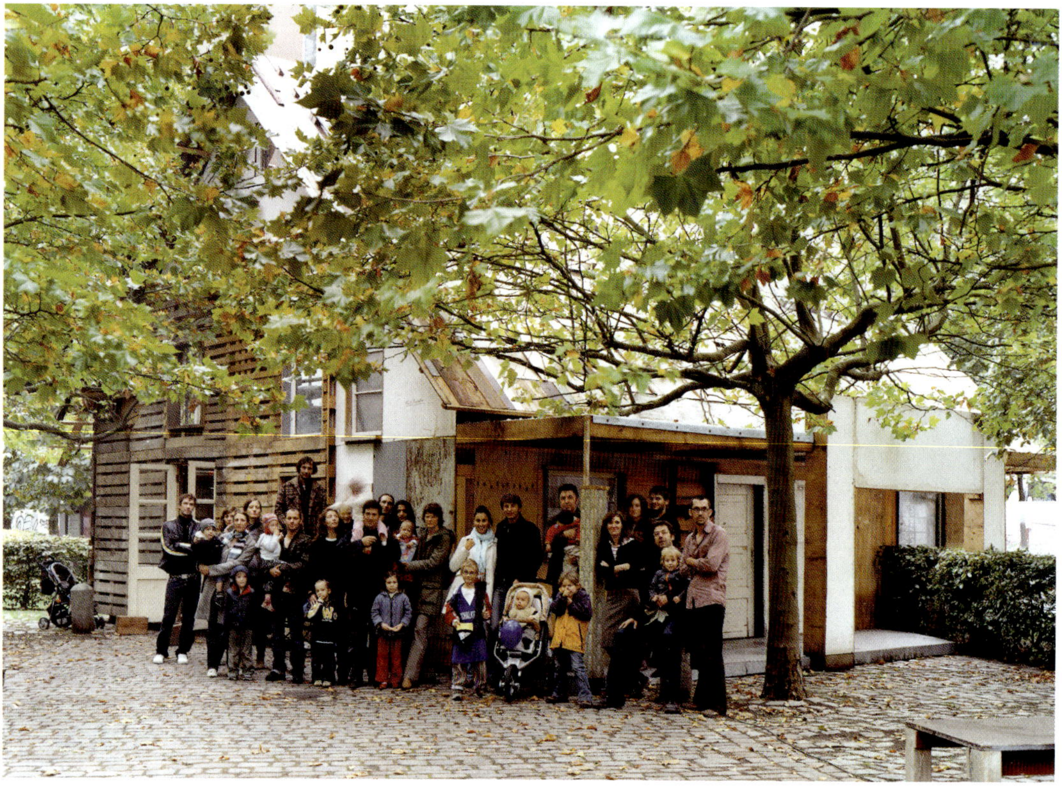

Gruppenfoto mit unseren sonntäglichen BesucherInnen des Musterhauses
Group photograph depicting ourselves and the Sunday visitors of our model house

Die penetrante Werbung der T-Com ist im Berliner Stadtbild omnipräsent. Als wir im Sommer 2005 unser Musterhaus in der Nähe des Potsdamer Platzes errichteten, lancierte die T-Com gleich mehrere große Plakatkampagnen. Den Anstoß für unser Musterhaus-Gruppenfoto gab die „Jetzt bewerben"-Kampagne der T-Com. Das „T-Com Haus" selber sollte eine offene, moderne, kommunikative Atmosphäre suggerieren, war aber alles andere als das.

Das Musterhaus bauten wir nach Ausstellungsende wieder ab. Über Rundmails und Annoncen verkündeten wir, dass wir das gesamte Material verschenken. Einige Abholer fuhren gleich mit Transportern vor, andere begutachteten erst die Materialberge. Fast 90 % des Musterhauses wurden wiederverwendet. Aus den Balken, Brettern, Platten und Fenstern entstanden: ein kleines Gartenhaus, ein Anschauungshäuschen für den Schulunterricht, Teile der Berliner „City of Names", eine Fensterwand als Raumteiler und ganz viel Brennholz.

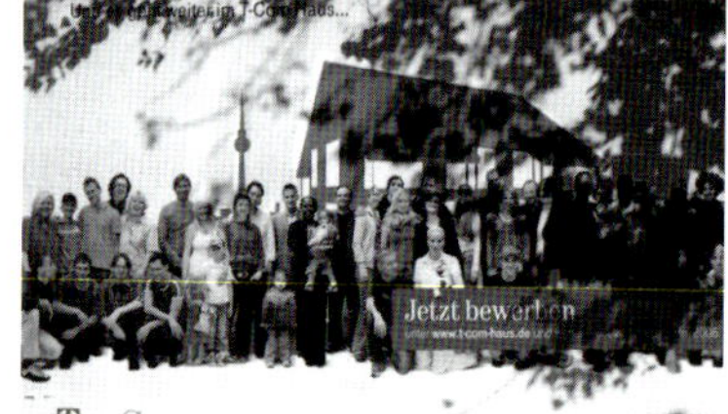

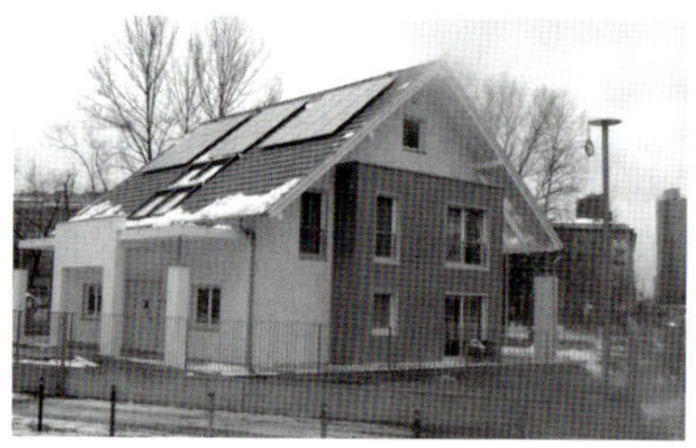

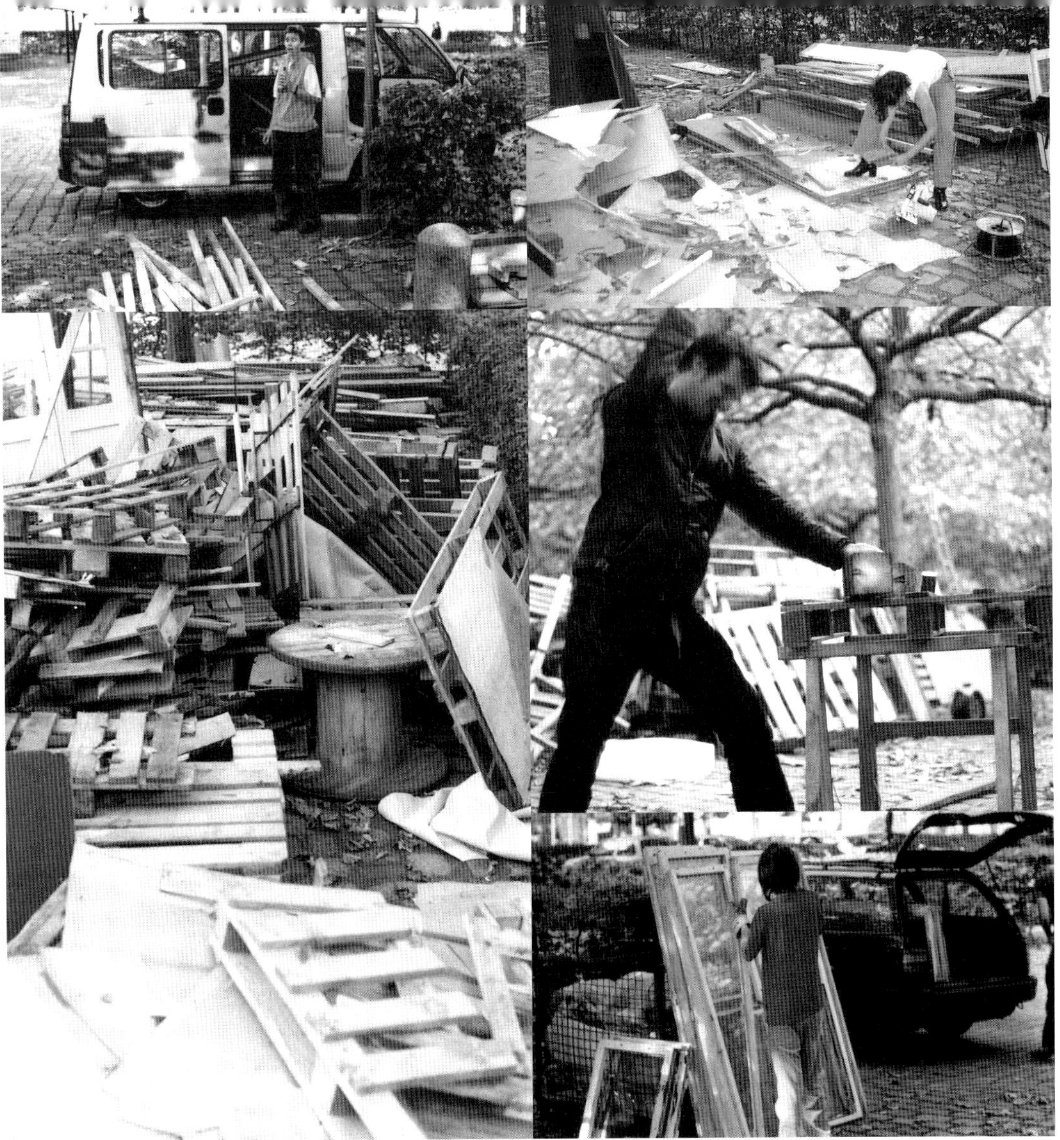

T-Com advertisements dominate the streets of Berlin. During the summer of 2005, when we installed our house near to the Potsdamer Platz, T-Com changed its advertising a number of times. The inspiration for our group photograph came from an advertisement depicted to the right. The "T-Com House" was intended to suggest an open atmosphere; however, it was nothing of the kind.

The "Model House" was dismantled at the end of the exhibition. Via a circular, we announced that all of the model house's materials can be taken away for free. Some came with trucks; others came only to look at the materials. Altogether, 90% of the model house was used again. As far as we know, a small garden house, a building for school exhibits, fire wood and a wall of windows were constructed from the house remains.

MATTHIAS REICHELT

Recycelt die Stoffe, aber nicht das System!
Mit Abfall als Ressource und Kommunikation zur Intervention

Recycle the Materials, but not the System!
With Waste as a Resource and Communication to Intervention

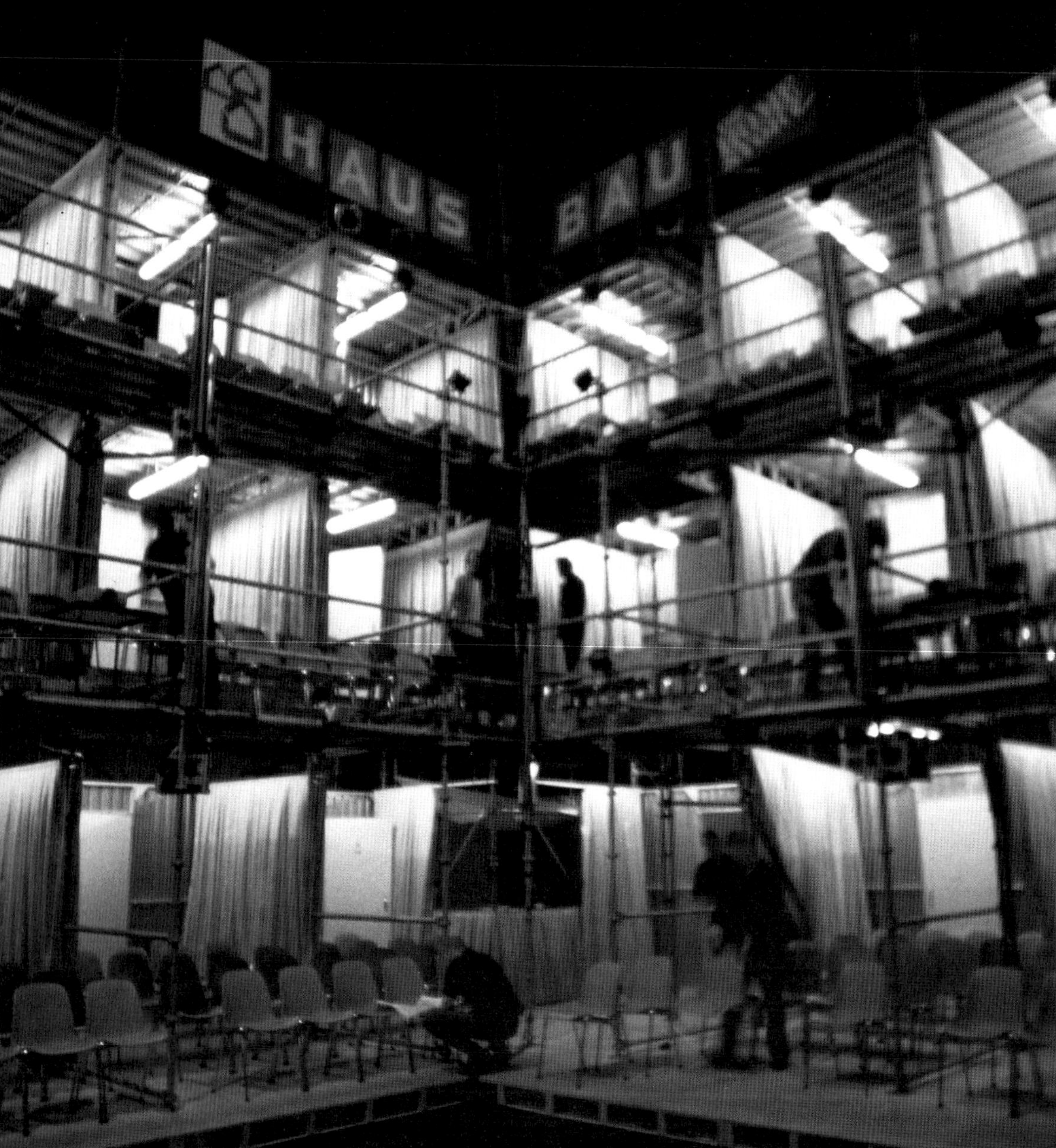

„Es wird sich in Zukunft darum handeln, die Mehrheit der Population an konsumverträglichen Denk- und Wahrnehmungskategorien zu orientieren."[1]

"Now, may be, if I was doing public stuff in the late sixties, I would have had my answers to why you would do public stuff, that is: it's supposed to cause a revolution. I'd still love to say that now but I don't know if it's quite as simple as that, or maybe it has to be done a little bit differently, or a little sneakier."[2]

Die zwei vorangestellten Zitate setzen den Rahmen für diesen Text. Da ist zum einen das schamlos offene Kalkül, die Existenz der Menschen, ihre Lebenspraxis und ihr Denken dem System des pausenlosen Konsumismus unterzuordnen. Die Menschen sollen vollständig diesem System zur Profitmaximierung dienen. Zum anderen ist da das renitente und aufklärende Potenzial, die explosive und revolutionäre Absicht, mit der Kunst betrieben werden kann, um gegen die autoritäre und doktrinäre Entfremdung der Menschen Sturm zu laufen.

In der vom Kapitalismus beherrschten Welt hat alles seinen Preis, der von Angebot und Nachfrage bestimmt wird. Dazu kommt vor allem in der westlichen Hemisphäre oder besser gesagt, in der ersten der so genannten drei Welten ein großes Regelwerk an Bestimmungen und Verordnungen, die das gesellschaftliche Leben begrenzen und in bestimmte Bahnen lenken. Alles ist bestellbar und machbar unter der Voraussetzung der Liquidität. Zugegeben, ein Allgemeinplatz, aber dennoch bemerkenswert, will man die Arbeit von Folke Köbberling und

"In the future it will be important to orient the majority of the population towards thought and perception categories that are compatible with consumption."[1]

"Now, may be, if I was doing public stuff in the late sixties, I would have had my answers to why you would do public stuff, that is: it's supposed to cause a revolution. I'd still love to say that now but I don't know if it's quite as simple as that, or maybe it has to be done a little bit differently, or a little sneakier."[2]

These two citations provide the framework for this text. On the one hand, there is the shamelessly open calculation that human existence, life practices and thinking should be subordinated to the system of uninterrupted consumerism. According to this logic, human beings should serve this system of profit maximization with every pore of their bodies. On the other hand, there is the renitent and enlightening potential, and the explosive and revolutionary intent, with which art can raise a tempest against this authoritarian and doctrinaire alienation.

In a world governed by capitalism, everything has its price determined by supply and demand. In addition, and particularly in the Western hemisphere, or the first of the so-called three worlds, an extensive system of rules, regulations and restrictions exists in order to steer the development of society down certain limited paths. Everything is doable – as long as one is solvent. Granted, this is a rather generalized point, but one that should be realized when one wants to understand Folke Köbberling's and Martin Kaltwasser's

Martin Kaltwasser verstehen. Diese basiert auf der Beobachtung, dass das neoliberale System des Kapitalismus in den westlichen Staaten immer weitere Kreise von Menschen in ökonomische Armut stößt, ganz zu schweigen von den großen Verwerfungen in den beiden anderen Welten. Die alten Formen der Produktion in traditionsreichen Fabriken verschwinden zusehends und werden ersetzt durch ein personalarmes Komplementärsystem aus Lagerhaltung, einer immer stärker automatisierten Produktion, die zunehmend in verschiedenen Ländern mit besten, sprich billigsten Steuer- und Lohnbedingungen, platziert wird. Die exorbitant teure Haute Couture in den auf Exklusivität getrimmten Boutiquen sowie die Lifestyle-Schuhe von Nike in den Niketown-Palästen am Champs-Élysées, Broadway oder sonst wo werden meistens in Billigstlohnländern im osteuropäischen oder asiatischen Raum produziert.

Die Gewinnmargen erreichen dadurch traumhafte Höhen. Darüber hinaus tendiert ein großer Teil des international florierenden Kapitals zu den Orten und Bereichen der schnellsten Rendite, um nach einem raschen Erfolg sofort an einen anderen Ort zu fließen. Dies trifft auf die sogenannten Hedge-Fonds zu, die als „Heuschrecken"-Plage von sich reden machten. Diese hier nur sehr grob skizzierbaren Entwicklungen führen zu einer Massenverarmung in breiten Teilen der Welt und einem rasanten Abbau aller hart erkämpften sozialen Errungenschaften in den entwickelten kapitalistischen Ländern.

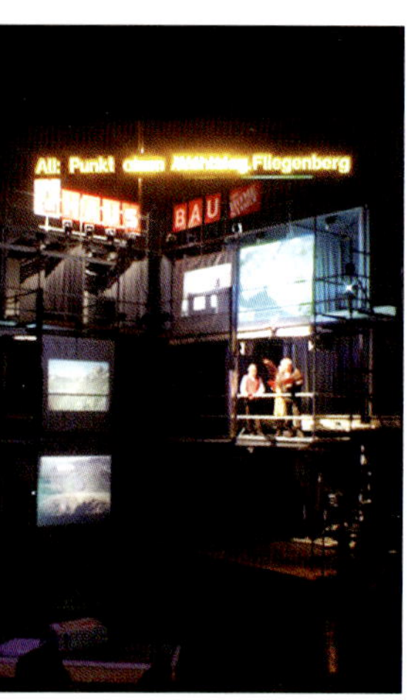

Im Rahmen des „Ersatzstadt"-Projekts realisierten wir im März 2003 an der Berliner Volksbühne am Rosa-Luxemburg-Platz die beiden Themenabende „Self-Service-City", in denen wir multimedial Phänomene und Hintergründe von informeller Ökonomie und informellem Urbanismus der 15-Mio-Metropole Istanbul vorstellten.

In March 2003 we realized the project "Self-Service City" at the Berliner Volksbühne, a theater located on the Rosa-Luxemburg-Platz. This project consisted of two multimedia theme nights on the phenomena of the informal economy and urbanism in Istanbul.

work. Their work is based on the observation that the neoliberal system of capitalism in the West pushes an increasing number of people into economic poverty, not to mention the extreme deformation of life and society in the two other worlds. The old forms of production in factories rich in tradition are disappearing more and more. In their place, a complementary system of warehousing and automated production in those countries with the best – i.e. cheapest – wage and tax conditions is being built. The exorbitantly expensive haute couture in the exclusive boutiques and the lifestyle sneakers in the Niketown palaces found on the Champs-Élysées, Broadway or elsewhere, are produced mainly in the "cheapest" countries around the world, in eastern Europe, for example, or in Asia.

Profit margins, of course, are increasing to dreamlike heights in the process. Additionally, a large percentage of the international capital increasingly flows into those regions and sectors that yield the fastest rate of return; afterwards, capital flows on to the next best chance. This is what hedge funds are all about, and, as such, they are finding a prominent role in today's "locust plague" talk. Although these developments can only be rudimentarily discussed here, they lead to mass impoverishment in large parts of the world and, in the developed capitalist countries, a rampant dismantling of the hard-won social achievements of the past.

„Derzeit scheint der Kapitalismus mit dieser instabilen Energie völlig aufgeladen zu sein – und zwar wegen der globalen Ausbreitung der Produktion, der Märkte und der Finanzdienste. Zu dieser Instabilität gesellt sich die Ungleichheit. Sie ist die Achillesferse der modernen Ökonomie und erscheint in vielen Formen: als gewaltige Erhöhung der Bezüge für Topmanager; als Verbreiterung der Einkommensunterschiede zwischen den Beschäftigten auf höheren und denen auf niedrigen betrieblichen Ebenen; als Stagnation der Einkommen der mittleren Schichten im Verhältnis zur Elite. Das Muster ‚the winner takes it all' erzeugt extreme materielle Ungleichheit. Und der wachsenden materiellen Ungleichheit entspricht wiederum eine wachsende soziale Ungleichheit."³

Die ökonomische Deregulierung geht einher mit einem Prozess der Vereinzelung. Jeder möchte sich im Run auf die wenigen Jobs und Aufträge gegenüber den Konkurrenten profilieren und aus der Masse herausheben. Gemeinsame Zusammenhänge wie zu Zeiten großer Belegschaften in Firmen sind nur noch selten. Die Menschen sind völlig atomisiert und starren nur auf das eigene Schicksal. Jeder ist sich der nächste und die Empathie geht verloren. Sozialdarwinismus und

"Today the modern economy seems full of just this unstable energy, due to the global spread of production, markets, and finance and to the rise of new technologies. … [To this,] inequality has become the Achilles' heel of the modern economy. It appears in many forms: massive compensation of top executives, a widening gap between wages at the top and the bottom of corporations, the stagnation of the middle layers of income relative to those of the elite. Winner-takes-all competition generates extreme material inequality. These inequalities of wealth are matched within certain kinds of firms by a widening social inequality." ³

Economic deregulation is being accompanied by a process of social isolation. Each individual needs to distinguish him- or herself from other competitors in the run for the few jobs and contracts; each individual must set him- or herself apart from the rest of the masses. Social cohesion, as it was in times of large, company-oriented work forces, is rather seldom in today's society. People have become atomized and must face their own fate alone. Each person is the next one for whom empathy dissipates. Social Darwinism and the "survival of the fittest" are the catchwords of the hour. The willingness to take part in communitarian self-help is also disappearing – the perfidious call of the state for more non-profit engage-

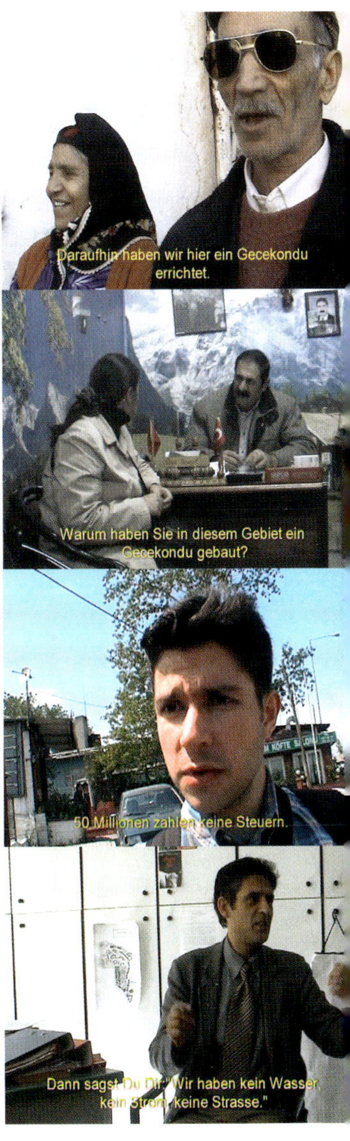

During the theme nights to "Self-Service City", the informal views of the inhabitants of the gecekondus were placed vis-à-vis the Istanbul city administration's views. Still shots from our video "Gececondu", 15 min.

„Survival of the Fittest" sind die Schlagwörter der Stunde. Auch die Bereitschaft zur kommunitären Selbsthilfe (hier ist nicht der perfide staatliche Appell für gemeinnütziges Engagement zur Entlastung des Staates aufgrund seines fiskalischen Fiaskos gemeint!), die auf Solidarität und Stärke der Basis baut, ist damit am Verschwinden. In den großen Städten führt das zusehends zur Ghettoisierung von Armut, während die Zentren völlig marktgeneriert dem erfolgreichen Klientel für Arbeit, Repräsentanz und Reproduktion dienen. Die Spaltung der Gesellschaft in Arm und Reich wird immer weiter voranschreiten, denn jede Vorstellung von Wiedererlangung einer Vollbeschäftigung ist völlig absurd. Damit aber wird sich der Kapitalismus auch vom Konsumismus der Massen verabschieden müssen.

Es ist also längst überfällig, nach anderen Perspektiven Ausschau zu halten, über eine alternative Ökonomie und andere gesellschaftliche Praktiken nachzudenken. Dass ein Leben in anderen Bahnen, diesseits von utopischen Vorstellungen, möglich und praktizierbar ist, zeigen manche kleine informellen Strukturen in Ländern Osteuropas, in Asien, Afrika und in Lateinamerika.

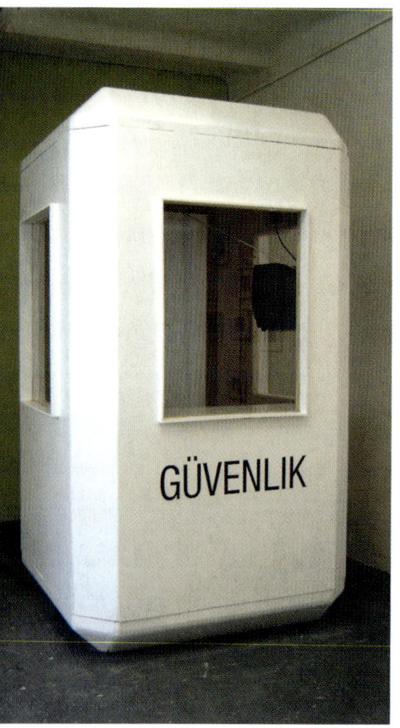

Im Nachbau eines Istanbuler Wachschutzcontainers mit der Aufschrift Güvenlik (türk.: Sicherheit) informierten wir in der Ausstellung „Learning from – Städte von Welt, Phantasmen der Zivilgesellschaft, informelle Ökonomien" über verschiedene Ansichten von Existenzsicherung anhand von Interviews, Videos und Fotos, die wir in Istanbuler Gecekondus aufgenommen hatten.*

A reproduction of an Istanbul security container with the inscription Güvenlik (Turk. for security), which we presented together with others the exhibit "Learning from – Cities of the World, Phantasms of the Civil Society, Informal Economies" in Berlin's NGBK and in Wien's Kunsthalle Exnergasse, showed videos and photographs that we had taken of Istanbul's gecekondus. Interviews presented methods and view-points on securing one's personal existence.*

ment of its citizens as a purported solution to the fiscal mess is not what is meant here, but rather self-help based in solidarity and grass-roots strength. In the large cities the loss of social cohesion means more and more the ghettoization of poverty; at the same time, the market-formed city centers serve more and more only the successful few as workplace, representation space and reproduction scene. The division of society into rich and poor appears to be continuing down an endless path – even the idea of full employment today is absurd. With that, however, capitalism will eventually have to say goodbye to the consumerism of the masses.

It is therefore long overdue to look for new perspectives, to think about an alternative economy and societal practices. Small, informal structures in eastern Europe, Asia, Africa and Latin America show that life in channels this side of utopian ideas is both possible and practical.

Die Not gebiert neue Ideen und Praktiken oder revitalisiert alte. Folke Köbberling und Martin Kaltwasser haben sich in mehreren Arbeiten mit den Lebensverhältnissen der Menschen in Ländern des Trikonts befasst und sich speziell mit der anarchischen Entstehung von den Gecekondus genannten Wohnvierteln in Istanbul beschäftigt, die über Nacht stetig anwachsen, ohne dass dies von staatlichen Instanzen reguliert werden könnte. Die „illegalen" Siedler machen sich dabei ein Gesetz zunutze, das den Abriss verbietet, sobald die Hütte ein Dach aufweist. Ein ähnliches Gesetz galt auch in Italien, das Vittorio de Sica 1956 in seinem Film „Das Dach" [5] neorealistisch verewigte.

Doch zurück von Istanbul nach Berlin. In eigenartigen und vielfältigen architektonischen Stilen werden aus provisorischen Hütten allmählich richtige Häuser, die mit Betonwänden und Säulen versehen auch ein Wachstum in die Höhe zulassen. Bereits zweimal haben die beiden Künstler südlich der Berliner Gropiusstadt in Anlehnung an die Gecekondus in der Türkei aus Resten von Bauholz, alten Theaterkulissen und anderem Recyclingmaterial ihr temporäres Haus errichtet. Die in den 1960er Jahren am Stadtrand im Berliner Bezirk Neukölln entstandene Trabantenstadt umfasst 18.000 Wohnungen, in denen ca. 50.000 Menschen leben. An die nach Walter Gropius, einem Mitbegründer des

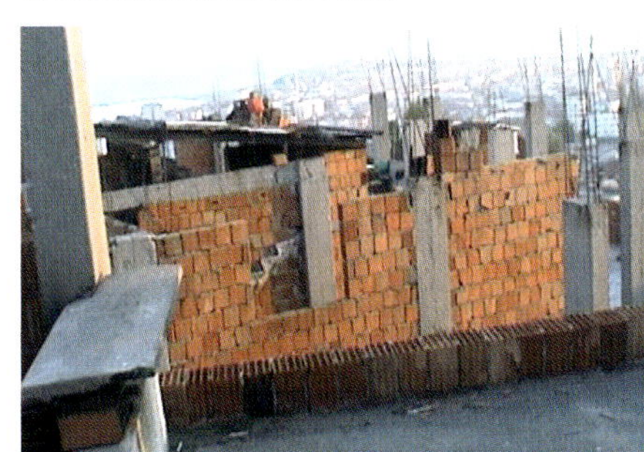

Videostills aus „Güvenlik" 2003, 5 min

"The old experiences of associational life are being rediscovered, and a moral or solidary economy begins to take shape." [4]

Still shots from the video "Güvenlik" 2003, 5 min.

Hardship bears new ideas and practices, and it revitalizes old ones. In many of their artistic activities, Folke Köbberling and Martin Kaltwasser have focused on the living conditions of people in the countries of the peripheral world, especially on the anarchic development of residential quarters known as gece-kondus in Istanbul, Turkey. These seemingly grow overnight, thus preventing the state authorities to regulate them. The "illegal" settlers in these quarters make use of a law forbidding the state from dismantling a house as soon as a roof is built onto the structure. A similar law existed in Italy, as was immortalized by Vittorio de Sica in his neorealist film "Il Tetto" in 1956. [5]

Back to Berlin via Istanbul. In diverse and peculiar architectural styles the provisional houses are slowly transformed into real homes which, due to walls of concrete and columns, allow for upward expansion. As of now, the artists have twice constructed temporary houses akin to those of the gecekondus in Turkey, i.e. built with left-over building materials, old backdrops for theatrical presentations and other recycled materials. Their decision to build a house south of the Gropiusstadt in Berlin was made consciously, being that this satellite city on the outskirts of Berlin, erected in the 1960s south of the Britz section of the city, boasts eighteen thousand apartments in which around fifty thousand people live. Directly adjacent to the settlement named after Walter Gropius, a co-

Bauhauses, benannte Siedlung schließt direkt ein Brachgelände mit großen Wiesen an, das als Naherholungsgebiet genutzt wird. Die Errichtung eines temporären Hauses aus „Resten", die Akkumulation des Materials, gehört zum Werk bzw. zum kommunikativen Prozess. Der Aufruf, verbunden mit der Bitte, nicht mehr benötigtes Holz und andere zum Bau verwendbaren Materialien anzuliefern bzw. zur Abholung zu melden, ist Bestandteil des von den Künstlern angestrebten Recycling-Kreislaufes und die beabsichtigte Schaffung von Kommunikation zwischen verschiedenen gesellschaftlichen Sphären. Das Künstlerpaar weist auf brachliegende Ressourcen hin, die ansonsten mit zusätzlichen Kosten und Energie vernichtet werden müssten und stellt implizit die grundsätzliche Frage nach Verteilung und Verschwendung. Während der Bauphase kam es bereits zu ersten Begegnungen zwischen „zufällig" vorbeiflanierenden Anwohnern. Nach der Fertigstellung setzten sie mittels Veranstaltungen und einer Politik der „offenen Tür" alles daran, den Kontakt zu den neugierigen aber durchaus argwöhnischen Anwohnern zu vertiefen. Erste Ablehnung der als „verrückt" empfundenen Aktionen wich einem allmählichen Interesse. Durch Gespräche und Informationen über Stadtentwicklung in anderen Ländern konnte eine kleine Bereitschaft zur Auseinandersetzung mit fremden kulturellen Sphären erreicht werden. Das Prinzip Kunst wird somit zum Transmitter zwischen verschiedenen Lebenswelten. Folke Köbberling und Martin Kaltwasser ebnen im positiven Sinne einem „Clash of Cultures" den Weg. Das „Fremde" und „Andersartige" wird unerwartet von einer ebenfalls fremden Klientel, den „verrückten" Künstlern in die Randzone eines kleinbürgerlich-proletarischen Wohnmilieus implantiert. Der Bau eines temporären Hau-

founder of the Bauhaus architectural style, are large fields used by the nearby residents as a recreation area. The building of the temporary house here lured a number of the residents to inspect their activities. However, even before the building began, especially during the accumulation phase of the materials needed for the homes, the artists' project brought about a fruitful communicative process. Even the call for donations of left-over materials was part of their concept to create both circulatory structures for recycling and communication among the various societal spheres. In this process the artists referred to the "idle" resources that otherwise would be destroyed at considerable cost and energy. They implicitly posed the fundamental question behind distribution and wastefulness. During the building stage residents came by to talk with the artists about their activities. After finishing, the artists placed a great deal of importance on reaching out to the residents, both curious and suspicious of the project, via presentations and "open houses". Over time, interest in the project grew, even though many of the first reactions were critical towards the artists' "crazy" activities. Nonetheless, discussions on patterns of city development in other countries can often establish a cautious willingness to concern oneself with other cultural spheres. In this sense, art thus becomes a transmitter between differing life-worlds, and artists, such as Folke Köbberling and Martin Kaltwasser, smooth the way for a "clash of cultures" in a positive sense. The "stranger" and the "other" – via the similarly foreign "crazy" artists – are in this sense unexpectedly implanted into the outskirts of a petit-bourgeois/proletarian living environment. The building of a temporary house appears to be utterly ridiculous in a world of state-sponsored apartment com-

ses erscheint in einer Welt des staatlich organisierten Wohnbaus mit „perfekt" bis ins Kleinteilige organisiertem, kontrolliertem und überwachtem Alltag der ökonomischen Zweckhaftigkeit völlig unsinnig und missachtet alle Verwertungsprinzipien dieser Gesellschaft. Aus Ablehnung und Argwohn kann Neugier und sogar Interesse erwachsen.

Ein ähnliches Prinzip verfolgte das Künstlerpaar mit der von ihnen und Claudia Burbaum seit 2002 zu verschiedenen Ausstellungen und Anlässen betriebenen „Selbstbedienungszentrale". Besitzer von nicht mehr benötigten Gegenständen können diese per E-Mail oder Telefon anbieten und registrieren lassen und – bei Bedarf – gleichzeitig einen von ihnen gesuchten Gegenstand melden. Als lokale Basis dient ein temporäres Büro (meistens in dem jeweiligen Kunstraum), in dem Angebote und Gesuche mit Adresse registriert und weitergegeben werden. Grundbedingung für die Teilnahme ist der komplette Verzicht auf jegliche Form eines Äquivalents. Ziel der Selbstbedienungszentrale ist es, den rigiden Kreislauf von harter Ökonomie zu durchbrechen und auf eine solidarische Selbstregulierung zu vertrauen nach dem Motto: Der eine sucht dies, der andere hat das, und es ist alles nur eine Frage der richtigen Vernetzung. Folke Köbberling und Martin Kaltwasser betreiben eine konzeptuelle Kunst, die nicht zwingend in eine kunstmarktgemäße ästhetische Form mündet, sondern vor allem einen Prozess initiiert, der soziale Erfahrungen ermöglicht. Sie öffnen den Blick für eine andere Welt (Gecekondus) und konfrontieren eine hegemoniale Praxis des kapitalistischen Markts (Ware gegen Geld) mit der antagonistischen Praxis des Recyclings und der Selbstbedienungszentrale.

plexes – a world which is completely organized, controlled and monitored according to the principles of economic utility. Curiosity and even interest can arise from out rejection and suspicion.

A similar principle is being adhered to by the artists' and Claudia Burbaum's Self-Service Center, which they have presented at various exhibitions and events since 2002. Here, people can offer possessions that they no longer need via e-mail or telephone and, when applicable, can announce that they are looking for a certain item. As a local base of operations, a temporary office is set up (most often in the respective exhibition rooms) in order to register and compile the offers and requests that come in. The complete waiver of any form of equivalency is the basic condition for participation in the Self-Service Center's activities. The center's goal is to break out of the rigid circulation system of goods in a hardened economy and to trust solidary self-regulation according to the motto, "the first is looking for that what the second has – it is only a matter of successful networking". With this, Folke Köbberling and Martin Kaltwasser are practicing a form of conceptual art which does not end in an art market-like aesthetic form, but rather which initiates a process that makes social experience possible. They provide a new perspective towards "another" world (gecekondus) and confront a hegemonic capitalist market (product for money) with their antagonistic exercise of recycling and the Self-Service Center.

„Der Antagonismus reaktiviert den vergessenen politischen Ursprung der sedimentierten Unterordnungsverhältnisse des Sozialen. Plötzlich wird klar, dass es auch anders sein könnte, als es angeblich immer schon war."[6]

Die temporären Arbeiten sowohl im Kunstraum als auch außerhalb des Kunstraums werden mit verschiedenen Medien (Fotografie, Video, Text) dokumentiert und können so medialisiert wieder in den Ausstellungskontext reimportiert werden.

Ein ganz eigenartiges Projekt der Grenzüberschreitung und Horizonterweiterung mittels einer ungewöhnlichen Brücke wurde von beiden Künstlern im Rahmen des Projektes „X-Wohnungen" des Berliner Theaters Hebbel am Ufer für drei Tage im Mai 2005 durchgeführt. Das Projekt war von Matthias Lilienthal konzipiert worden und thematisierte Peripherie, Zentrum und Migration am Beispiel des Märkischen Viertels und Schönebergs in Berlin. Folke Köbberling und Martin Kaltwasser waren als Künstlerduo dazu eingeladen und haben sich mit der albanischstämmigen Familie Hajredin befasst. Diese wohnt im Bülowbogen (Schöneberg), verfügt aber zusätzlich über einen Schrebergarten, der unweit nur von einer Mauer und einem Garagenschuppen getrennt auf dem Gelände des Gleisdreiecks liegt. Um zum Garten zu gelangen, muss die Familie über die Bülowstraße gehen. Für sie existiert

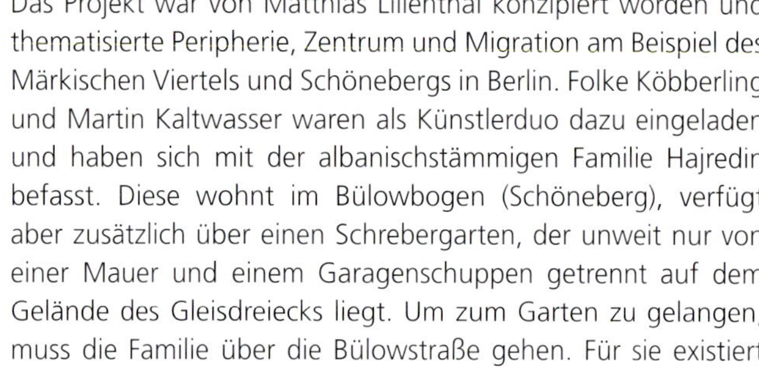

Im Rahmen des dezentralen Theaterereignisses „X-Wohnungen" des Berliner Theaters Hebbel am Ufer verbanden wir im Mai 2005 eine kleine, vom Stadtbereinigungswahn bedrohte Schöneberger Nutzgartenkolonie kurzzeitig mit Hilfe einiger temporärer Brückenbauten mit einem belebten Hausgemeinschaftsgarten und verschafften einen Einblick in ein rares innerstädtisches Kleinod.

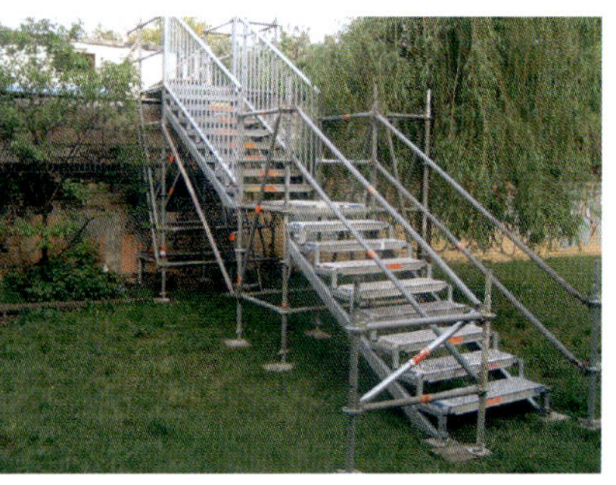

Within the framework of the decentralized theater event "X-Wohnungen", organized by the Berlin Theater Hebbel am Ufer in May 2005, we connected a small Schöneberg garden colony – endangered by the city's delusions towards cleaning up the city – and an enlivening community house garden with a temporary self-built bridge. Here, we managed to create for the public insights into a rare urban treasure.

"Antagonisms reactivate the forgotten political origin of the sedimentary social relationships based on submission. Suddenly it becomes clear that it could be different from that which it supposedly always has been." [6]

The artists' temporary works both inside and outside of the atelier have been documented via various media such as photographs, videos and textual accounts, thus allowing their re-importation into an exhibition context. A unique project dealing with the transgression of boundaries and the expansion of one's horizon via an unconventional bridge was carried out by the artists within the framework of the "X-Wohnungen" project, which was held for three days in May 2005 at the Hebbel am Ufer2 (HAU). Designed by Matthias Lilienthal, the project broached the issue of the periphery and the center in correlation to migration. He based his project on examples found in the Märkisches Viertel and Schöneberg, two sections of Berlin. Folke Köbberling and Martin Kaltwasser were invited as an artist team to participate in the project. They concerned themselves with the living conditions of the Hajredin family, a migrant family from Turkey. The Hajredins live in the Bülowbogen area of Schöneberg and maintain a small garden not far from their apartment. A wall and small garage separate the two, thus they can only reach the garden via the Bülowstrasse. For the Hajredin family, an idea of periph-

im Zentrum Berlins mittels ihres Schrebergartens die Vorstellung von Peripherie und ländlichem Refugium. Allerdings muss die Familie aufgrund der innerstädtischen Situation von Bausubstanz und Weganordnung Umwege in Kauf nehmen, um zu ihrem kleinen Arkadien zu gelangen. Für drei Tage installierten Köbberling und Kaltwasser eine behelfsmäßige Brücke, die den Weg erheblich abkürzte. Damit erschlossen sie einerseits die private Idylle der Familie Hajredin für eine breitere Öffentlichkeit – das Ausstellungspublikum – und ermöglichten wiederum der Familie einen direkteren Zugang und gleichzeitig ihnen und den Anwohnern eine neue Perspektive auf den Ort vor ihren Augen. Während der drei Tage kamen sich Nachbarn, die zuvor eher distanziert aneinander vorbeigelebt hatten, näher. Ehemalige Hausbesetzer trafen nun auf die Menschen in der Schrebergartenidylle und tauschten sich trotz unterschiedlicher kultureller Wurzeln und Lebensstile aus. Die bauliche Intervention ist hier der Katalysator für das Öffnen von verschlossenen Welten.

Folke Köbberlings und Martin Kaltwassers Arbeiten sind im doppelten Sinne Interventionen. Sie bedeuten sowohl Einmischung in den gesellschaftlichen Alltag als auch Vermittlung zwischen verschiedenen gesellschaftlichen Sphären und Kulturen sowie zwischen gesellschaftlicher Realität und der Vorstellung von einer anderen gesellschaftlichen Praxis. Sie halten sich also nicht mit der Dokumentation der Krise auf, sondern setzen sie geradezu voraus und bieten Methoden an, Grenzen zu überwinden. Die Notwendigkeit einer Re-Emphati-

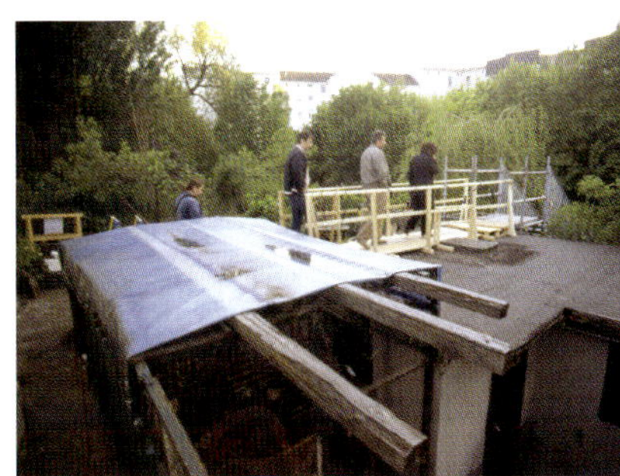

Erste Benutzung des Übergangs durch die BewohnerInnen der Hausgemeinschaft in die Schrebergartensiedlung.

The first use of the bridge by the inhabitants of the house community in the garden settlement.

ery and rural refuge exists in the center of Berlin by means of their garden. Nonetheless, the family must take a long detour, due to the urban situation of buildings and ordinances, in order to reach their small arcadia. For three days, Köbberling and Kaltwasser installed a makeshift bridge that considerably shortened the family's route from their apartment to their garden. In doing so, they both opened the Hajredin's private idyll to a broader public, and also made a more direct entry to the garden for the family, thus giving the residents a new perspective towards their living space. During the three days, neighbors came to visit the garden where previously they had chosen to remain distanced. Former squatters showed up and met the residents in the garden idyll. Here, they exchanged views, despite varying cultural roots and practices. The structural intervention here served therefore as a catalyst for the opening of worlds that had been previously shut off from one-another.

Folke Köbberling's and Martin Kaltwasser's artistic activities can be considered to be interventions in a double sense of the word. They mean both interference into social everyday life and the exchange between varying societal spheres and cultures – as well as between social reality and concepts of other societal practices. They do not stop at a documentation of crisis, but rather assume its existence in order to formulate methods to overcome boundaries. Coming to understand the necessity behind renewing empathy and solidarity is underlined by the artist's social projects. With them, they contribute to

sierung und -Solidarisierung wird durch die sozialen Projekte von Folke Köbberling und Martin Kaltwasser unterstrichen und befördert. Damit leisten sie einen Beitrag zur Überwindung der Atomisierung und der daraus resultierenden „Erduldung" von Vereinzelung und Verarmung im neoliberalen Kapitalismus. Mit ihren künstlerischen Arbeiten und Versuchsanordnungen geben sie Ausblicke auf mögliche Alternativen und Auswege aus dem gesellschaftlichen Dilemma einer ausschließlich auf Markt, Profit und Wachstum orientierten Gesellschaft. Dass die Kunst dazu mehr beitragen kann, als ihr die Politik zubilligt, ist längst kein Geheimnis mehr.

„Die Kulturgesellschaft, die sich als gestaltend versteht, kommt also einfach nicht ohne die Künste und Wissenschaften aus, von ihnen ist das Denken in Übergängen, Provisorien, Modellen und Projekten zu lernen."[7]

the efforts to overcome atomization and the resulting acquiescence of negative individuation and impoverishment found in neoliberal capitalism. With their artistic activities and experimental arrangements they develop concepts geared towards possible alternatives and ways out of the social dilemma caused by a society is seemingly completely oriented on markets, profits and growth. That art can contribute more to solving this dilemma than politics grants it is no longer a secret.

"The culture society, which understands itself as one that can be shaped, cannot be successful without the arts and sciences. From these, one can learn how to think in transitions, in provisional arrangements, in models and in projects."[7]

1   1991 aus einem internen Positionspapier eines großen deutschen Chemiekonzerns, zit. nach: Jürgen
    Wertheimer: „Geklonte Dummheit: Der infantile Menschenpark". In: Jürgen Wertheimer u. Peter v. Zima
    (Hg.) „Strategien der Verdummung. Infantilisierung in der Fun-Gesellschaft", 2002, München: C.H. Beck,
    S. 58

2   Vitto Acconci im Gespräch mit Hans-Ulrich Obrist in Wien, Mai 1993. In: Kunsthaus Bregenz, Edelbert Kob
    (Hg.), „KünstlerInnen. 50 Gespräche", Bregenz 1997, S. 11

3   Richard Sennett, „Zwang zur Anpassung: Warum der neue Kapitalismus unsere Freiheit nicht vermehrt
    hat". In: Die Zeit, Nr. 21 vom 19.05.2005

4   Elmar Altvater/Birgit Mahnkopf: „Die Informalisierung des urbanen Raums". In: AG Learning from der
    NGBK (Hg.): Learning from*. Städte von Welt, Phantasmen der Zivilgesellschaft, informelle Organisation.
    Berlin: NGBK 2003, S. 28

5   Das Dach (Il tetto). Produktion: Vittorio de Sica, Italien 1956; Regie: Vittorio de Sica; Buch: Cesare
    Zavattini; Kamera: Carlo Montuori; Musik: Alessandro Cicognini; Schnitt: Eraldo da Roma; Darsteller:
    Gabriella Palotta, Giorgio Listuzzi, Gastone Renzelli, Maria di Rollo.

6   Oliver Marchart: „Hegemonie und künstlerische Praxis. Vorbemerkungen zu einer Ästhetik des Öffentli-
    chen". In: Lindner, Mennicke, Wagler (Hg:.), „Kunst im Stadtraum – Hegemonie und Öffentlichkeit".
    Dresden: Postplatz 2004, S. 35

7   Adrienne Goehler: „Kleine Lösungen". In: die tageszeitung, 22.3.2006

1   From a large German chemical corporation's internal position paper (1991), cit.: Jürgen Wertheimer:
    "Geklonte Dummheit: Der infantile Menschenpark". In: Jürgen Wertheimer a. Peter v. Zima (eds..)
    "Strategien der Verdummung. Infantilisierung in der Fun-Gesellschaft", 2002, Munich: C.H. Beck, p. 58
    (trans. W.H)

2   Vitto Acconci im Gespräch mit Hans-Ulrich Obrist in Wien, Mai 1993. In: Kunsthaus Bregenz, Edelbert
    Kob (eds.), "KünstlerInnen. 50 Gespräche", Bregenz 1997, p. 11

3   Richard Sennett. The Culture of New Capitalism, Yale University Press, 2006, pp. 16 and 54

4   Elmar Altvater/Birgit Mahnkopf: "Die Informalisierung des urbanen Raums". In: AG Learning from
    der NGBK (ed.): Learning from*. Städte von Welt, Phantasmen der Zivilgesellschaft, informelle
    Organisation. Berlin: NGBK 2003, p. 28 (trans. W.H)

5   Il Tetto. Production: Vittorio de Sica, Italien 1956; Director: Vittorio de Sica; Screenplay: Cesare
    Zavattini; Camera: Carlo Montuori; Music: Alessandro Cicognini; Cut: Eraldo da Roma; Actors:
    Gabriella Palotta, Giorgio Listuzzi, Gastone Renzelli, Maria di Rollo.

6   Oliver Marchart: "Hegemonie und künstlerische Praxis. Vorbemerkungen zu einer Ästhetik des
    Öffentlichen". In: Lindner, Mennicke, Wagler (ed.), "Kunst im Stadtraum – Hegemonie und
    Öffentlichkeit". Dresden: Postplatz 2004, p. 35 (trans. W.H)

7   Adrienne Goehler: "Kleine Lösungen". In: die tageszeitung, 22.3.2006 (trans. W.H)

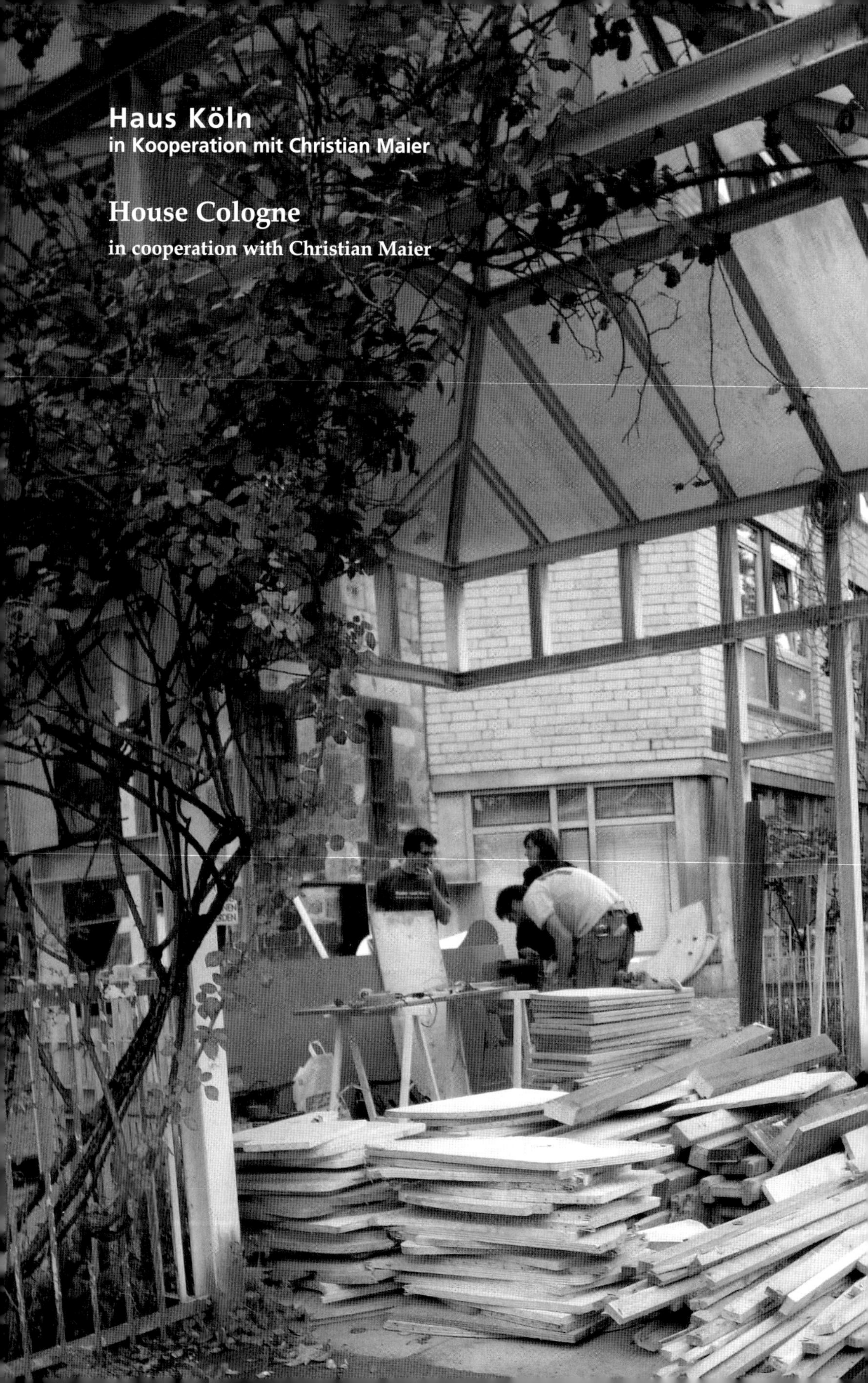

Haus Köln
in Kooperation mit Christian Maier

House Cologne
in cooperation with Christian Maier

Das „Haus Köln" besteht aus „Umsonst-Baumaterialien", die wir auf Kölner Baustellen, Brachgrundstücken und als Überbleibsel von anderweitig Gebautem, zum Beispiel ausgedienten Filmsets, gefunden haben. Als Standort haben wir eine Stelle im Rheingarten gewählt, in direkter Nachbarschaft zum Stapelhaus, wo sich der Hauptsitz der Kölner Handwerkskammer befindet. Hier steht eine städtische Rankrosen-Pergola, die als Konstruktionsgerüst des Hauses dient.

Das aus der Verbindung von gefundenen Materialien und gefundenen städtischen Strukturen entstandene Bauwerk verweist auf eine andere Art von Architektur, und es zeigt, welche ungenutzten „Ressourcen" in Köln zu entdecken sind.

Förderung als plan05-Projekt: Ministerium für Bauen und Verkehr NRW

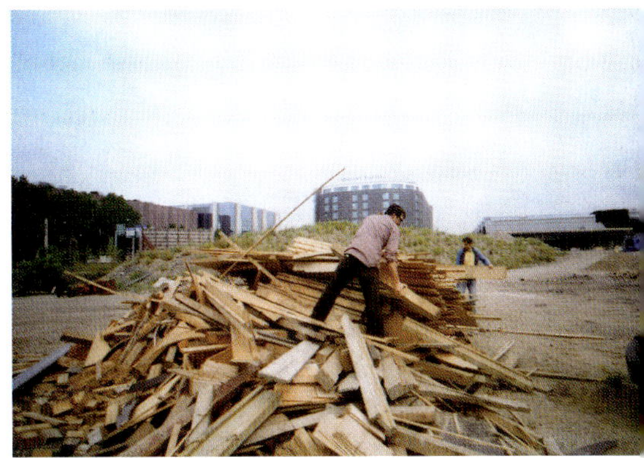

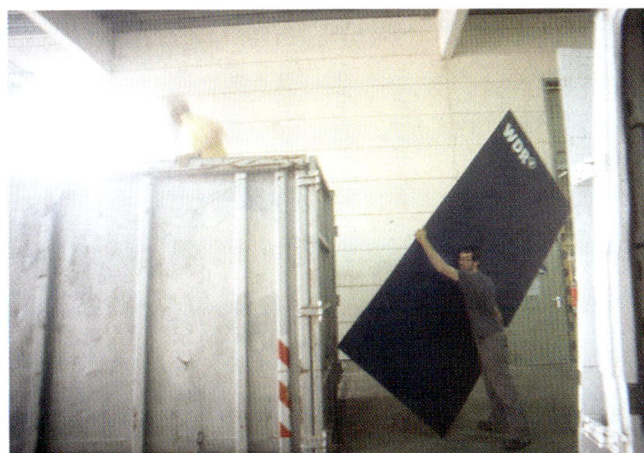

The "House Cologne" was developed from "cost free" building materials that we found on construction sites and wastelands in Cologne as well as acquired as rest materials from other building structures, such as old film sets. We chose to build our building on a spot in the Rhine garden, which is directly adjacent to the Stapelhaus, where the Cologne chamber of commerce meets. Here, a rose trellis can be found serving as the basis of our house.

The building formed of gathered materials and other building structures shows that there can be another type of architecture, and it also shows that other, unused "resources" are to be discovered in Cologne.

Support as a plan05 project: Ministerium für Bauen und Verkehr NRW

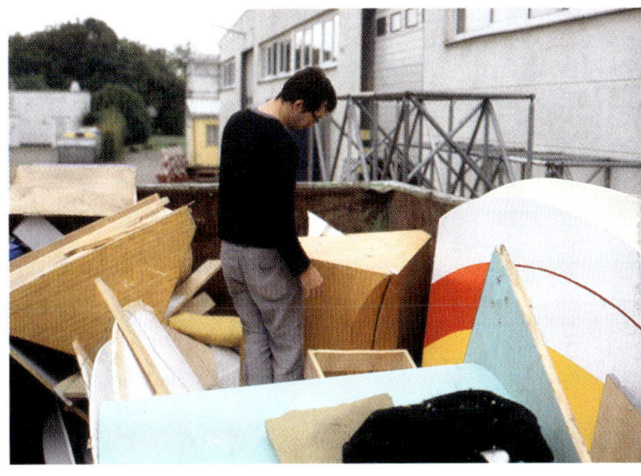

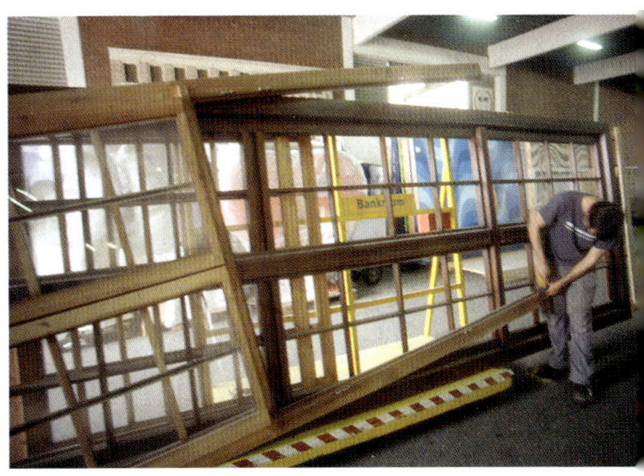

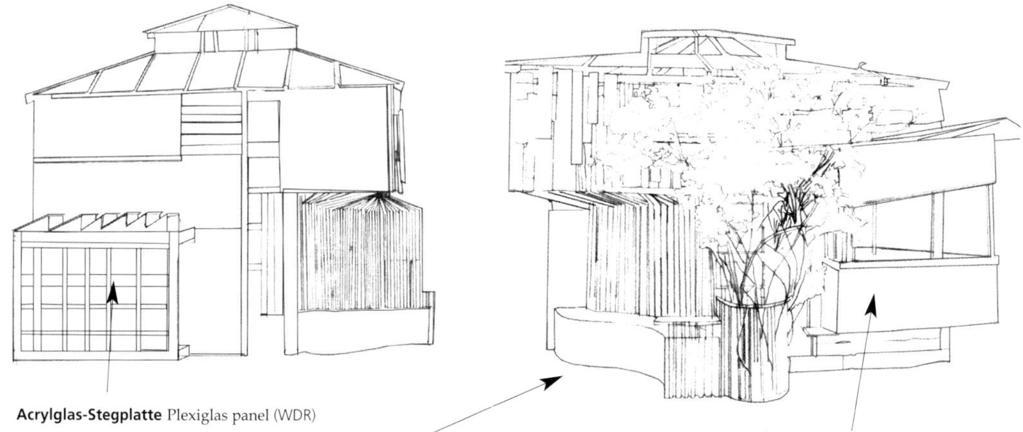

Acrylglas-Stegplatte Plexiglas panel (WDR)

Verschalungsplatten Sheathing panels
(Messe Baustelle) (Fair construction site)
Aus den verschiedenen Verschalungsplatten, die
zum Teil noch mit Betonresten versehen waren,
bauten wir eine schuppenartige Wand.
From the sheathing panels, which were still
covered with rests of concrete, we built a wall.

Tisch Table (WDR)
Wir haben die Platte vom Tisch durchgeschnitten
und daraus eine Sitzgelegenheit konstruiert.
We cut the plate of the table to construct a sitting-
accomodation.

Multiplexplatten Multiplex panels (WDR)
Die blauen WDR-Kästen haben wir durchgesch
ten und daraus zwei Sitzgelegenheiten gebau
We cut the blue WDR-boxes to build two sit
accomodations.

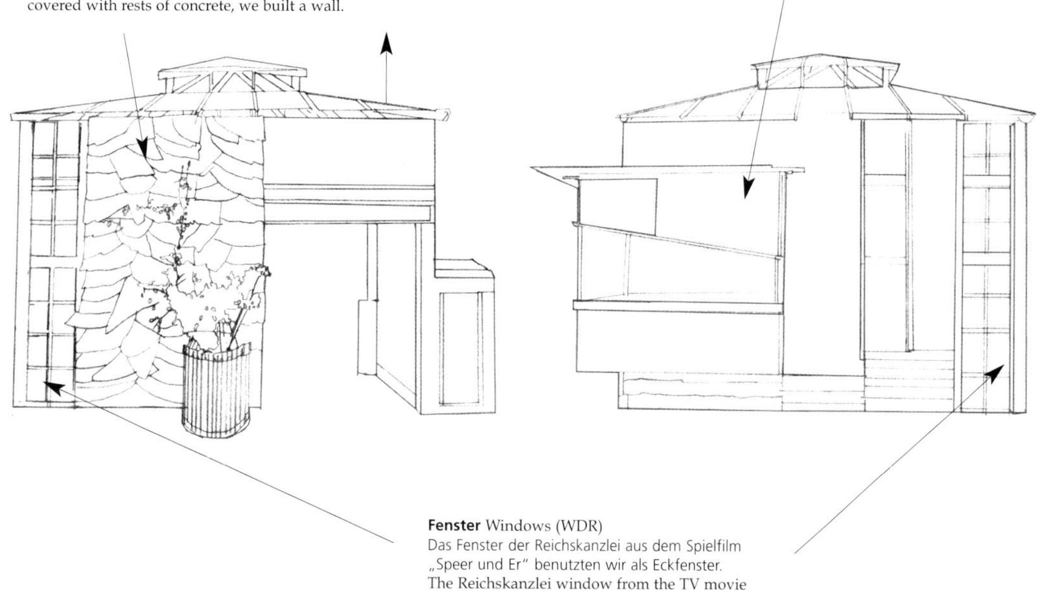

Fenster Windows (WDR)
Das Fenster der Reichskanzlei aus dem Spielfilm
„Speer und Er" benutzten wir als Eckfenster.
The Reichskanzlei window from the TV movie
"Speer und Er", we used as a cornerwindow.

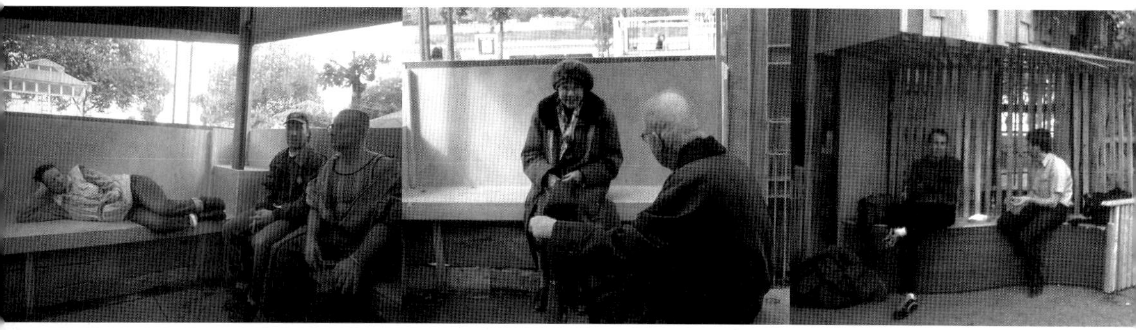

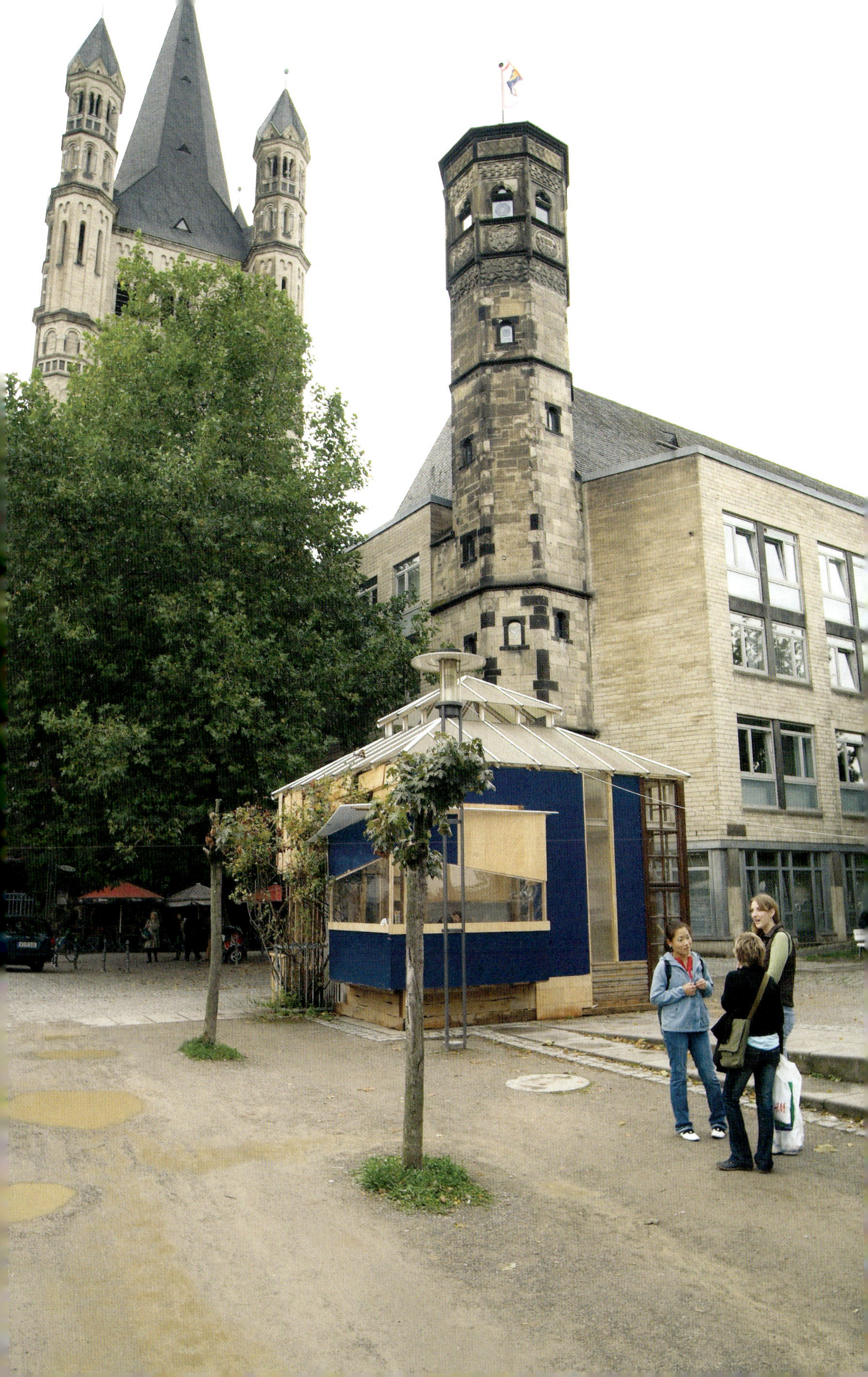

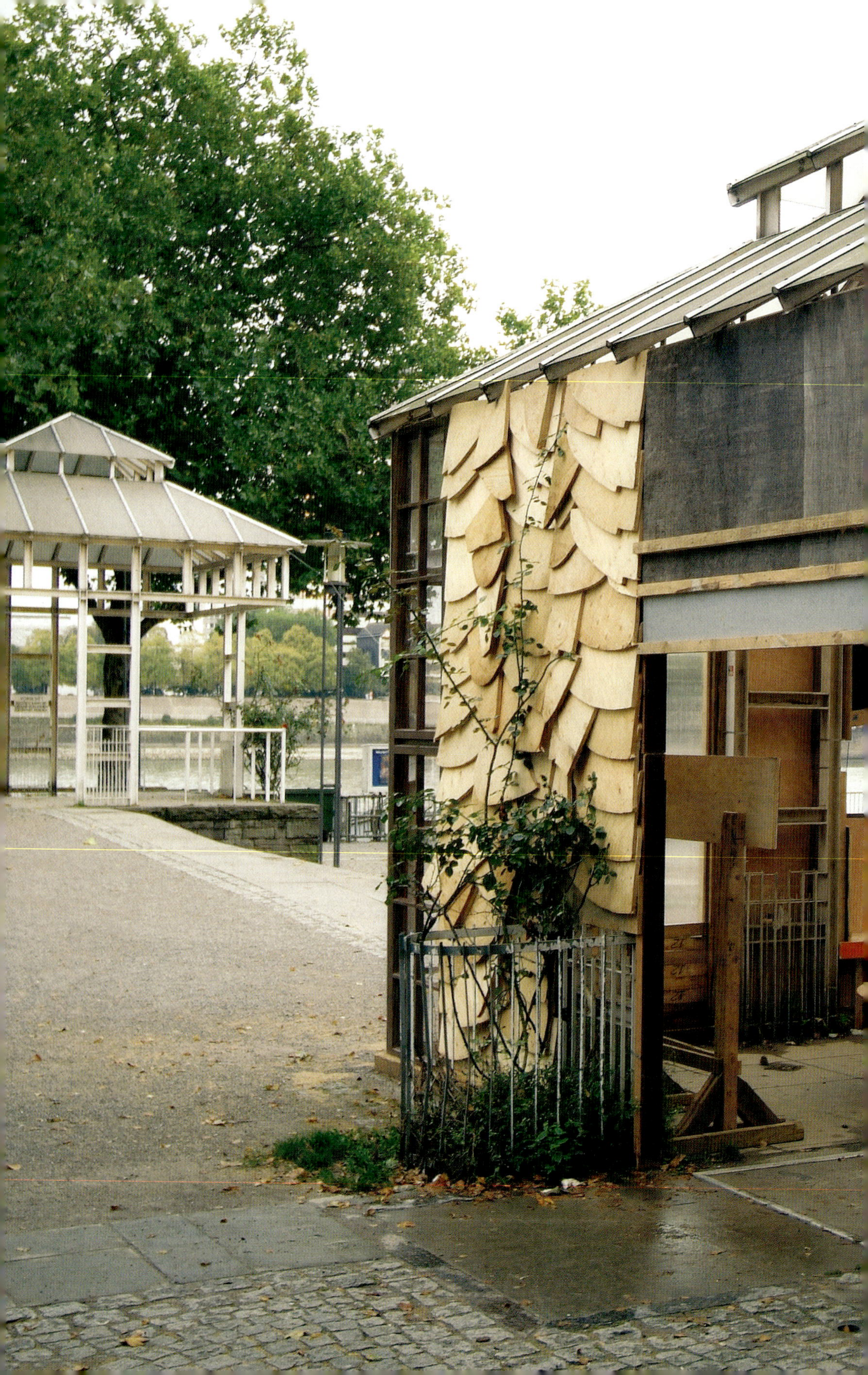

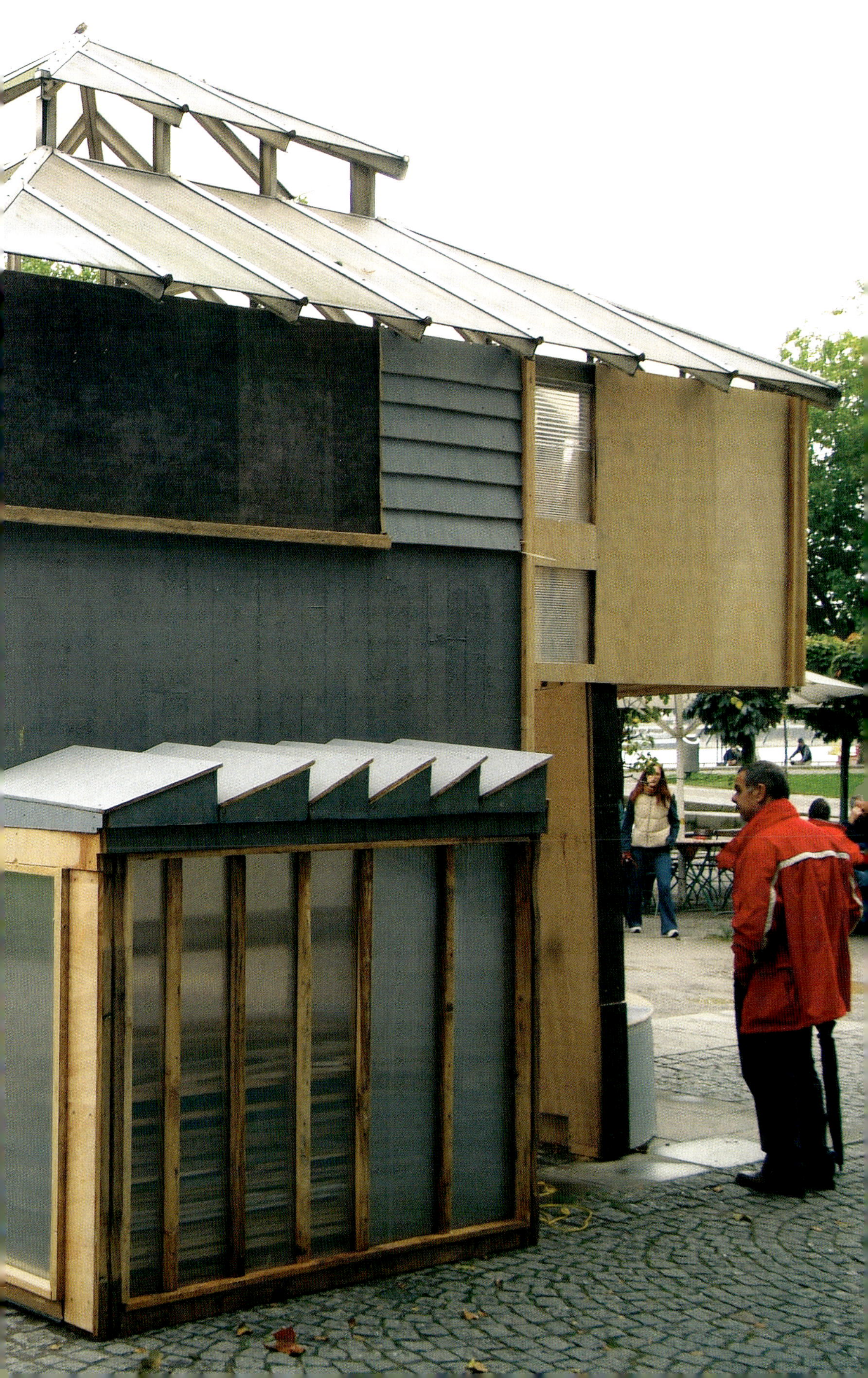

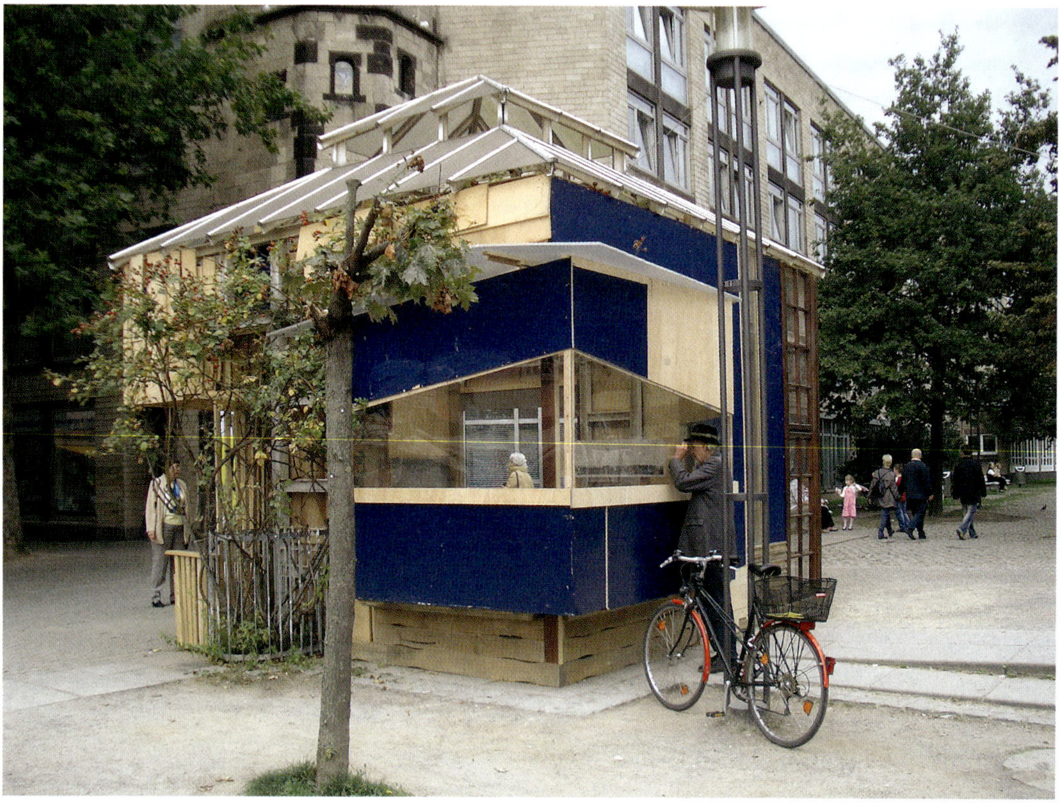

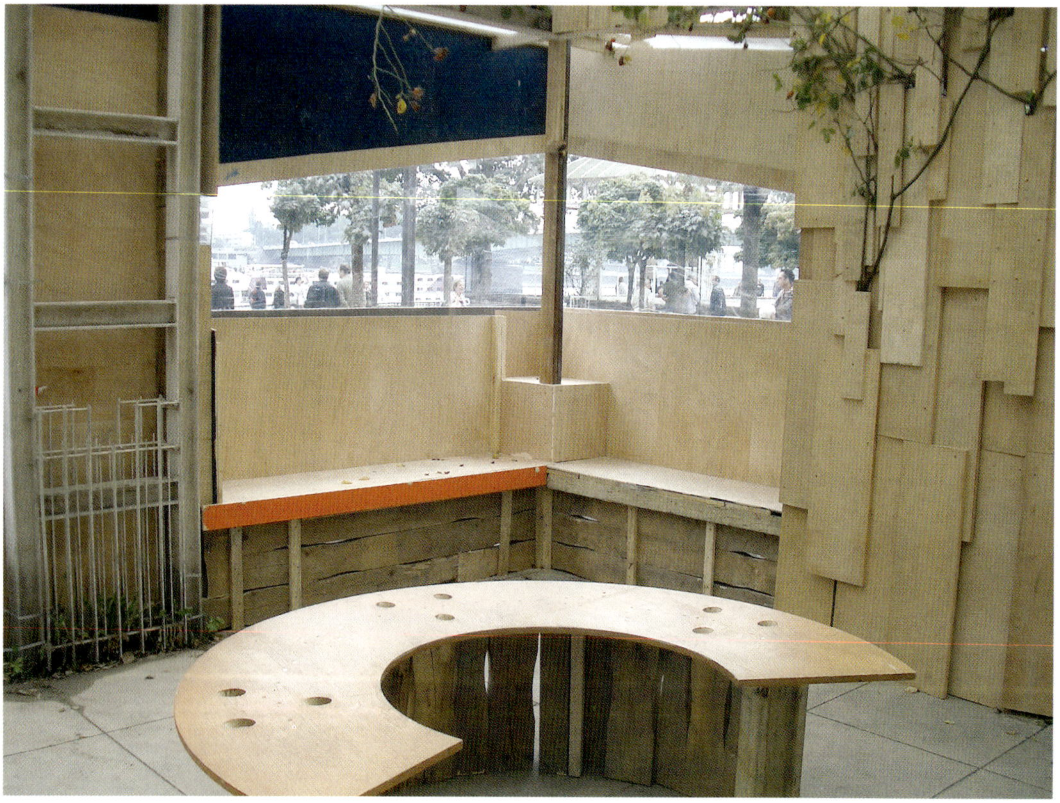

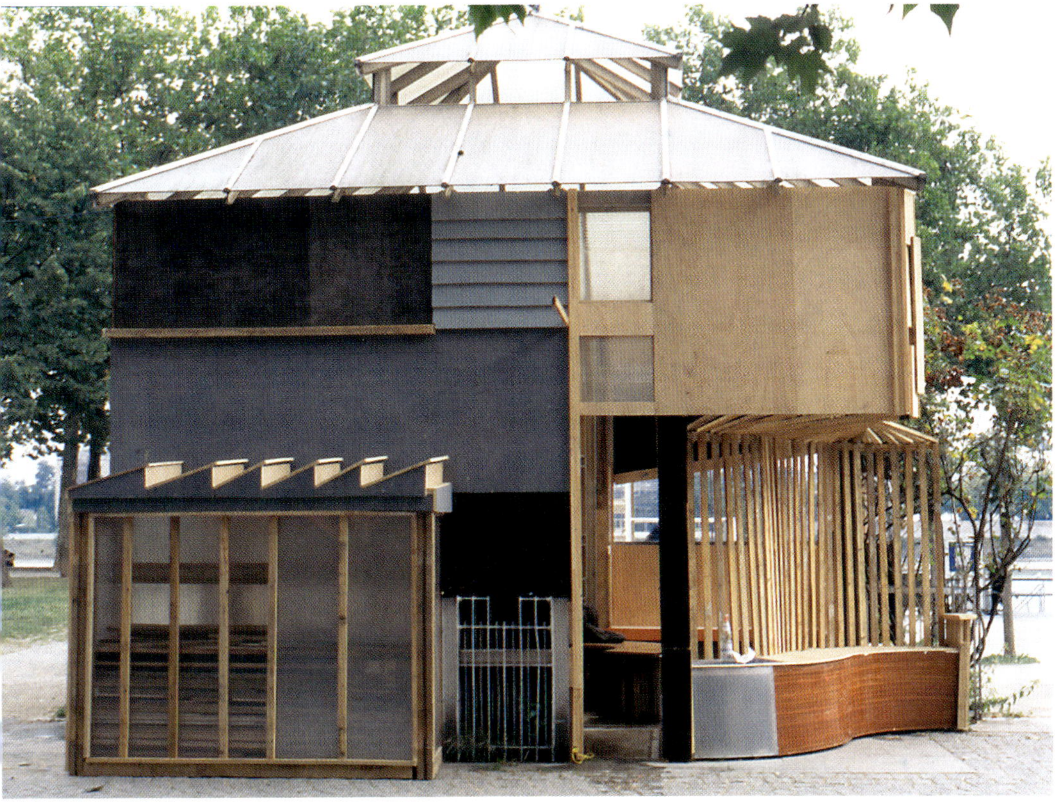

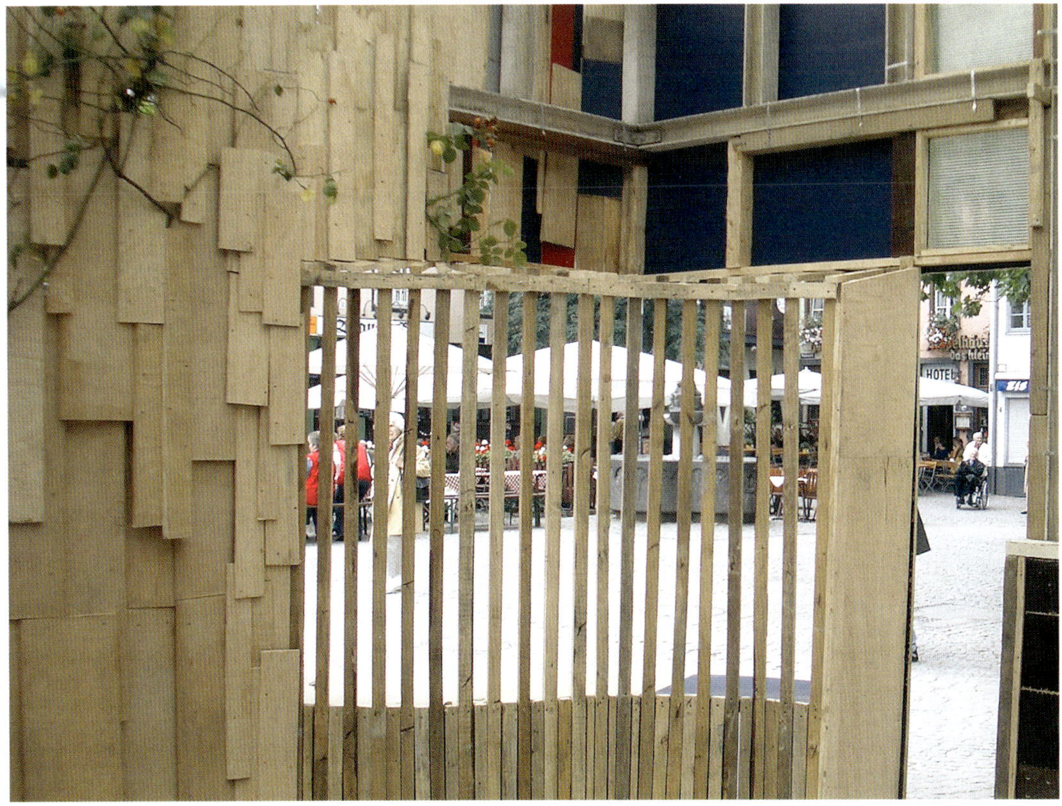

Kleinod | Urban Treasure

„Für mich ist das wie 100 km von der Stadt weg" sagte uns Herr Hajredin. In seinem Schrebergarten in der Kolonie am Berliner Gleisdreieck gibt es die Ruhe und Stille, die man nur am Rande der Stadt erwartet. Herr Hajredin wohnt im Bülowbogen, gleich daneben befindet sich hinter einer Mauer die Schrebergartensiedlung. Um in seinen Garten zu kommen, muss er den Weg über die Bülowstraße nehmen.

Mit dem Bau einer Treppe über die Mauer und das Dach wurde der Zugang zu dem Schrebergarten sehr viel einfacher. Während der fünf Tage besuchten viele Anwohner des Bülowbogen zum ersten Mal den Schrebergarten bzw. erfuhren, was sich hinter der Mauer verbarg. Die Gäste von „X-Wohnungen" und die Anwohner und Kleingärtner bekamen eine Suppe aus dem Gemüse des Gartens gereicht. Die Anwohner der Schrebergartenkolonie saßen dabei mit den ehemaligen Hausbesetzern an einem Tisch.

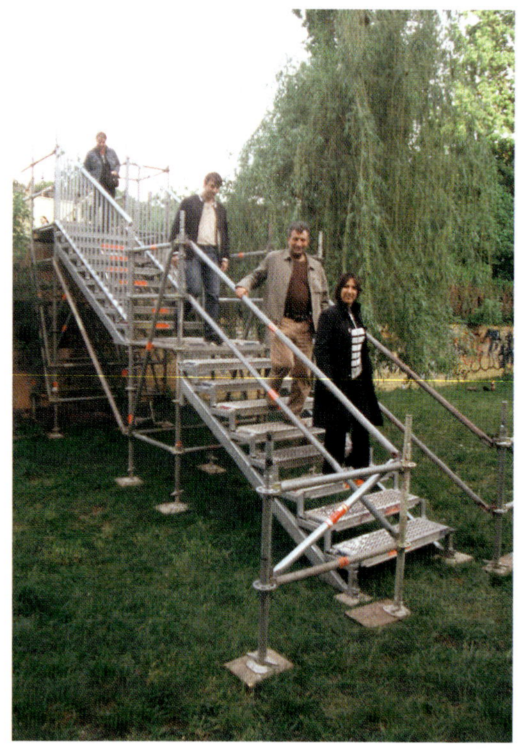

▲ Die ersten Nachbarn benutzen die neu errichtete Treppe.
▼ *The first neighbours are using the new temporary stairway.*

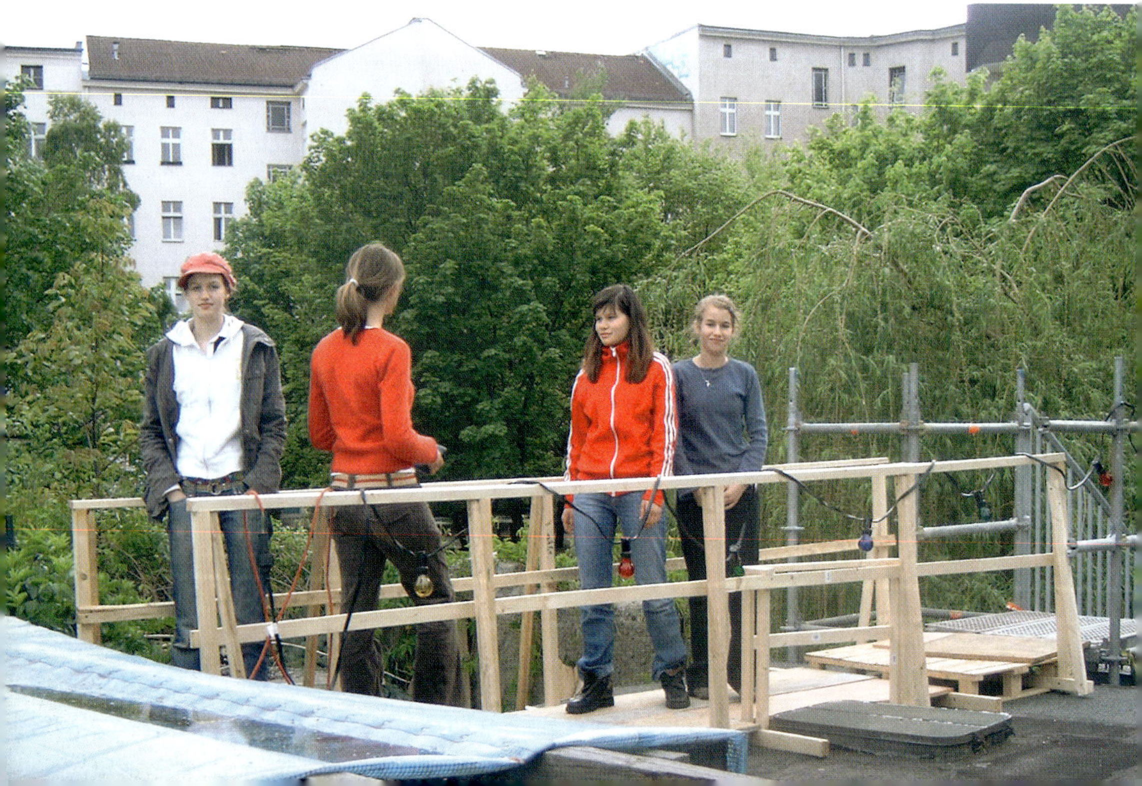

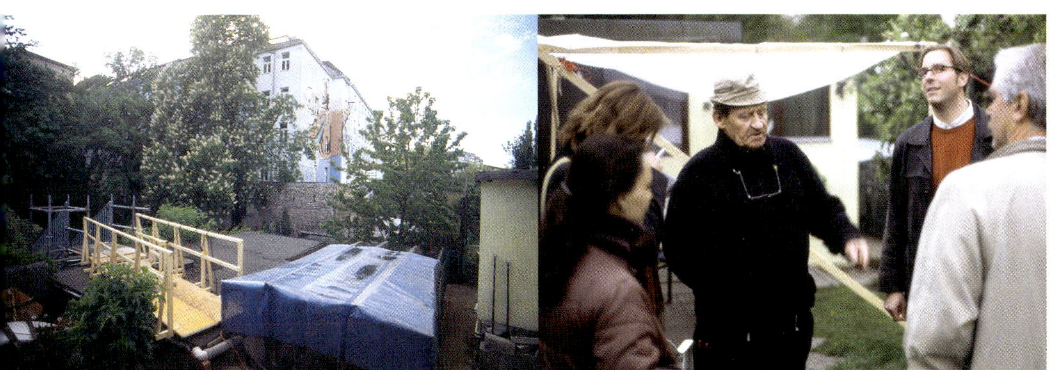

"For me, it is like being 100 kilometers away from the city," says Mr. Hajredin. In his small garden in a colony on the Berlin Gleisdreieck, peace and quiet can be found that one can only expect on the outskirts of a city. Mr. Hajredin lives on the Bülowbogen. Right next to it, but behind a wall, there is a small garden colony. In order to get to his garden, though, he has to take a detour over the Bülowstrasse.

With the installment of a makeshift bridge, access to the garden was made easier. During these five days, neighbors came to visit the garden for the first time. The guests of "X-Wohnungen" and residents received soup from the vegetables in the garden. Former squatters showed up and met the residents in the garden idyll.

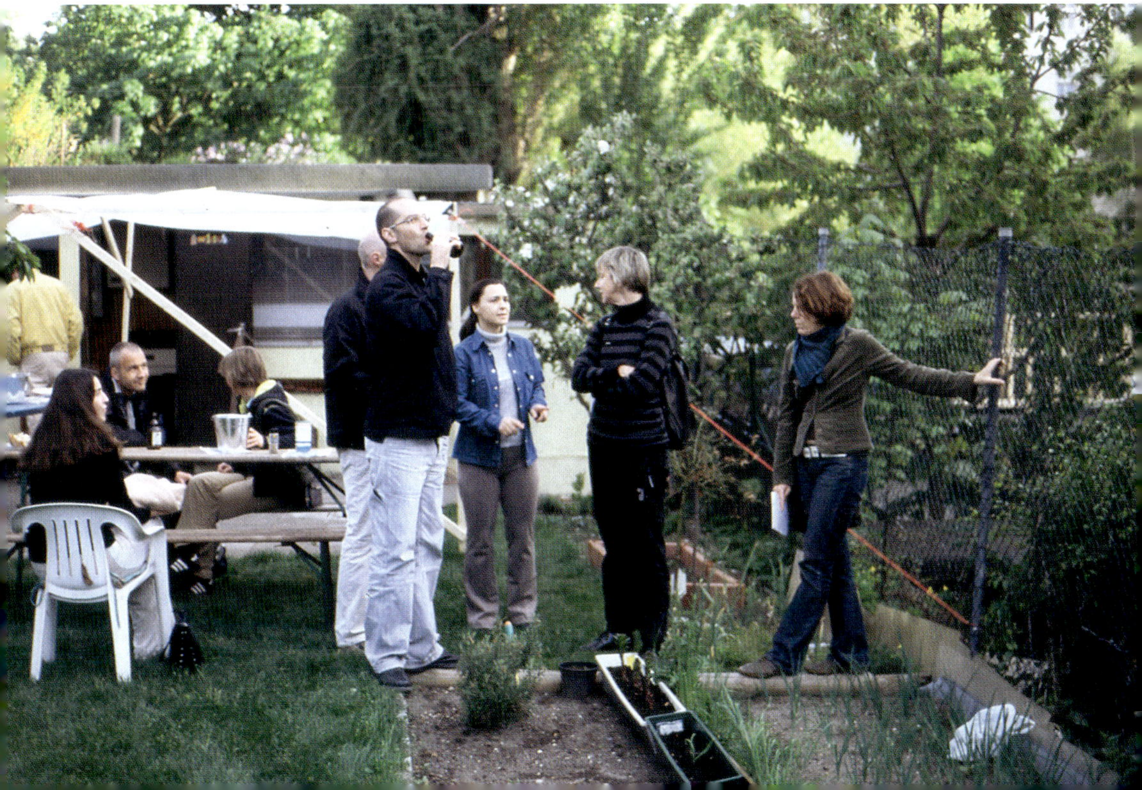

▲ *Äferdita, die Tochter von Herrn Hajredin, und Siggi, der langjährige Laubenbesitzer, erklären den BewohnerInnen der Hausgemeinschaft und BesucherInnen von „X-Wohnungen" das Leben der Laubenpieper und die angepflanzte Vegetation.*
Äferdita, Mr. Hajredin's daughter, and Siggi, the long-time owner of an arbor, discuss the pipits and the vegetation in the garden with the inhabitants of the house community and the visitors of "X-Wohnungen".

Haltestelle

Unsere Haltestelle ist nach dem Vorbild einer polnischen Bushaltestelle gebaut. Es gibt in Polen viele Bushaltestellen, die in ihrer langjährigen Nebenfunktion (oder Hauptfunktion?) als Pinwand und informelle Informationsbörse funktionieren. Mittlerweile ist aber diese Nebenfunktion im Begriff, auszusterben, unter anderem auch durch die tatkräftige Unterstützung des weltweit expandierenden Berliner Unternehmers Hans Wall. Bevor Wall alle Haltestellen des Berliner Öffentlichen Personennahverkehrs vereinnahmt, mit seinem relativ beschränkten ästhetischen Vermögen neu gestaltet und positioniert hat, waren auch hier Bushaltestellen ein Ort des Informationsaustauschs und des informellen Handels mit vielen privat angeschlagenen Zetteln. Es wurden Gesuch- und Angebotstexte und andere Nachrichten angeklebt, die bei den Fahrgästen während ihrer Wartezeit auf Bus und Straßenbahn auf Interesse stießen. Heute werden alle Druck- und Flyererzeugnisse, die an diese Haltestellen geklebt werden, umgehend von 24-Stunden-Sauberkeitsfirmen entfernt. Neben den BVG-Informationen bieten die zeitgenössischen Haltestellen nur noch unberührbare Hinterglas-Werbung von globalen Unternehmen und Filialketten.

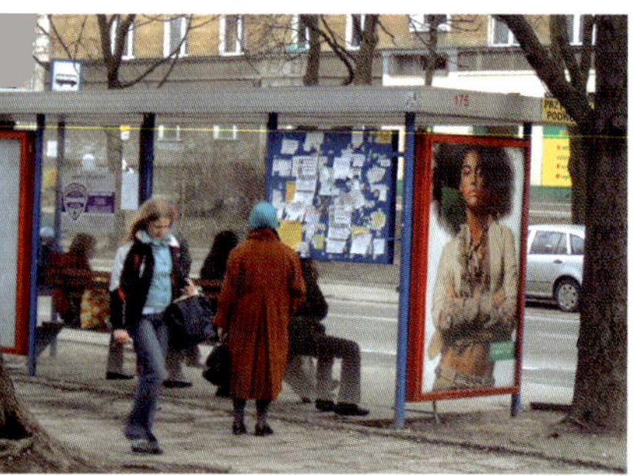
Bushaltestelle in Polen Bus stop in Poland

Unsere Station wurde da angesiedelt, wo sich ein demgegenüber immer noch ganz besonderer Markt behauptet: der informelle Spielzeug- und Automarkt an der Kottbusser Brücke in Berlin-Kreuzberg. Der Spielzeugmarkt findet jeden Dienstag und Freitag statt, der Automarkt ist permanent und funktioniert durch Zettel, die in die Fenster der abgestellten Autos geklebt sind. Wir knüpfen an diese Tradition der Zettelwirtschaft an und schaffen mit unserer Station Wände, Bänke und ein Dach für einen informellen Handel, für Informationsfreiheit und niedrigschwellige Angebote und Nachfragen.

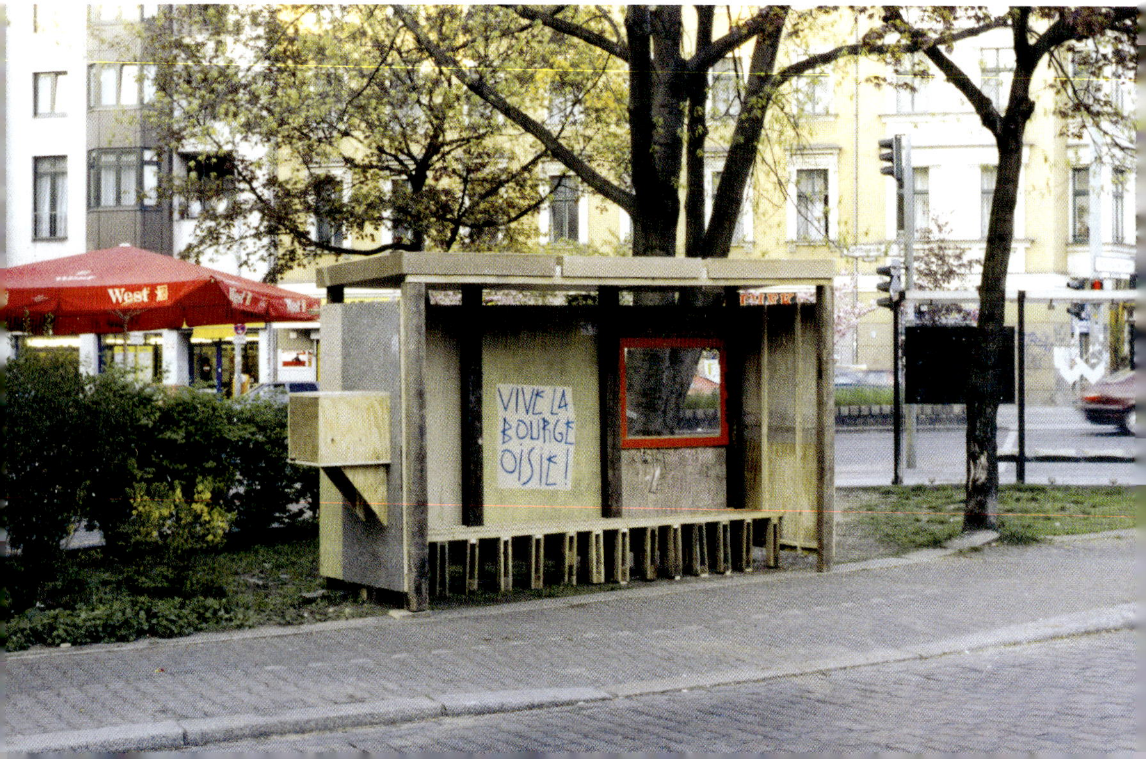

Stop

Our stop is built on the model of a Polish bus stop. Many bus stops in Poland have a long-standing secondary (or is it primary?) function as pin boards and informal information exchanges. In the meantime, however, this secondary function is becoming rather extinct – in part due to the activities of the Berlin entrepreneur Hans Wall, who has been expanding his business worldwide. Before Wall pocketed all of the stops in the Berlin public transportation system and transformed them according to his relatively limited understanding of aesthetics, they were places of communication for the informal market. Small advertisements and placards were continuously pasted up at these stops so that passengers could read them while waiting for their buses or streetcars. Today, all placards and flyers pasted onto the stops are removed within 24 hours by cleaning companies. Next to information from the BVG, today's stops offer only advertisements from global corporations and chain stores – safely placed behind glass windows.

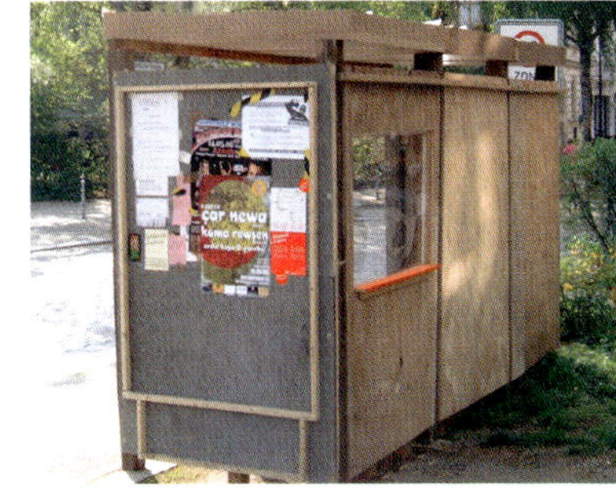

Unsere Haltestelle in Kreuzberg, Berlin
Our stop in Kreuzberg, Berlin

Our stop is placed opposite to a very special market that thankfully continues to remain in existence: an informal flea market selling toys and automobiles found at the Kottbusser Brücke in Berlin-Kreuzberg. The toy market takes place every Tuesday and Friday. The automobile market takes place continuously; it functions via for sale signs pasted onto the windows of the parked cars.

This tradition of informal economy according to the principle of the freedom of information is what we are expressing with our stop, where we have created walls, benches and a roof for such small-business and private economic exchange.

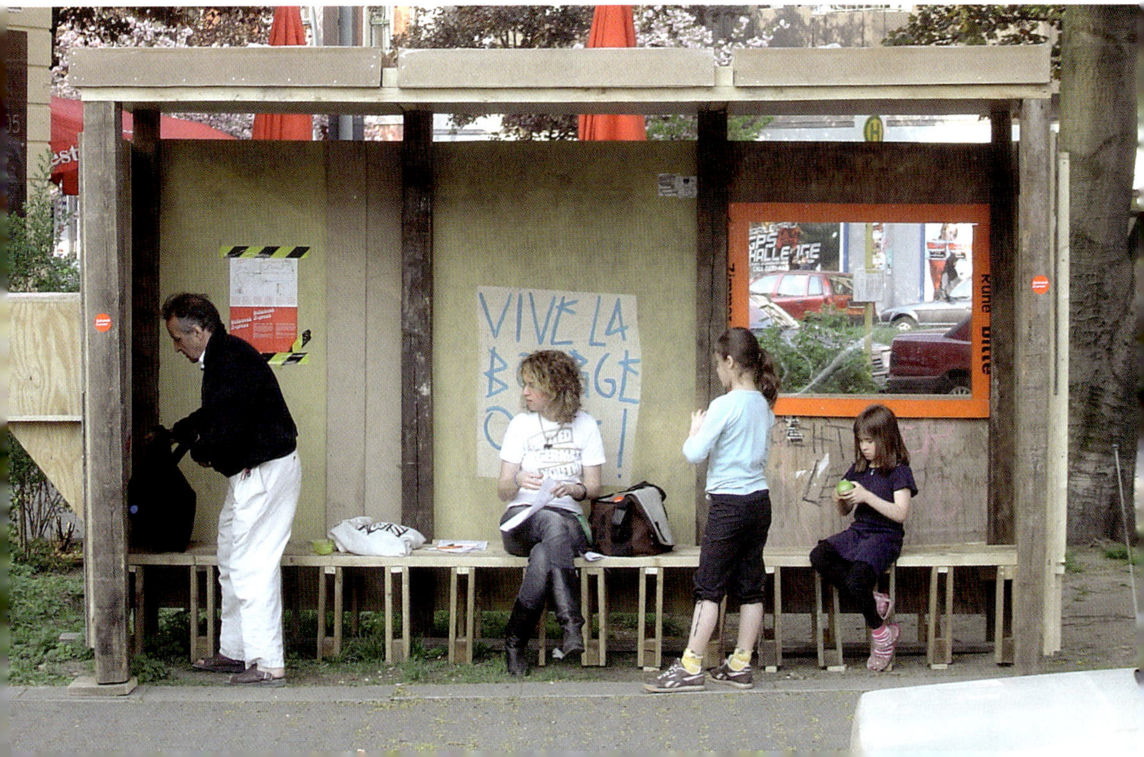

Villa Hörstel

**Subventionsprogramme, Thermopenfenster und die Kunst des Einfamilienhaus-
bauens | Subvention Programs, Thermopane Windows and the Art of Building a
Single-Family House**

Nachdem wir im münsterländischen Kreis Steinfurt einen Aufruf gestartet hatten, Materialien
aller Art für den Bau des Low-Tech-Low-Budget-Musterhauses „Villa Hörstel"[1] zu sammeln,
kamen BewohnerInnen aus dem ganzen Kreisgebiet mit Jeeps und Pferdeanhängern ange-
fahren und brachten uns große Mengen gebrauchter Isolierglas-Kunststofffenster in allen
Größen und Varianten. 40 nagelneue und voll funktionstüchtige Fenster nahmen wir an,
dann verkündeten wir einen Annahmestopp. Wir hätten zehnmal soviel Isolierglas-Kunststofffenster bekommen können und rieben uns verwundert die Augen.

Dann wurde uns erzählt, dass eine neue Wärmeschutzverordnung, die lobbystarke
Bauindustrie und ein Subventionsprogramm für nordrhein-westfälische Hausbesitzer die Um-
rüstung von Alt- und Neubauten mit neuen, verbesserten Fenstern fördern. Um die alten
Fenster nicht teuer entsorgen zu müssen, kam die „Villa Hörstel" einigen findigen Haus-
besitzern gerade recht, um uns „generös" das weitere Schicksal ihrer Fensteraltlasten anzu-
vertrauen. Nachdem dieses ortstypische Baumaterial das Aussehen der „Villa Hörstel" nun
maßgeblich prägt, hoffen wir, dass nach dem Abbau die Fenster dahin gebracht werden können, wo es tatsächlich Bedarf an solchen noch exzellent funktionierenden Bauelementen
gibt, beispielsweise im verarmten Berlin.

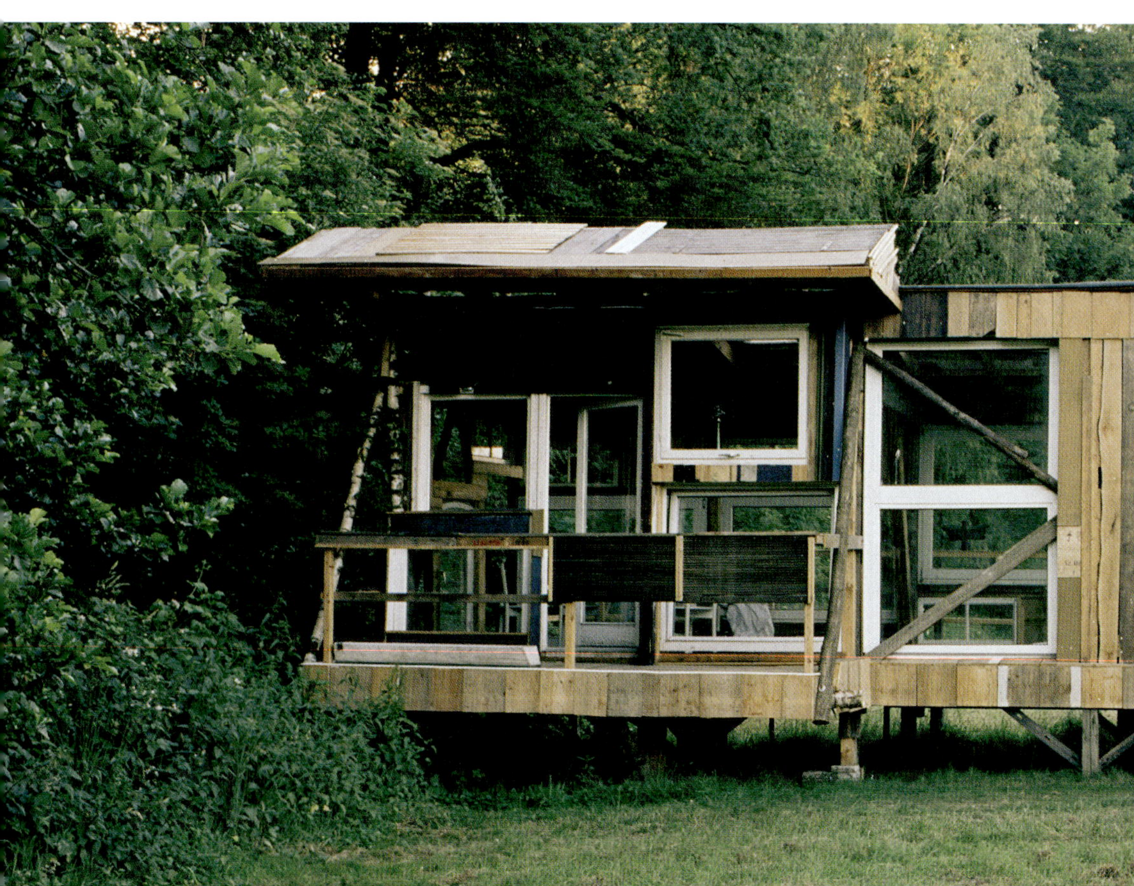

After we had begun to call for all kinds of building materials for our low-tech, low budget model house in the Münsterland district of Steinfurt, Villa Hörstel[1], residents came from all over the area with jeeps and horse trailers and brought us a large number of used insulation windows in all shapes and sizes. We gratefully accepted 40 brand-new and fully functional windows. They kept coming though – we could have received ten times more than the original 40 – and we finally had to announce that we would no longer accept windows. We were amazed at the situation.

During this time we were told that due to a new insulation regulation, the powerful building industry and a subvention program for home owners in North Rhine-Westphalia, a massive reconfiguring of old and new buildings with improved windows was underway. In order not to have to expensively dispose of the old windows, the "Villa Hörstel" appeared to be a perfect opportunity for a number of ingenious house owners to generously get rid of their old windows. After this Münsterland-specific building material shaped the appearance of the villa, we hope that we are able to transport them to a place where they would be needed, for example, to impoverished Berlin.

The people of Steinfurt brought us other very useful materials in great amount: beams, shelves, roofing paper, wooden panels, doors, slats, floorboards, palettes, etc. We picked up some of the materials directly from the donors. Our gathering excursions in a rented truck brought us into booming single-family settlements. We got the feeling that the concept of 'shrinking cities' is still a completely unknown phenomenon in this part of the country.

With the great amount of cost-free building materials that we had gathered before our eyes, we conceived a long wing as a structural connection between the two streams

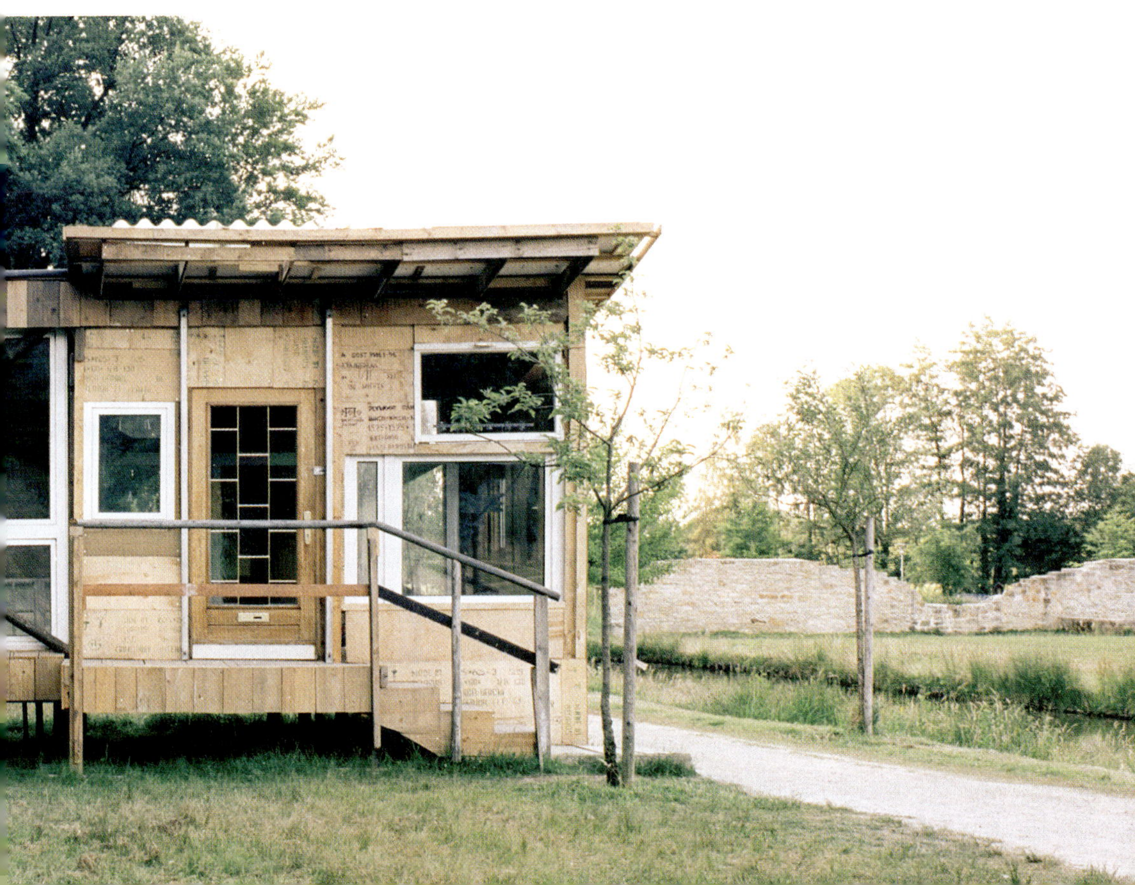

Aber die SteinfurterInnen stifteten auch andere, sehr brauchbare Materialien in großen Mengen: Balken, Regalbretter, Dachpappe, Holzplatten, Türen, Latten, Parkettböden und Paletten holten wir teilweise direkt bei den Spendern ab. Unsere Sammelfahrten im Leih-LKW führten uns in boomende Einfamilienhausgegenden. Wir bekamen das Gefühl, dass „schrumpfende Städte" im Münsterland ein noch völlig unbekanntes Phänomen sind.

Die große Menge an gesammeltem Umsonstbaumaterial vor Augen entwarfen wir einen langgestreckten Gebäuderiegel, eine bauliche Verbindung der zwei fließenden Gewässer auf dem Klostergelände, eine Art bewohnbare Lärmschutzwand gegenüber der Autobahn A 30, die lautstark ungefähr hundertfünfzig Meter vom Kloster entfernt Bad Oeynhausen mit Amsterdam verbindet. Den Ausflüglern von Nah und Fern, die im Klostergarten Ruhe und Erholung suchen, soll der Aufenthalt im Lärmschatten der „Villa Hörstel" die ersehnte Muße geben.

Das Haus bauten wir von April bis Mai 2006 mit Unterstützung von Lehrlingen des CJD Burgsteinfurt. Es wurde in Holzrahmenbauweise errichtet, 13 Meter lang, 6 Meter breit, 4 Meter hoch und mit einem großen Dachüberstand versehen, damit man sich auf den großzügigen Terrassen auch bei Regen gern aufhält.

Nach 10 Tagen Bauzeit kam der Prüfstatiker der Kreisverwaltung und verlangte von uns deutliche baukonstruktive Verbesserungen. Bis das Haus endlich für die Öffentlichkeit zugänglich war, mussten also noch weitere Statikerbesuche anberaumt werden. Im Ergebnis entstand mit Hilfe aller verfügbaren Balken, Pfosten, Platten und Bohlen ein extrem stabiles Haus, das seinesgleichen sucht. Den definitiven Halt boten aber die Verstrebungen aus einem ganz besonderen Material: Der extreme Schneeeinfall des letzten Winters ließ im Münsterland hunderttausende von Bäumen umknicken, so auch im Klosterwald neben unserem Bauplatz. Aus den abgeholzten Eichen- und Birkenstämmen bauten wir Aussteifungen in allen Längen und Dicken ein und erweiterten die Materialität der Villa zu einer Mischung aus Zivilisationsabfällen bauindustrieller und forstwirtschaftlicher Art.

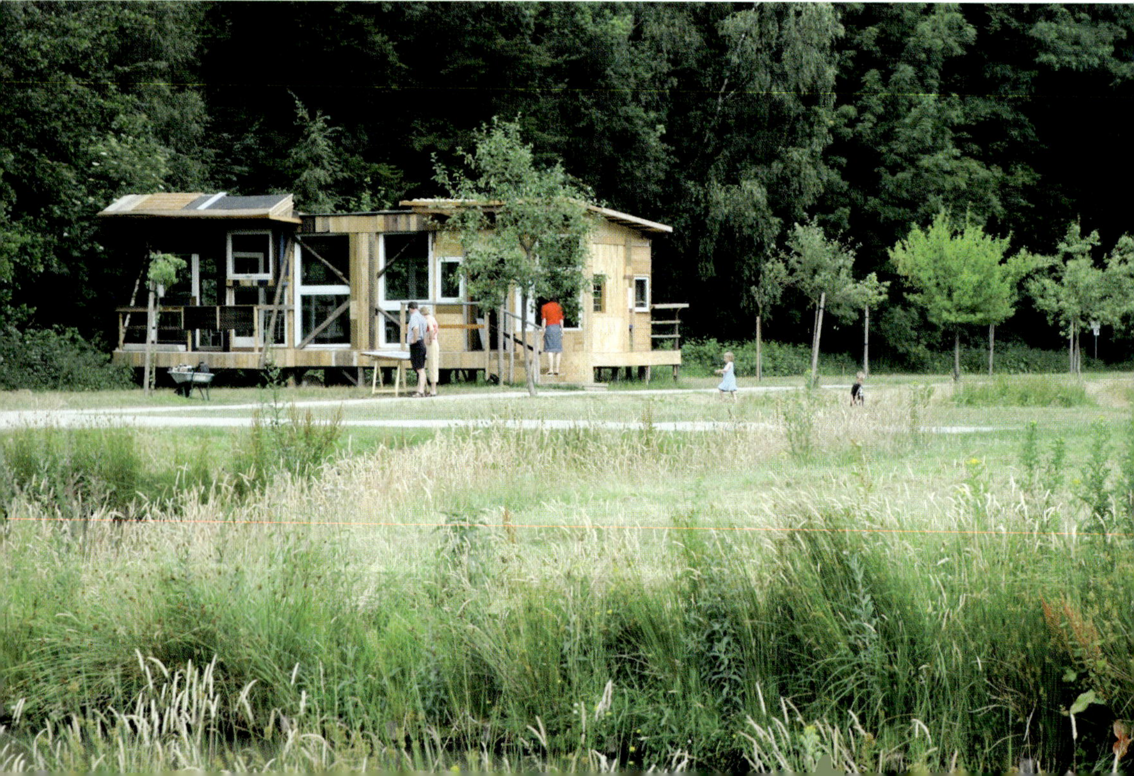

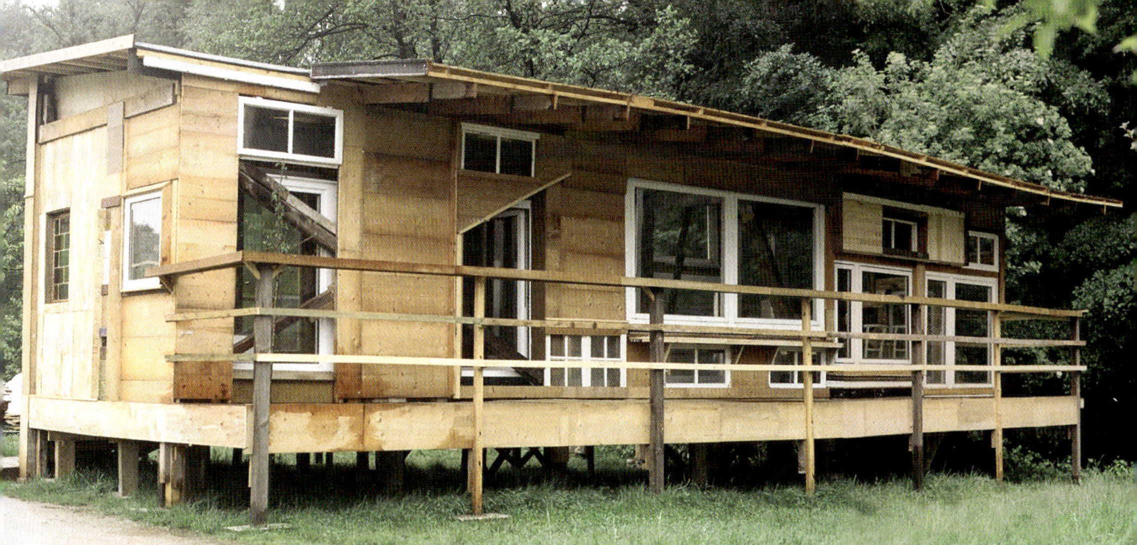

running through the grounds of the cloister. The purpose of this wing is to create a sort of inhabitable barrier against the noise coming from a nearby highway, the A 30 that connects Bad Oeynhausen with Amsterdam. Excursionists from near and far, who come to the cloister grounds to seek relaxation and recreation, should especially benefit from the noise-reduced shadow of the Villa Hörstel.

We built the building between April and May of 2006 with the help of trainees from the CJD Burgsteinfurt. It was built in a wooden-frame design, and is 13 meters long, six meters wide and four meters high. It is also equipped with a protruding roof, under which one can find refuge when it rains.

Ten days into the building process, the district administration's structural engineer came by and demanded a number of improvements to our construction. Further visits occurred in the time before the house was deemed accessible to the public. As a result, an extremely stable and unique house arose out of the available beams, posts, panels and planks. The defining support structure of the building, though, came from a very special material: trees, of which hundreds of thousands had fallen during the course of the very snowy winter a few months earlier. Such trees were also on the grounds of our construction site, the cloister. From these fallen oak and birch trees, we built structurally-enhancing posts for the villa, thus making it a mixture of civilization waste and forestry products.

How did the residents react to the product made from Steinfurt's left-over materials?

The Villa Hörstel can be found on the historically-protected grounds of the cloister. These grounds attract many visitors from the regions in the Münsterland, especially on the weekends. Our project was generally well-received, but was also met with refusal, mainly on part of the local population. The population was especially polarized during the beginning of the building stage, a time when the donated materials were piling up, and during the building stage itself. Some of them thought that the project was fantastic and exciting. Others spoke loudly of a disgrace of such "holy" grounds.

Our building activities during the Easter holidays in this strongly Catholic-influenced region led to additional displeasure. But this also caused the "Villa Hörstel" to be a hot topic of discussion all over Steinfurt. When the Villa Hörstel was finally finished in May of 2006, the critical voices became quiet. We hope that the building will be accepted from the whole community and that the mult-functional summer house be used extensively.

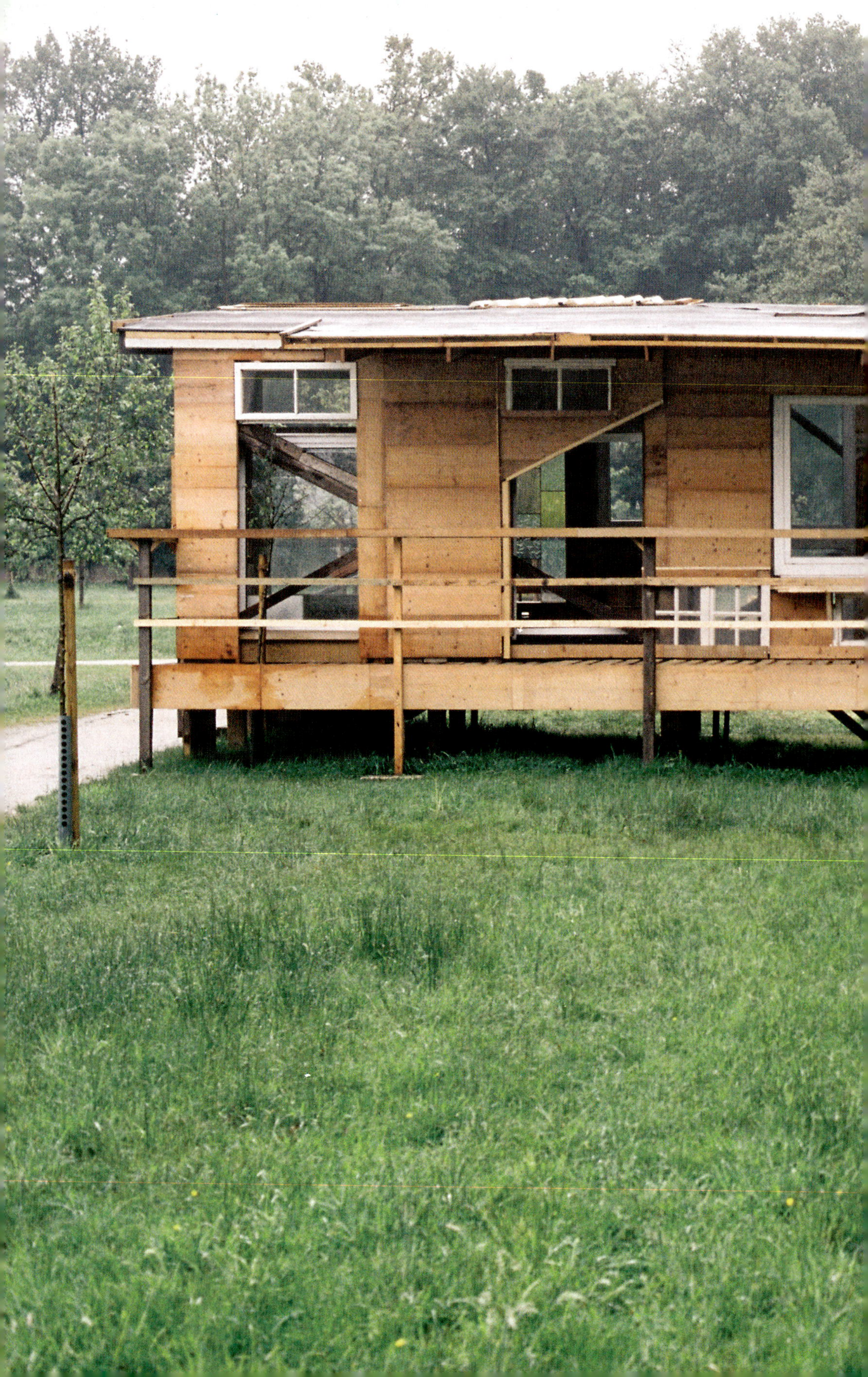

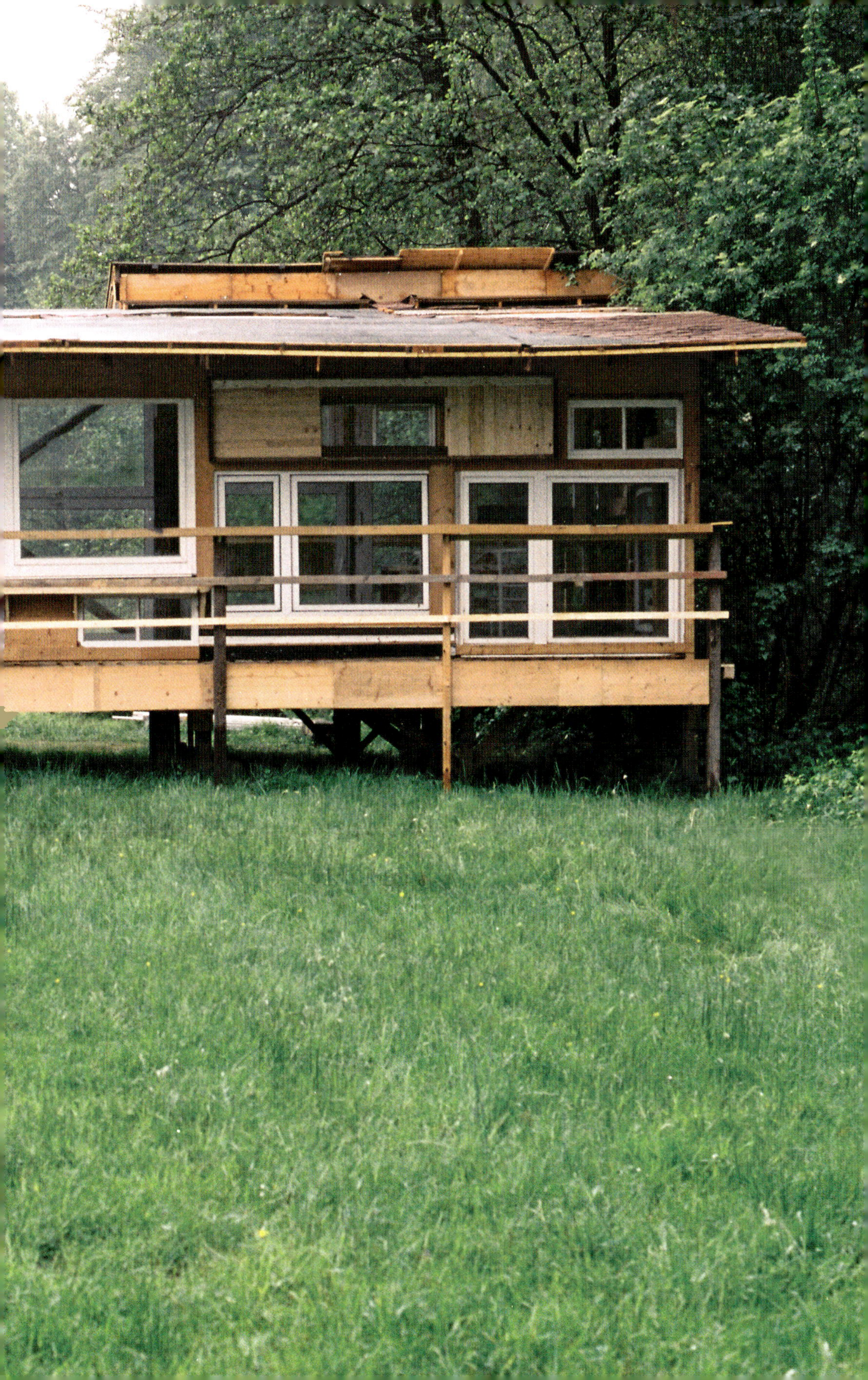

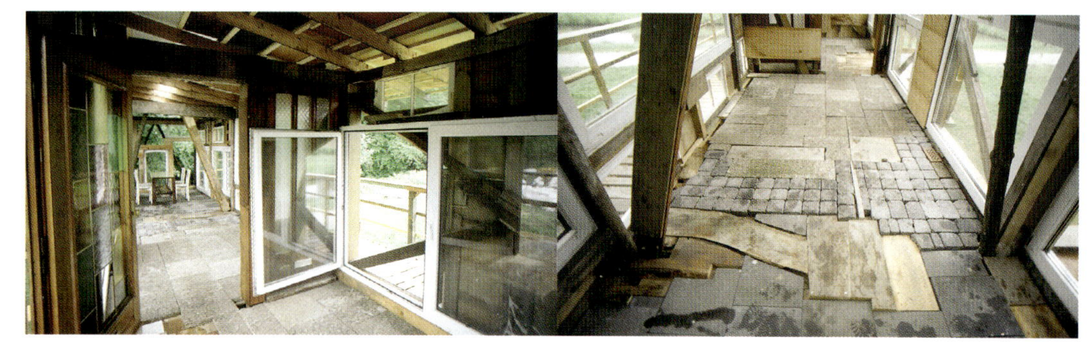

Wie reagierte die Bevölkerung auf das Produkt aus den Steinfurter Restbeständen?

Das Haus befindet sich auf denkmalgeschütztem Klostergelände, das, überregional bekannt, an Wochenenden viele BesucherInnen anlockt. Unser Bauvorhaben stieß allgemein auf großes Interesse und Wohlwollen, aber auch auf Ablehnung, hauptsächlich seitens der ortsansässigen Bevölkerung. Besonders am Anfang der Bauphase, als lediglich die gespendeten Materialien im Klosterpark auf diversen Stapeln und Haufen aufgeschichtet zu sehen waren und später, als die Baustelle sich langsam entwickelte, polarisierte sich die Bevölkerung. Die einen fanden es toll und spannend, andere sprachen lauthals von einem Schandfleck auf „heiligem" Gelände.

Unsere Bautätigkeit an den Osterfeiertagen in dieser stark katholisch geprägten Gegend führte zusätzlich zu Missmut, aber auch dazu, dass das Projekt „Villa Hörstel" in aller Munde war und zum Stammtischthema im Kreis Steinfurt wurde. Als die Villa Hörstel Ende Mai 2006 endlich fertiggestellt war, waren die kritischen Stimmen aber verstummt. Es bleibt zu hoffen, dass das Gebäude von der ganzen Bevölkerung angenommen und von der gewünschten Nutzung dieses allen zur Verfügung stehenden multifunktionalen Sommerhauses ausgiebig Gebrauch gemacht wird.

1   Die Villa Hörstel entstand im Rahmen des Projektstipendiums Kunstkommunikation 06 des
    DA Kunsthauses Kloster Gravenhorst aus Restmaterialien, die von BewohnerInnen des Kreises Steinfurt
    gestiftet wurden.

1   The Villa Hörstel was developed in the context of a Kunstkommunikation 06 project stipend of the
    DA Kunsthaus Kloster Gravenhorst. The villa itself was built from waste materials that were donated to us by the residents of the district of Steinfurt.

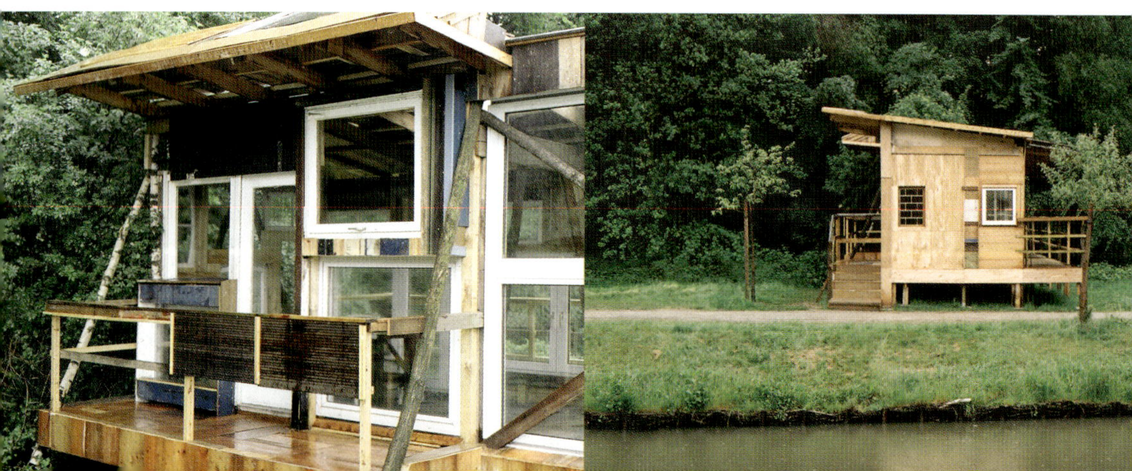

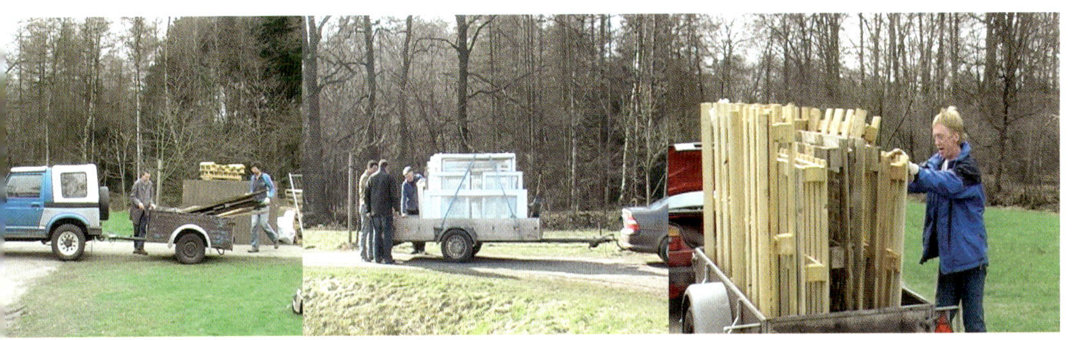

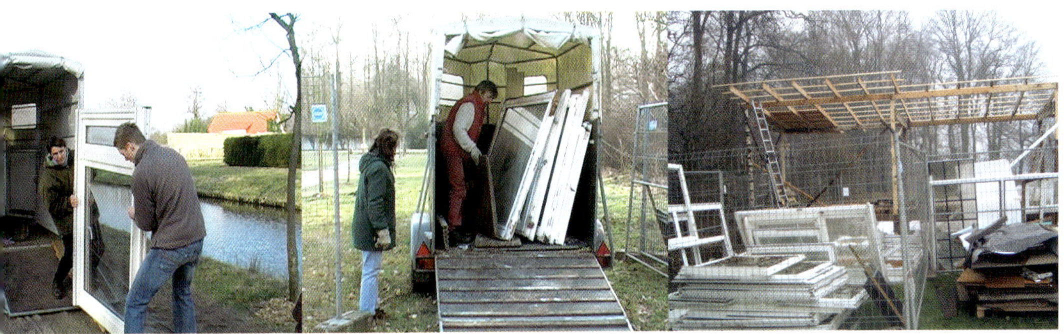

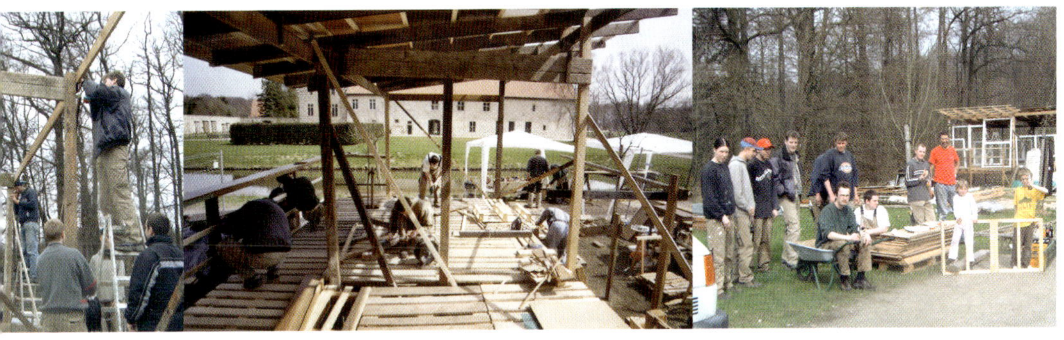

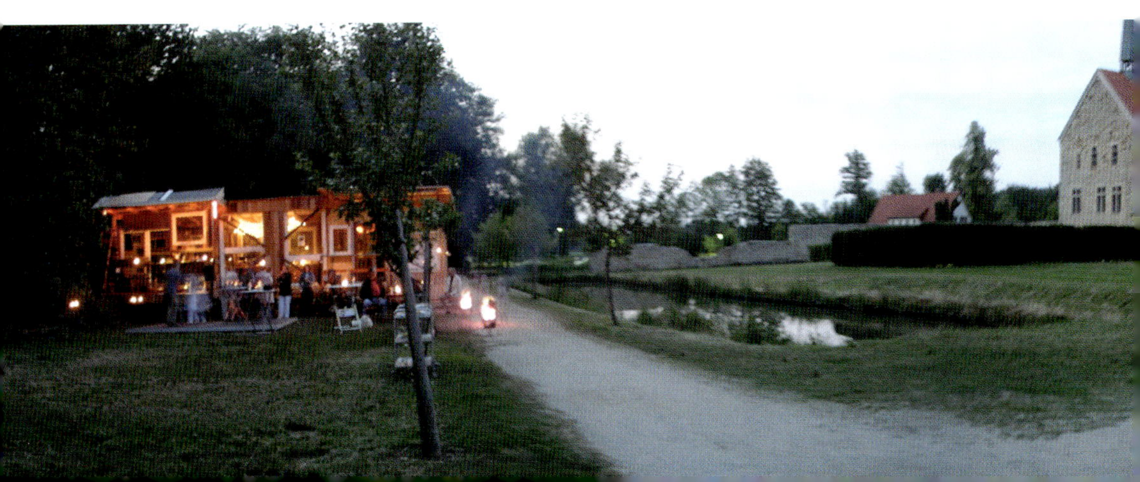

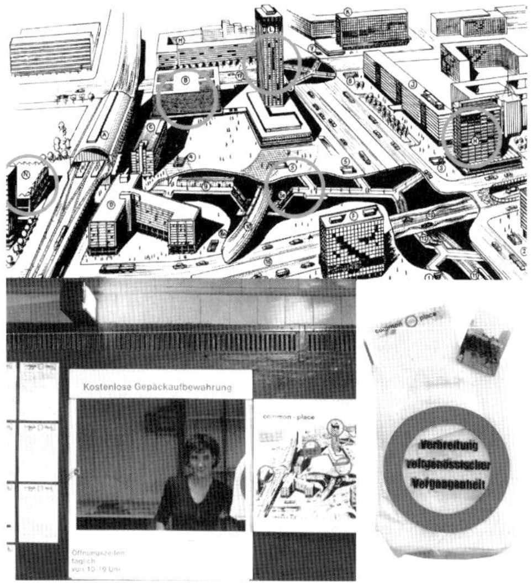

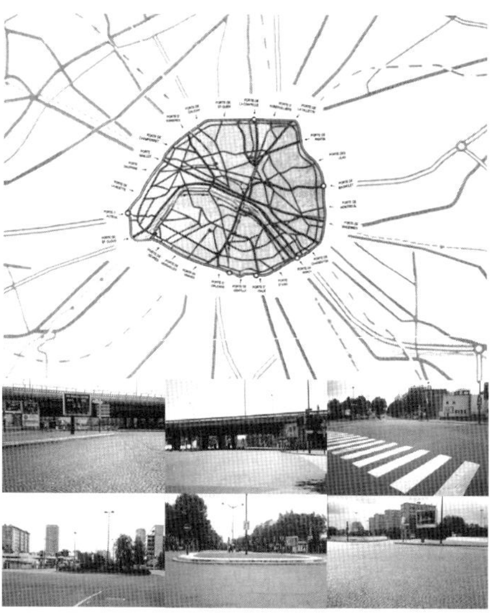

common place 2000

In der Arbeit „common place" wurde ein stillgelegter Fahrkartenschalter auf dem Bahnhof der U2 am Alexanderplatz zu einer kostenlosen Gepäckaufbewahrung umfunktioniert. Statt Geld für diese Dienstleistung zu verlangen, bat Folke Köbberling ihre KundInnen, ihr im Gegenzug dazu „eigene Beobachtungen, Gedanken, Kommentare und Visionen" zum Alexanderplatz aufzuzeichnen. Die Reisenden, Touristen und Arbeitspendler, erhielten ein umfangreiches common-place-Set: eine durchsichtige Plastiktüte mit Stift, Notizblatt und einem Plan des Alexanderplatzes. Auf diesem Plan hatte Folke Köbberling mit roten Kreisen die schon abgerissenen oder durch die Pläne des Architekten Hans Kollhoff zum Abriss freigegebenen Häuser markiert. Diese roten Umrandungen wurden als Grundlage zur Entwicklung des common-place-Logos gewählt. Es markierte die Bauwerke, die als bereits „zeitgenössische Architektur" auf dem Plan erschienen. Die abgegebenen Kommentare und Zeichnungen veröffentlichte sie in dem täglich erscheinenden common-place-Blatt, das in Zeitungsbehältern am Bahnsteig und in der Gepäckaufbewahrung zur kostenlosen Mitnahme bereitlag.

With the work "common place" Folke Köbberling redesigned a shut-down ticket office of the subway station (Alexanderplatz) to a baggage-deposit. Instead of having to pay for this service the customers were asked to write down their own observations, thoughts, comments and visions of Alexanderplatz. Travellers, tourists, consumers and commuters were each given a appendix-place kit – a transparent plastic bag containing a pen note paper and a plan of Alexanderplatz. Köbberling marked the houses already demolished, and those due to be demolished on this plan, according to the plans of the architect Hans Kollhoff. Demolished houses were marked with a red circle. These red edges were also basis of the logos of "common place". It marks the buildings, those as already "contemporary history"appear on the plan. Furthermore the logo appears on the bag, notepaper and the common-place paper. Commuters responses were then made freely available from newspaper stands on the subway platform.

Hyperville 1999

Paris ist im Gegensatz zu anderen Weltstädten von einer klar erkennbaren Grenze umgeben. Dem Verlauf der Pariser Stadtgrenze folgt die achtspurige Stadtautobahn Peripherique. Entlang der Peripherique liegen die Portes de Paris, die die Übergangsstellen zwischen Paris und seinen Vororten bilden. Diese Übergangsstellen sind die Orte des Projektes „Hyperville".

Die Portes sind zwar bedeutende Örtlichkeiten für die Stadt, aber genaugenommen Niemandsinseln. Ohne den normalen Anblick des täglich passierenden Verkehrs hat man den Eindruck von urbanem Ödland. Dieses wird hauptsächlich durch die vielen Werbetafeln verdeckt.

„Hyperville" verwendet die an den Portes stehenden Werbetafeln, um darauf eine Stadt aus Gold zu präsentieren. Auf jeder Tafel ist eine Fotografie aufgezogen, die von der Porte aufgenommen wurde, an der sich die jeweilige Werbetafel befindet. Man sieht auf der Fotografie die Porte als vergoldetes Bild, ohne jeglichen Verkehr. Alle Verkehrsmittel und Personen sind aus dem Bild wegretuschiert. Es gibt nur leere Fahrbahnen, Straßenränder, große, weite, goldene Flächen, ein fiktives Bild einer begehrenswerten Stadt.

Unlike other metropolises, Paris is surrounded by a clearly-recognizable boundary, namely an eight-lane city highway, the Peripherique. Along the Peripherique the Portes can be found. These form the transition points between Paris and its suburbs – and are the focus of the Hyperville project. The Portes are meaningful localities for the city. However, when one looks at them more closely they are actually islands of nothingness. Without the normality of the daily traffic passing through, one can only see urban wasteland hidden behind large billboards. Hyperville uses the advertising space on the Portes in order to present a city of gold. On every billboard we placed a large photograph of the Porte at hand, depicting the Porte as a golden landscape without any traffic or people. One sees only empty highway lanes, street curbs and wide, open spaces – a fictional picture of a desirable city.

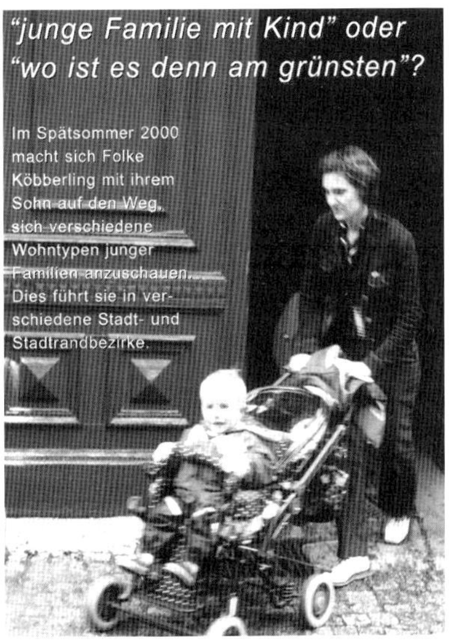

Junge Familie mit Kind... 2000

Ein fiktives Maklerbüro in der Galerie Pankow bildet den Rahmen der Arbeit „Junge Familie mit Kind...". Fotos verschiedener Häuser kleben an den Wänden, auf einem Tisch liegen Informationsbroschüren. Die Broschüren enthalten statt Grundrissen Interviews, die Folke Köbberling mit Familien führte, die „wegen der Kinder" den Wohnort wechselten. Das Projekt „Junge Familie mit Kind oder wo ist es denn am grünsten?" zeichnet so ein komplexes Bild verschiedener Wohnsituationen nach: Alleinerziehende, Paare, Patchworkfamilien in Reihenhaus, Eigentumswohnung, Mietwohnung und Hausgemeinschaft. Ihre Intention für die Suche nach dem idealen Wohnort macht Folke Köbberling auf der Einladungskarte zur Ausstellung deutlich. Dort sucht die Künstlerin und Mutter ein „Haus in familienfreundlicher Lage". Viele der Interviewten sind aus den inneren Bezirken Berlins an den Stadtrand gezogen. Die Qualität der Schulen und das Grün in der direkten Umgebung des Wohnorts seien ihnen die hohe finanzielle Belastung, schlechtere Infrastruktur und die weiten Wege zu alten Freunden wert.

A fictitious brokerage office in the Gallery Pankow forms the frame for the work "young family with child..." Photos of different houses are displayed on the walls, with corresponding brochures available on a nearby table. Instead of the expected architectural plans, the data detailing square meters and garden surface area, the brochures contain interviews, which Folke Köbberling held with families who moved "because of the children". The project "young family with child or where it is at the greenest" draws a complex picture of different living situations: single-parents, couples, patchwork families in terraced houses, owned or rented flats and housing projects. Folke Köbbering supplies the intention of her search for the ideal residence on the invitation card to the exhibition. There is the artist and mother looking for a house with family friendly surroundings, within the green belt of Berlin. Most of the interview partners moved out of inner-city of Berlin to the outskirts, or want to go back again. The quality of the schools and a residence in a green environment make up for the high financial burden, bad infrastructure and long journeys to old friends still living in the inner-city.

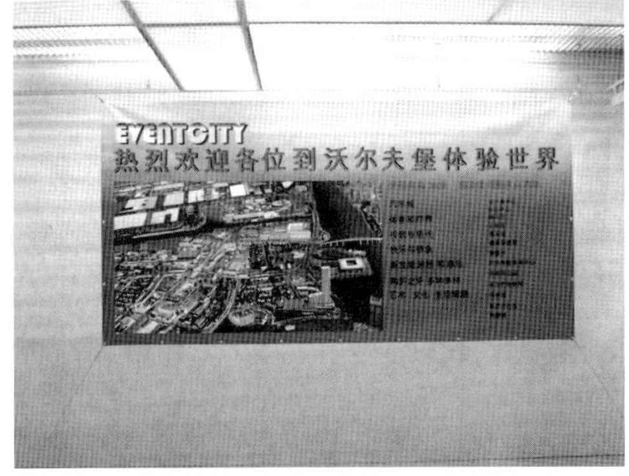

Eventcity 2006

Mit der Arbeit „Eventcity" bezieht sich Folke Köbberling auf die vom Volkswagenkonzern forcierte Umwandlung der Industriestadt Wolfsburg zur Eventcity Wolfsburg. In ihrer Vision befindet sich Wolfsburg in den nächsten 30 Jahren nicht mehr in Deutschland, sondern wird zum hundertjährigen Jubiläum und als Zeichen des chinesischen Wirtschaftsaufschwungs als Reality-Erlebniswelt und Themenpark von Volkswagen nach China verfrachtet und dort real wieder aufgebaut. Der chinesische Markt ist für den global player VW weitaus lukrativer als der deutsche, schon heute ist er mit zwei Joint Ventures in China vertreten. Der Anteil des Verkaufs von Volkswagen in China lag 2005 bei 29 Prozent. Laut chinesischen Prognosen dauert es noch Jahre, bis der chinesische Bedarf an Automobilen gestillt sein wird.

With the project "Eventcity", Folke Köbberling refers to the forced transformation of the industrial city of Wolfsburg into a so-called event city on part of the Volkswagen Corporation. In my vision of thirty years from today, Wolfsburg no longer exists in Germany. Instead, upon its 100-year anniversary, Volkswagen moves the whole city to China as a "reality" theme park and a sign of the Chinese economic upswing. The Chinese market is much more lucrative for the "global player" Volkswagen than the German market: VW is represented in China through two joint ventures and 29 percent of it's total car sales are realized in China. According to prognoses the thirst for cars in China will not be quenched for many years.

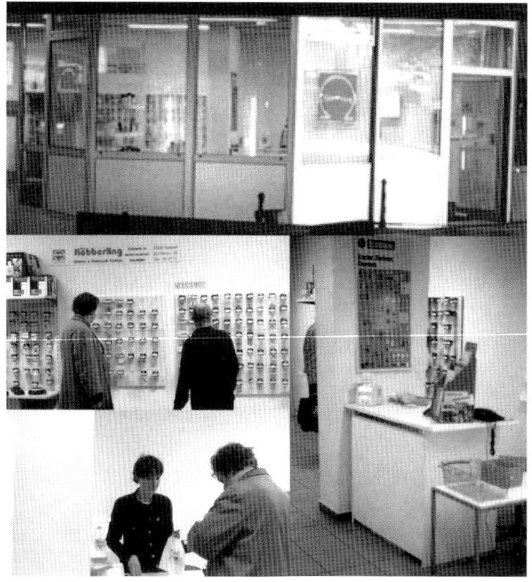

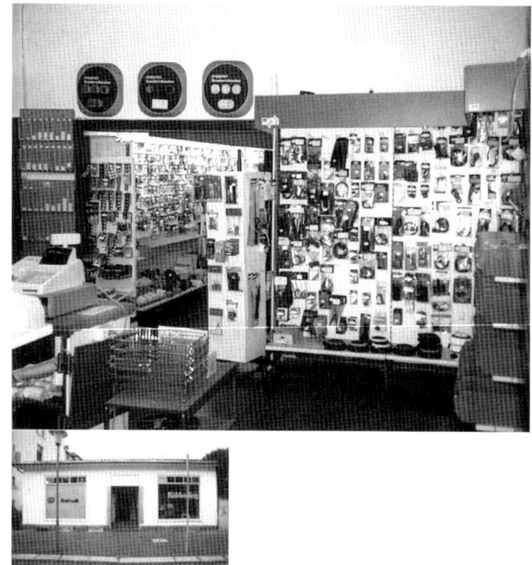

Köbberling-SB-Filiale 2000

Man schreibt das Jahr 2000. Brinkmänner und Mediamärkte haben Innenstädte wie grüne Wiesen umgepflügt. Mit dem Rückzug des Einzelhandels verschwinden die ökonomischen Orte. Oberflächen werden poliert, Stadtbilder beliebig reproduziert. 1922 eröffnete Daniel Köbberling in Kassel seinen Handel mit modernen elektronischen Geräten, nach dem Krieg zog das Geschäft in die Schillerstraße, wo es auch jetzt noch zu finden ist. Für kurze Zeit nun hat in der Produzentengalerie in Kassel eine SB-Filiale des kruschtigen Elektroladens ihre Pforten geöffnet. Ironischerweise in einem Gebäude, das C.L. Bergmann gehört, einem früheren Mitbewerber Köbberlings. „Betreiberin" des Ablegers ist Folke Köbberling, älteste Tochter des derzeitigen Geschäftsinhabers Dieter Köbberling. Für Verwirrung hat das Projekt bei nicht wenigen der Besucher gesorgt. Doch Irritation ist nur ein Produkt dieser Ausstellung zwischen Kunst und Konsum, Ökonomie, Urbanität und Biografie. In einer Art Tagebuch bündelt Folke Köbberling Kommentare, Interviews und Begleiterscheinungen.
Matthias Muth

One writes the year 2000. Mega-stores like Brinkmann and Mediamarkt have taken over inner cities. With the retreat of the classic retailer, the old economic spaces have disappeared as well. Merely the surfaces of the inner cities have been polished, and cityscapes generically reproduced. In 1922 Daniel Köbberling opened his retail store for modern electronic devices. After the Second World War he moved his store to the Schillerstrasse, where it can be found today as well. For a short time, a SB branch was opened in the producers' gallery of the quaint electronics store. Ironically in a building belonging to C.L. Bergmann – an earlier competitor of Köbberling. The "operator" of the branch is Folke Köbberling, the oldest daughter of the current proprietor. The project surely confused some of the store's clientele. However, irritation was only one of the products of this exhibition, one which oscillates between art, consumption, economy, urbanity and biography. Folke Köbberling gathered in a journal of sorts all comments, interviews and concomitant phenomena pertaining to the project. Matthias Muth

Haus Köbberling 2002

Im Sommer 2002, während der documenta XI, fand im ehemaligen Kasseler Elektronikladen Köbberling das Aktionsprojekt „SB Familien-Hotel Haus Köbberling" statt. Der Laden wurde im Frühjahr zusammen mit befreundeten KünstlerInnen umgebaut und danach sehr erfolgreich als billigstes Low-Budget-Hotel Kassels mit Aufenthalts- und Kongressräumen betrieben.

Sieben Teams, bestehend aus zwei bis vier KünstlerInnen bewirtschafteten für jeweils zwei Wochen das Ambiente des Ladens bzw. des Hotels und waren für die Gäste und Zuschauer permanent da. In einem Raum gab es fünf an Zugabteile erinnernde Schlafabteile mit Kojen und Doppelstockbetten, daneben eine Dusche mit kaltem Wasser und eine Selbstbedienungsküche.

Es gelang, das Haus neu zu beleben, in einer fiktiven „Familientradition"neu und in schnellen Wechseln zu besetzen, ökonomische und soziale Regeln zu hinterfragen und durch Aktionen die Umgebung des Hauses Köbberling temporär umzugestalten.

In the summer 2002, during the documenta XI in Kassel, our project "House Köbberling" was begun in the former electronic business "Köbberling Elektronik". We renovated the shop together with artists whom we knew and afterwards we managed it as a very successful and cheap Low-Budget-Hotel with evening attractions and shows.

Seven teams of two to four artists managed a hotel for two weeks. We offered our guests beds, a cold shower and a very nice atmosphere.

Our goal was to reactivate the house in a fictive family tradition with activities, performances and a film festival for 100 days.

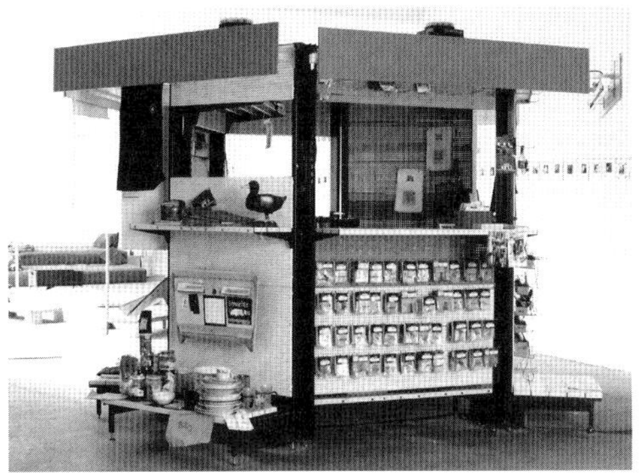

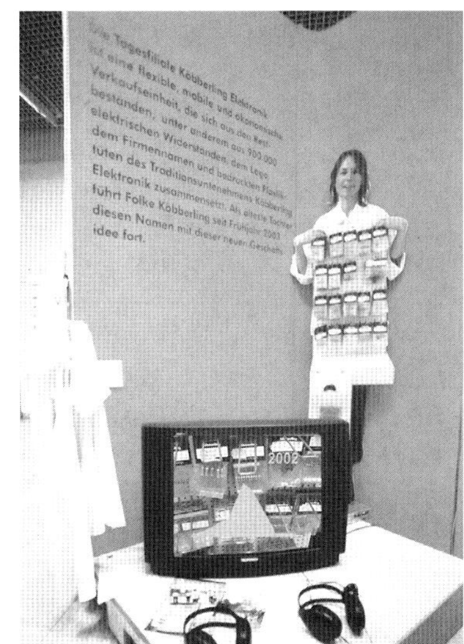

Kill the Kingstreet 2002

Die Kasseler Schillerstraße ist ein Stück innerstädtische Peripherie. Obwohl nahe am City-Einkaufsboulevard Königsstraße gelegen, reihen sich leerstehende Läden, Brachgrundstücke und menschenleere Warenlager aneinander. Die hier noch wohnende Bevölkerung hat andere Probleme zu bewältigen, als dem Shopping zu frönen. Im Sommer 2002 richtete Folke Köbberling zusammen mit Claudia Burbaum und Martin Kaltwasser im „Haus Köbberling", im ehemaligen Elektronikfachgeschäft Köbberling ein öffentlich zugängliches Büro ein. Von hier aus nahmen sie Untersuchungen zum umgebenden Stadtviertel vor, stellten sie öffentlich aus und diskutierten mit AnwohnerInnen Ideen und Überlegungen, wie kurzfristig und phantasievoll mit dem Leerstand umgegangen werden kann. Es entstanden Aktionen wie beispielsweise eine T-Shirt-Druckerei, ein Straßenfest, Straßenmöbelbautage und öffentliche Filmvorführungen. Im Herbst 2002 präsentierten sich „Haus Köbberling" und „Kill the Kingstreet" in Berlin in einer Ausstellung, die aus Lochwänden des ehemaligen Elektronikladens zusammengebaut war.

The Schillerstrasse in Kassel is part of the inner-city periphery. Although it is found near the shopping boulevard Königsstrasse, it is characterized by empty stores, fallow grounds and empty storage rooms. The population still living here has other problems than where to shop. In the summer of 2002, Claudia Burbaum, Martin Kaltwasser and I opened a public office in the "House Köbberling", a former electronics store. From this office, we researched the quarter, displayed the results of our research and discussed with the public how unoccupied apartments and stores could be used in a creative manner. We carried out artistic activities like t-shirt printing, a street festival, street furniture construction days and public screenings. In the autumn of 2002, "House Köbberling" and "Kill the Kingstreet" presented their activities in an exhibition in Berlin, which itself was developed from the materials used in the former electronics store.

Tagesfiliale Köbberling Elektronik 2003–2005

Die Firma „Köbberling Elektronik", ein traditionsreiches Einzelhandelsgeschäft aus Kassel, spielt in vielen Arbeiten von Folke Köbberling eine wichtige Rolle. Das Geschäft, das ihrem Vater gehörte, war in einer Nebenstraße der Kasseler Innenstadt zwischen 1950 und 2002 angesiedelt. Nachdem ihr Vater das Geschäft im Frühjahr 2002 aus ökonomischen und gesundheitlichen Gründen aufgab, vermachte er den gesamten Restbestand seiner Tochter.

Von da an arbeitete Folke Köbberling an Strategien und Überlegungen, das Familienunternehmen „Köbberling Elektronik" mit ihren eigenen Mitteln zu reaktivieren und wieder in den Markt zurückzuführen. Hierfür verwendete sie Teile des Inventars, wie tausende elektrische Widerstände, Einkaufstüten und das Logo der Firma Köbberling Elektronik – ein Ohm-Zeichen.

Folke Köbberling used her father's closed electronics store as a basis for her work "Tagesfiliale Köbberling Elektronics". With the remaining stock, she created a flexible and economical mobile sales unit. With "Tagesfiliale", a vendor's tray for electronic resistors, she looks at the latest economic models and marketing strategies in a resistive – and ironic – manner.

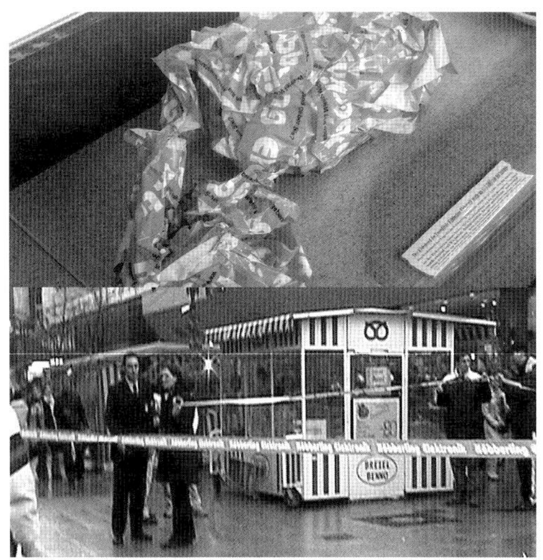

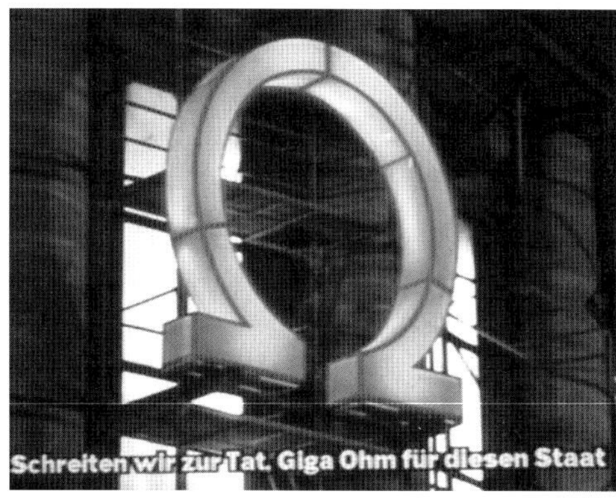

Absperrung 2005

Das Klebeband der „Tagesfiliale Köbberling Elektronik" wurde am 12.02.2005 eingesetzt, um den Elektroriesen Saturn/ Metro AG in Frankfurt/Main auf der Zeil abzusperren. Das Band wurde zweimal vom Wachschutz durchgeschnitten. An einer anderen Ecke – man benötigte einige Eckpfeiler zur Befestigung – hatte sich ein Passant bereit erklärt, das Band zu halten. Die KundInnen von Saturn stiegen über das Klebeband hinweg oder zogen es herunter. Nach 20 Minuten kam die Polizei, die das Klebeband ganz abnahm.

Die Reste des zusammengeknüllten Klebebands wurden in der Ausstellung „Mini-Skulpturen" ausgestellt.

12.02.2005. In order to block the way to an international electronics giant Saturn/Metro AG in Frankfurt/Main, I used tape from the "Tagesfiliale Köbberling Electronics". During the action, the tape was cut twice by a security guard. On one end a passer-by agreed to hold the tape. The customers of Saturn either climbed over the tape or pulled it down. After 20 minutes, the police came and finally took it down. What then remained of the tape was shown at the exhibition "Mini Sculptures".

Firmenzeichen 2004

Das Ohm ist in der Elektronik das Zeichen des elektrischen Widerstands und wird in politischen Kreisen auch als Zeichen für politischen Widerstand verwendet. Folke Köbberling nimmt das Logo des ehemaligen Elektronikgeschäfts Köbberling Elektronik und setzt damit ein Symbol gegen Homogenisierung und Kapitalisierung der Städte und für ökonomische und kulturelle Vielfalt.

Das Ohm ist durch die kulturstiftung des bundes im Rahmen des Festivals „public playgrounds"im FFT Düsseldorf gefördert worden.

The omega is the symbol for electronic resistance and is also used as a symbol for political resistance. Folke Köbberling took the former logo of Köbberling Electronics and used it in the context of the festival "public playgrounds". In the Hamburger Schauspielhaus the sign was used on stage for the event gocreateresistance no7 religion and konsum.

For the event Trampoline, which took place during the transmediale 05 in the Red Salon of the Volksbühne, an omega was fixed to a module at the Volksbühne. During the trampoline evening, Folke Köbberling presented her expansion to Nottingham as well as the company's song.

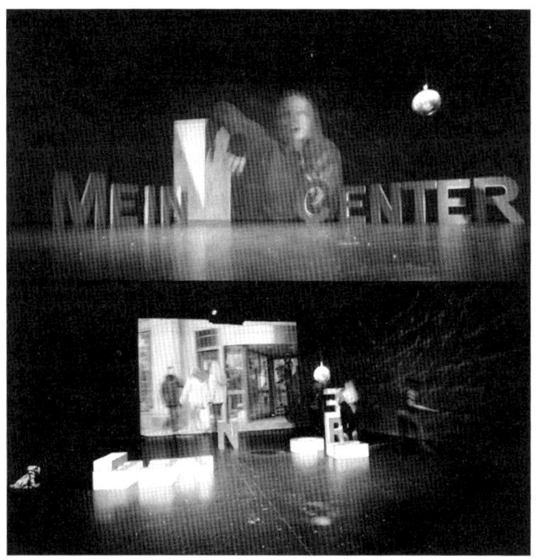

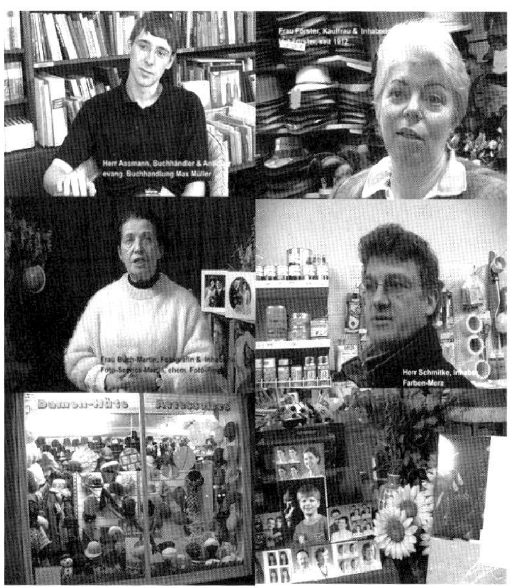

Mein Center 2006

„Mein Center" ist eine 45-minütige Performance, die im Rahmen der Winterakademie im Theater an der Parkaue in Berlin mit drei Schülerinnen 2006 stattgefunden hat.

Kinder und Jugendliche sind die Konsumenten von morgen. Zumindest werden sie als solche von prosperierenden Einrichtungen wie Einkaufscentern, Shoppingmalls und Carrees und „Geiz-ist-Geil"-Managern wahrgenommen. Doch wie ist es für die Jugendlichen selber?

Ausgangspunkt war, wenn es schon Einkaufscenter gibt und Jugendliche sich zum Teil auch gerne dort aufhalten, dann sollen die Kunden von morgen, diese auch gestalten. Während der Woche entwickelten drei Laborteilnehmerinnen ihr Center.

"Mein Center" was a 45 minute-long performance with three students that took place in 2005 in the context of the winter academy at the Theater an der Parkaue, Berlin.

Children and the youth of today are the consumers of tomorrow. They are seemingly only perceived in this manner by prospering shopping centers and "stinginess is great" manager types. But what is with the youth themselves?

My point of reference was that when shopping centers already exist, and when the youth already hang out there, then these consumers of tomorrow should also be able to design them. During the week, the participants in the laboratory developed their own center.

Local Heroes 2006

In dem 12-minütigen Video „Local Heroes" werden vier Chemnitzer GeschäftsinhaberInnen vorgestellt, die in der Reitbahnstraße unmittelbar neben der „City" seit Jahrzehnten ihrem Handel nachgehen: Hutförster, Foto Martin, ehem. Foto-Finger, Buchhandlung und Antiquariat Max Müller und Farben-Merz. Alle Geschäfte wurden in der Weimarer Republik gegründet, haben den Nationalsozialismus und den Sozialismus überlebt. Die Geschäfte haben in Chemnitz einen guten Ruf, dennoch haben sie es so schwer, dass einige nun um ihre Existenz kämpfen müssen, auf dem neoliberalen Markt.

In der Ausstellung wurde für diese Geschäfte eine Plattform zur eigenen Präsentation geschaffen. Die so ausgestellten handgearbeiteten Hüte, original Mineralfarben aus Sachsen, Fotografien und antiquarischen Bücher stehen fast in direkter räumlicher Konfrontation mit den Billigketten der neuen Chemnitzer City, die durch die Fenster der Neuen Sächsischen Galerie greifbar nah scheinen.

In the 12 minute-long video "Local Heroes" I presented four store owners in Chemnitz who have had stores for decades in the Reitbahnstrasse, directly adjacent to the "City". Hutförster, Foto Martin, formerly Foto-Finger, the Buchhandlung and Antiquariat Max Müller and Farben-Metz. All of the stores were established during the Weimar Republic and survived national socialism and socialism. Although the stores have a good reputation in Chemnitz, they are having a very difficult time surviving on the neoliberal market.

During the exhibition I provided the stores with a platform for presenting their wares. Handmade hats, original mineral paints from Saxony, photographs and secondhand books were presented in an almost direct confrontation with the cheap chain stores in the new Chemnitz City – just a stone's throw away from the windows of the Neue Sächsische Galerie.

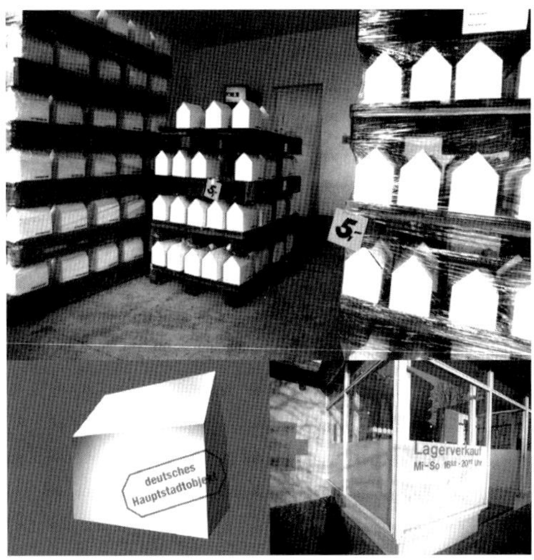

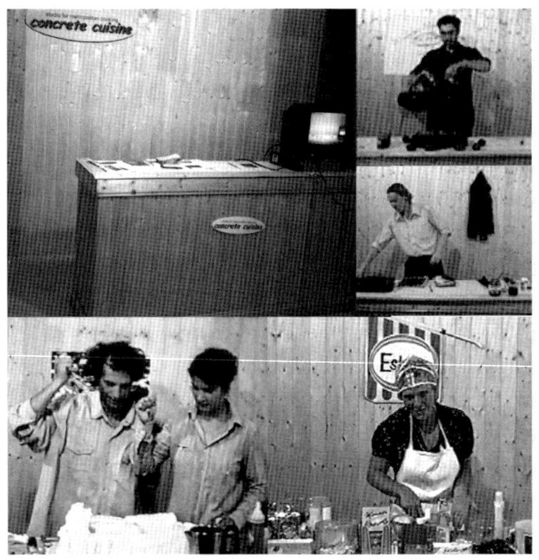

Superhaus 1998

Der Pavillon wurde in einen Lagerraum umfunktioniert. Die dort befindliche Ware, zum Teil noch verpackt, ist käuflich und wird auf Holzpaletten präsentiert. Ein Videoloop preist die Vorteile der Ware an. Die Ware ist ein aus weißer Pappe gestanztes Haus, das auf Paletten steht. Der Produktname ist „Superhaus", versehen mit dem Stempelaufdruck: „deutsches Hauptstadtobjekt". Superhaus impliziert das Bild von Berlin, wie es in der ganzen Stadt nach außen hin präsentiert wird: Hauptstadt, Wirtschaftsstandort, Metropole, billige Büroräume.

Berlin wird zum Objekt: ein virtuelles Produkt, wie es in Zukunft auszusehen hat. Das Papphaus materialisiert im Lagerraum den Begriff „Superhaus". Eine Ware, die sicher, preiswert, professionell ist. Das „Superhaus" hilft beispielsweise gegen „Baustellenprobleme". In einen virtuellen Raum gesetzt, schafft es „glänzende Ergebnisse" als Verweis auf die künstlichen, verzerrten Bilder der immer größer und aufwändiger werdenden Bautafeln der Stadt.

The pavilion was converted into a storeroom. The products found there, some of which still packed, are presented on wooden palettes and can be purchased. A video loop continually praises their positive qualities. The products themselves are houses stamped out of white pasteboard, something for the masses. The name of the product: "Superhouse". Stamped onto the pasteboard: "German Capital City Object". "Superhouse" implies a picture of Berlin as the city is often presented: capital city, preferred economic site, metropolis, inexpensive office space (asset/investment).

Berlin becomes a virtual object/product (clearance sale) as it has to be seen in the future. The pasteboard house materializes the term "superhouse" in the storeroom. A product that is secure, economical and professional. The product video shows the advantages of the recommended product. The superhouse helps, for example, against "construction site problems". In a virtual room, the house can achieve "glowing results"– as a reference to the artificially distorted pictures found on the ever larger and more complicated building boards of the city.

Concrete Cuisine 1999

Für die 1998 errichtete „concrete cuisine – studio for metropolitan cooking" baute Folke Köbberling in der Berliner Galerie „loop – raum für aktuelle kunst" ein komplettes Fernsehstudio auf. Auf den Holzpaneelen im Hintergrund prangt das Logo der Sendung und hinter dem Tresen kochen die geladenen Gäste unter viel Gerede metropolitane Gerichte. Die ArchitektInnen, KünstlerInnen und SchauspielerInnen bringen ihre Kochutensilien und Zutaten selber mit. Vor laufender Kamera demonstrieren sie kochend ihr Verständnis von Berlin. Es gibt Rezepte gegen Einkaufzentren und für kleine Läden (Sofi Hüsler), einen Honig-Asphalt-Kuchen mit Sprengkraft, den Martin Kaltwasser empfiehlt. Die Konditorinnen C. Gutschke und S. Schindler bauen aus 50 Liter Vanilleeiscreme das Berliner Stadtschloss nach, das bezeichnenderweise schon während ihrer hitzig geführten Debatte unter dem heißen Scheinwerferlicht zusammenschmilzt.
Claudia Burbaum

In 1998 Folke Köbberling constructed a complete television cooking studio "concrete cuisine – studio for metropolitan cooking" for the exhibition "loop-raum für aktuelle kunst". The logo appeared on wooden panels in the background. Guests cooked metropolitan dishes and gossiped behind the counter. Architects, artists and actresses brought their own cooking utensils and ingredients to demonstrate their understanding of Berlin while the cameras were rolling. They presented recipes for small shops in competition with shopping centers (Sofie Hüsler) or for a honey-asphalt cake with an explosive force, which Martin Kaltwasser recommended for use against traffic noise. The confectioners C. Gutschke and S. Schindler constructed the "Berlin City Castle" from 50 liters of vanilla ice cream, which melted during a heated discussion on the castle's reconstruction.
Claudia Burbaum

Videoloop 60 min; mit with: Martin Kaltwasser, Sofie Hüsler, Jesko Fezer, Benjamin Frster-Baldenius, Steffen Schindler & Cornelia Gutsche, Uli Krauss, Carola Grimm, Mariele Bergmann

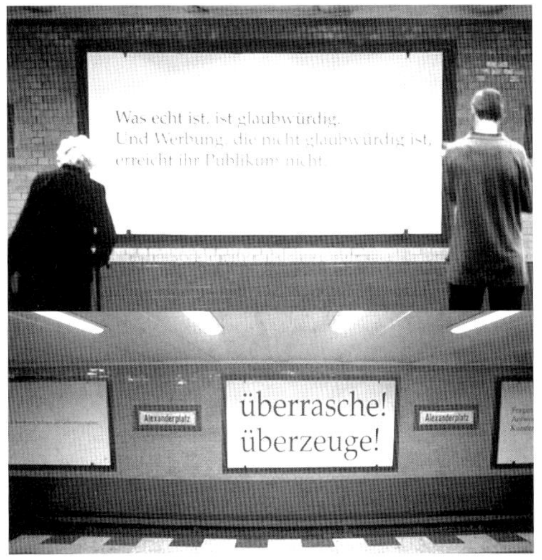

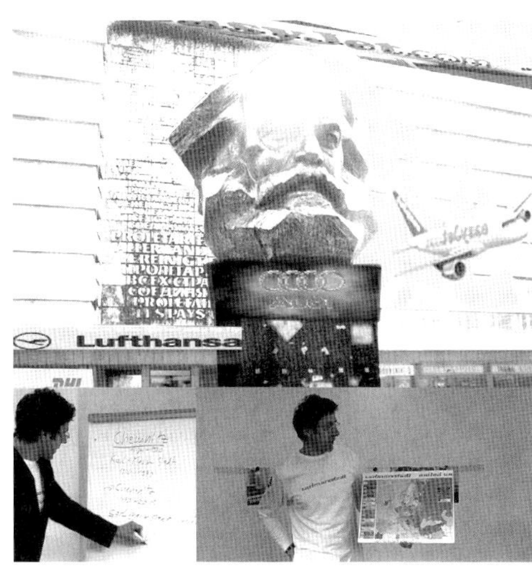

Werbung Total 2004

Im Zuge der Privatisierung öffentlicher Räume nimmt die Werbeindustrie eine besondere Stellung ein. Häuserblöcke zierende Megawerbung ordnet die ganze Umgebung einer Marke unter. Die Bevölkerung wandelt derweil, mit coolem Firmenlogo-Outfit bekleidet, durch die Stadt. Die 30 Zitate, die Martin Kaltwasser im U-Bahnhof Alexanderplatz U2 auf die Hintergleiswerbetafeln aufdrucken ließ, sind Lehrbüchern der Werbe-, Marketing- und Businessszene entnommen. Sie zeigen, dass das größte Glück dieser Welt aus Shopping besteht. Die Baustellenabsperrwände des im Umbau befindlichen U-Bahnhofs wurden allen Leuten zur freien Gestaltung zur Verfügung gestellt und allmählich mit individuellen Botschaften beklebt und beschriftet, nach dem Motto: Biete und suche! Kaufe und verkaufe dich! Alles ist Werbung.

In the course of the privatization of previously public space the advertising industry has taken on a special role. Mega advertisements on entire blocks of houses subordinate entire city sections under a brand. Meanwhile the population walks through the city wearing cool company-logo outfits. The 30 quotations which Martin Kaltwasser placed onto advertising space behind the platforms in the subway station Alexanderplatz were taken from textbooks on the advertisement, marketing and business scenes. They intended to show that greatest pleasure can be found in shopping.

The temporary walls found due to its renovation on the subway platform itself were open for all passers-by to freely design them. They were slowly filled with posters and writing with individual messages akin to the mottos: "looking for…", "buy and sell yourself!" and "everything is advertisement".

carlmarxstadt 2006

Die Stadt Chemnitz wird durch eine einzigartige Imagekampagne eine nochmalige Namensänderung erfahren. Die Marke „Chemnitz" ist 99,99% der Weltbevölkerung völlig unbekannt. Coca-Cola hingegen kennen 95,7% der Weltbevölkerung. Karl Marx ist bei 24% der Weltbevölkerung bekannt.

Dies wird sich die Stadt zunutze machen: Die Stadt Chemnitz wird im Rahmen des zunehmend härter werdenden globalen Standortwettbewerbs zu einer weltweit bekannten Marke internationalen Zuschnitts umgeformt. Die Stadt, formerly known as Chemnitz, wird in Zukunft bei 24% der Weltbevölkerung bekannt sein, denn aus Chemnitz wird carlmarxstadt®

The city of Chemnitz will experience a further name change by means of a unique image campaign. The brand "Chemnitz" is unknown to 99.99% of the world's population. Coca-Cola on the other hand is known to 95.7% of the world's population. Karl Marx is known to 24% of the world's population. The city will take advantage of this:

In the framework of an increasingly harsh global competition of cities to present themselves as the best sites for corporate investment, the city of Chemnitz is transforming itself into a known brand of international cut. The city formerly know as Chemnitz will be now be recognized by 24% of the world's population – because its name will be henceforth carlmarxstadt®.

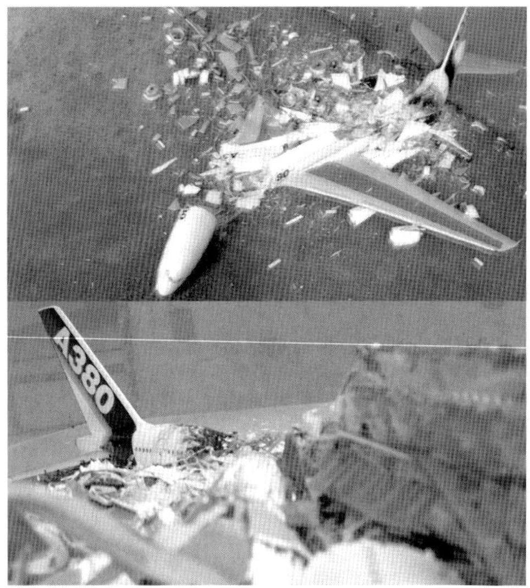

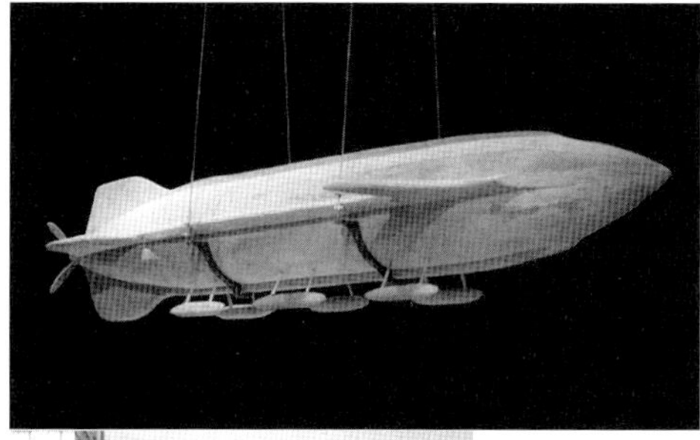

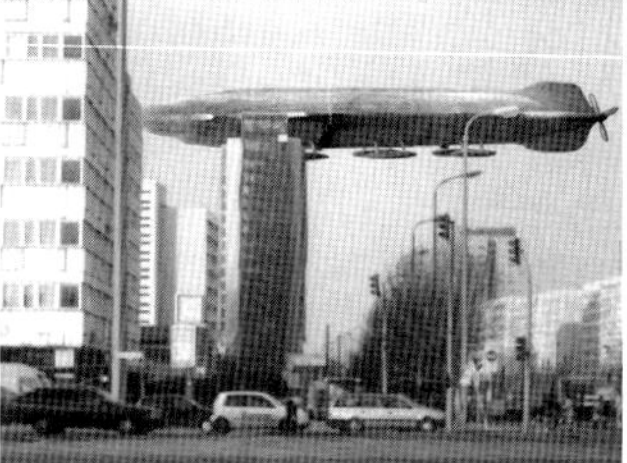

Absturzstelle Airbus A 380 2004

In einem fiktiven Szenario wurden für Bremen Potentiale des Katastrophentourismus durchgespielt: Was wäre, wenn in Bremen der erste Airbus A 380 abstürzte?

Unglücke, Abstürze, Havarien, Explosionen und Kriegshandlungen rücken bis dahin unbekannte Orte temporär in das allgemeine globale Medieninteresse. Die Neuerfindung dieser Orte geschieht dabei zwangsläufig. Die mediale und später auch touristische Aufmerksamkeit auf diese Orte muss nicht durch künstliche Inszenierungen und Scheinwelten erzwungen werden. Viele Originalschauplätze eines tragischen Ereignisses bleiben automatisch im kollektiven Gedächtnis: Pearl Harbour, Dallas, Ramstein, Lakehurst, Eschede, Lockerbie, Kobe.

In a fictional scenario Martin Kaltwasser went through the potential of catastrophe tourism for the city of Bremen. How would it be if the first Airbus A 380 crashed there?

Accidents, crashes, explosions and war cause previously unknown places to be temporarily jolted into the view of the global media. The new discovery of these places automatically occurs through such catastrophes. In this sense, medial, and later, tourist attention does not have to be forced through artificial staging and the development of illusory worlds. Many settings of tragic occurrences remain in the collective memory: Pearl Harbor, Dallas, Ramstein, Lakehurst, Eschede, Lockerbie, Kobe.

Speed Breeder 2002

Vorbild: Atomluftschiffprojekt ALV-1, 50er Jahre, USA
In den 1950er Jahren wurde in der US Navy ernsthaft über die Entwicklung atombetriebener Luftschiffe nachgedacht. Manche Projekte gelangten bis ins Planungsstadium. Dabei sollten beispielsweise mit Hilfe von kleinen Atomreaktoren an Bord Düsentriebwerke betrieben werden, die Luft durch Ansaugkanäle in das Innere hineinsaugen und dann unter hohem Druck wieder herauspressen. Die Atomreaktoren sollten havariesicher aufgehängt und absolut sicher ummantelt sein. Das Zeppelinmodell aus Beton ist detailgenau dem ALV-1- Projekt nachgebildet. Es ist schon als Modell so schwer, dass ein Abheben unmöglich ist. Übertragen auf den Maßstab 1:1 wäre der Speed Breeder (Schneller Brüter) das weltweit größte in Beton gegossene Objekt.

Design Model: atomic airship project ALV-1, 1950s, USA. In the 1950s the US Navy seriously considered the development of nuclear-powered airships. Some projects even reached the planning stage. With the aid of small nuclear reactors on board, the jet engines being planned were to suck air through cylinder openings inwards and subsequently to push the air under extreme pressure outwards. The reactors were to be built to withstand any possibly accidents. My concrete zeppelin was an exact model of the ALV-1. Even as a model it is so heavy that it was impossible to lift. In its original size this Speed Breeder would have been the largest concrete object in the world.

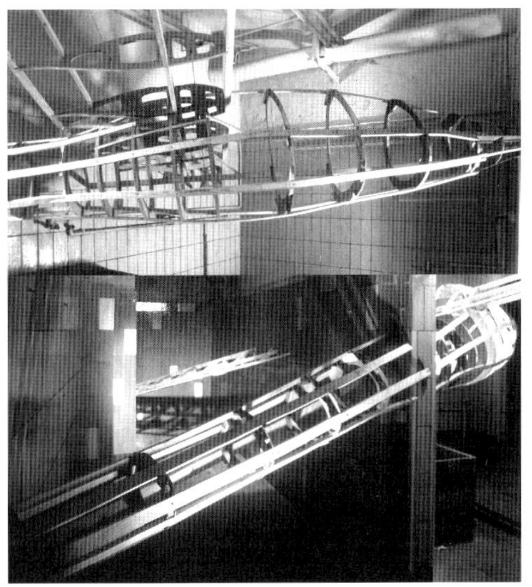

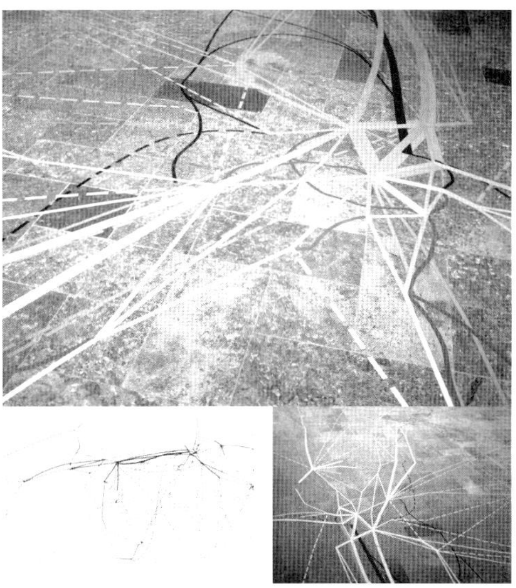

Flugzeug 1995

In drei nebeneinanderliegende Kellerräume einer stillgelegten Großküche sind Fragmente eines Segelflugzeugs montiert. In zwei Leuchtkästen waren Röntgenbilder von menschlichen Körperteilen zu sehen. Das Segelflugzeugskelett, aus Abfallholz hergestellt, war durch Stahlseile im Mauerwerk verankert. Um das Segelflugzeug in die Kellerräume einpassen zu können, war es an einigen Stellen durchgetrennt. So entstanden vier Segmente, die sich über die drei Räume erstreckten und durch die bestehenden Kellerwände physisch und visuell durchbrochen waren. Man musste diese Räume abschreiten, nahm so die Teile unabhängig voneinander wahr und erst im Kopf setzte sich das vollständige Bild des Flugzeugs zusammen.

In three adjacent cellar rooms in an old canteen kitchen, Martin Kaltwasser erected fragments of a sailplane. He also placed x-rays of human body parts onto two light tables. The skeleton of the sailplane, created with left-over wood, was fastened to the walls with steel cables. In order to fit the sailplane into the rooms, it was separated into four parts and spread out over the three rooms, thus seemingly breaking through the walls of the cellar. One looked through the rooms one-by-one, and only later was one able to put all the parts of the sailplane together in his or her head.

Weltverkehrsstreckennetz 2006

Den Boden des Westfälischen Kunstvereins in Münster bedeckte Martin Kaltwasser mit einer Klebebandzeichnung, die die Hauptwege globaler Personenbeförderung Anfang der 1970er Jahre darstellt. Die Bodenzeichnung bildet eine abstrahierte Verkehrsstreckenweltkarte. Die dazu benötigten Informationen sind dem Diercke Weltatlas entnommen, der das kartographische Weltbild einer ganzen Generation geprägt hat. Ergänzt wird die Zeichnung durch ein aktuelles Streckennetz der wichtigsten globalen Flugverbindungen und zwei Spezialkarten, die einem Fachbuch mit offiziellen Abschlussberichten über den Hergang und Ablauf von Flugzeugunglücken entnommen sind.

Martin Kaltwasser covered the floor of the Westphalian Art Association's exhibition room in Münster with an adhesive tape drawing showing the main traffic routes of global passenger transportation in the beginning of the 1970s. Thus, the floor drawing forms an abstract map of the world's traffic net. The information for this installation was taken from the Diercke World Atlas – the atlas that provided the cartographic picture of the world for a whole generation. The drawing is complemented with both a drawing of the current traffic net showing the most important global flight connections and two special maps showing the course of events surrounding airplane crashes.

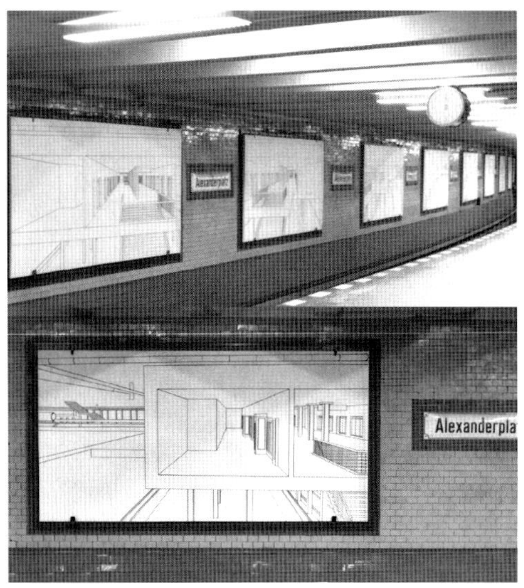

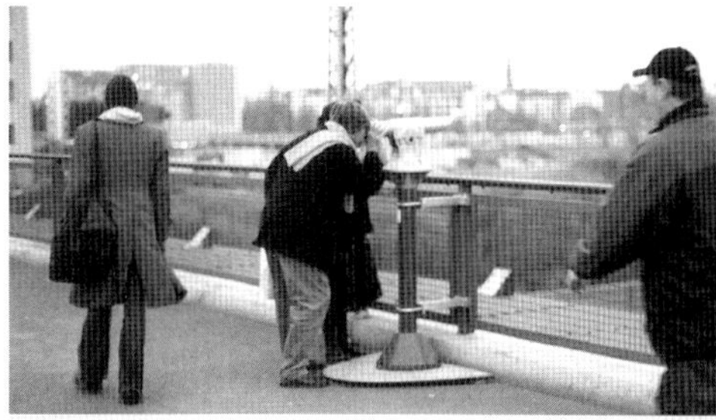

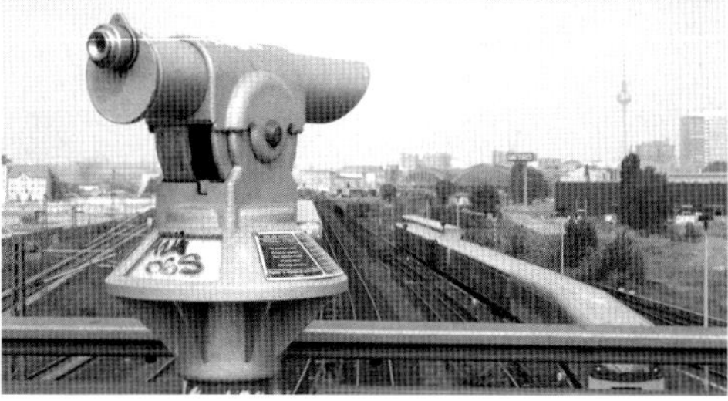

Ausblick 2000

Im U-Bahnhof Alexanderplatz der U2 eröffnete Martin Kaltwasser den Blick in den Untergrund: Er zeichnete auf jeder der 32 Plakatwände des Bahnhofs mit Hilfe von umfangreichem Kartenmaterial diejenige Perspektive auf, die man hätte, wenn man durch die Plakatwand wie durch ein Fenster in die weitläufige unterirdische Landschaft der umliegenden Häuserfundamente, Tunnel- und Bunkeranlagen, Kanalisation und Kabeltrassen unter dem Alexanderplatz schauen könnte. Der vormals relativ beengte Raum wurde somit in 32 Richtungen illusionistisch aufgeweitet. Um diesen Eindruck zu verstärken, wurden auf dem Bahnsteig zusätzlich zwei Münzfernrohre installiert. Damit konnten die Fahrgäste das Untergrundpanorama, den Bahnsteig und andere Fahrgäste genauer observieren.

In the Alexanderplatz subway station for the U2, Martin Kaltwasser widened the view in this underground space. On each of the 32 spots for placards, he depicted according to maps the perspective that one would have if he or she could look through a window upon the wide underground world of foundations, tunnels, bunkers, canals and cable routes under the Alexanderplatz. The previously narrow space was therefore widened in 32 directions. In order to emphasize this, Kaltwasser installed two coin-operated telescopes onto the subway platform, thus allowing passersby to closely observe the underground panorama, the platform and other passers-by.

Telescope 2005

Die Oberbaumbrücke und die Warschauer Brücke sind die Hauptverbindungswege zwischen den Berliner Bezirken Kreuzberg und Friedrichshain. Von beiden Brücken aus hat man eine freie Sicht auf das Berliner Stadtzentrum. Mittlerweile wurde in der Umgebung beider Brücken damit begonnen, gigantomanische Investorenbauten zu errichten. „Telescope" besteht aus drei Standfernrohren, die Martin Kaltwasser auf der Westseite der Warschauer Brücke und auf der Oberbaumbrücke dauerhaft installierte. Als Fernrohre dienen ausrangierte drehbare Münzfernrohre, die schon ein Leben als Mobiliar europäischer Touristenorte hinter sich haben. Die vormals eingebauten Münzprüfer sind entfernt, der langsam schwindende und zugebaute Blick auf die Stadtmitte Berlins durch die Fernrohre ist gratis.

The Oberbaum and Warschauer bridges connect two of Berlin's districts, Kreuzberg and Friedrichshain. One can clearly see Berlin's city center from both bridges. In the last years investors have begun gigantomaniacal building projects in the area surrounding the two bridges.

The project consists of three coin-operated telescopes permanently installed into the west side of the two Oberbaum and Warschauer bridges. The telescopes, having already served their purpose at other European tourist attractions, were freed from their coin mechanisms, thus allowing for a cost-free look at the slowly disappearing view of the city center.

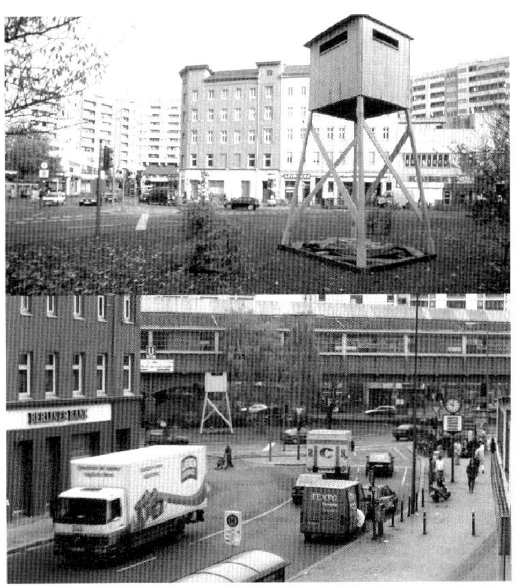

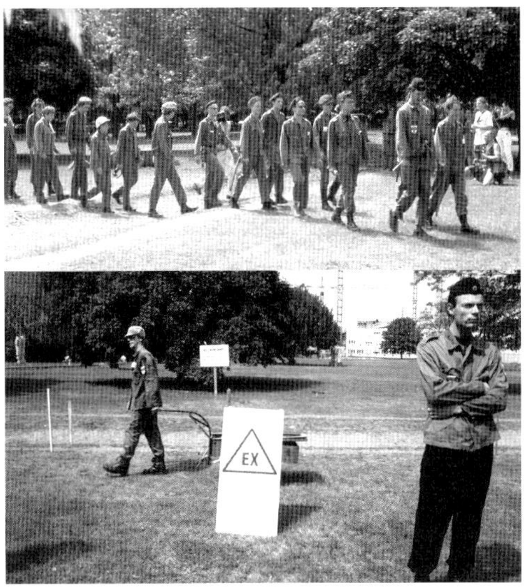

Wachturm 2000

Auf der Verkehrsinsel des Kottbusser Tors in Berlin-Kreuzberg wurde ein 7 Meter hoher Wachturm aus Holz errichtet. Der Wachturm blieb drei Wochen lang stehen.

Da das Kottbusser Tor in seiner städtebaulichen Form einem Panoptikum ähnelt, bot es sich an, den Wachturm dort aufzustellen. Ab und zu kletterte Kaltwasser mit einer mitgebrachten Leiter auf die Turmplattform und beobachtete und fotografierte unbemerkt die Leute am Kottbusser Tor. Als er nach dem Abbau PassantInnen nach ihrer Meinung zu dem Wachturm befragte, sagten die meisten Leute, dass sie den Turm gar nicht bemerkt hätten, obwohl sie täglich das Kottbusser Tor passierten.

On the traffic island of the Kottbusser Gate in Berlin-Kreuzberg Martin Kaltwasser constructed a guard tower out of wood. The seven meter tall structure remained standing for three weeks.

Being that the Kottbusser Gate resembles a panopticum for the surrounding area, it seemed a good idea to build the tower there. Now and then Kaltwasser brought along a ladder and climbed up onto the tower's platform in order to unassumingly observe and photograph the people passing by. While disassembling the tower, he asked passers-by for their opinions on the tower. Most of them responded that they had not noticed it at all – in spite of their walking by it daily.

Minenlegung 1998

In einer fünfstündigen Performance „sicherten" 25 als paramilitärische Securitybrigade verkleidete Laiendarsteller im Berliner Tiergarten einen Teil des Regierungsviertels durch einen Minenstreifen. Nachdem sie aufmarschiert waren, vertrieben sie höflich, aber bestimmt, die picknickenden Familien und Erholungssuchenden von dem Gelände – als Sicherungsmaßnahme der innerstädtischen Grenze des Regierungsviertels. Danach installierten sie ca. 300 Tretminen (-attrappen) in einem Sandstreifen unmittelbar vor der Baustelle des Kohlschen Kanzleramts und errichteten somit „das erste Teilstück der neuen Sicherungsmaßmahmen des Berliner Regierungsviertels".

In a five-hour performance featuring 25 laypersons dressed as members of a paramilitary security brigade, Martin Kaltwasser "secured" a part of the government quarter in Berlin Tiergarten with a row of landmines. After marching up, they politely, but forcefully requested that the picknicking families and others seeking relaxation leave the area along the border separating the government quarter from the rest of the inner city. They then proceeded to install approximately 300 (mock) anti-personnel mines in the sand in front of the construction site of the Chancellery – thus establishing a "first element of the new security measures for the Berlin government quarter".

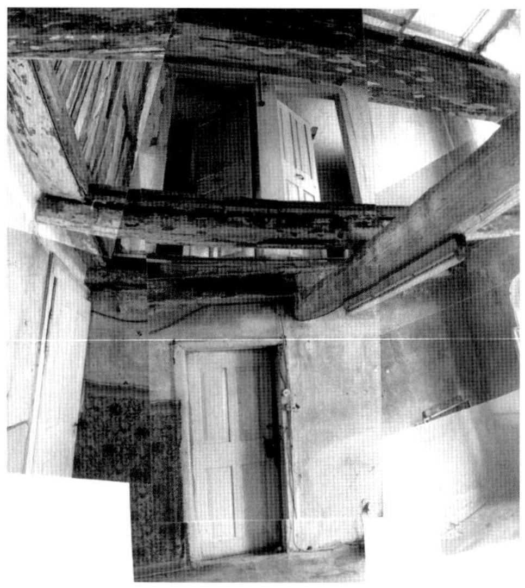

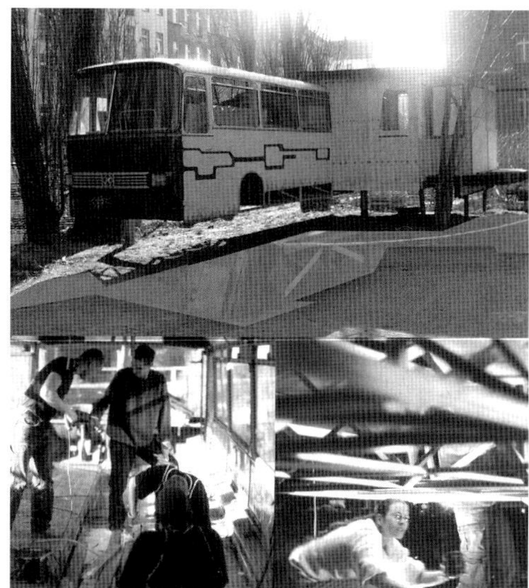

Ausgrabung 1996

Im Rahmen einer Ausstellung in der ehemaligen Textilindu-
striestadt Lichtenstein konnten KünstlerInnen zwanzig leerstehende Häuser bearbeiten. Das von Martin Kaltwasser ausge-
suchte kleine Fachwerkhaus aus dem 19. Jh. wurde so umgebaut, dass die historische und konstruktive Struktur des Hauses sichtbar und mit einem Blick von außen erfassbar wurde.
Dazu wurden Teile der Innenwände und Decken geöffnet und
mehrere Spiegel im Haus befestigt. Die Betrachter konnten
nun durch die Erdgeschossfenster in die Spiegel und damit wie
durch ein großes Periskop bis in die oberen Geschosse sehen.
Die Geschichte des Hauses und die Spuren seiner Bewohner
waren sichtbar geworden.

In the context of an exhibition in the former textile industry
city of Lichtenstein, 20 empty houses could be designed by
artists. Martin Kaltwasser chose to redesign a small half-
timbered house from the 19th century by making the historical and architectural structure of the house visible from the
outside. In order to do so, he opened sections of the indoor
walls and ceilings and put up many mirrors inside the
house. The observers were able to look through the windows of the ground floor and into the mirrors. This view
opened the other floors of the house as one would see them
through a periscope. The history and inhabitants of the
house was made visible in the process.

Treat 2002–2004

Mit dem Architekten Benjamin Foerster-Baldenius und Jugendlichen des Jugendfreizeitclubs „Sonne 69" baute Martin
Kaltwasser in Berlin-Prenzlauer Berg ein experimentelles Haus.
Die geringen Finanzmittel zum Bau dieses „Treat" genannten
Hauses wurden vom Quartiersfond Falkplatz bereitgestellt.
Zusammen mit den Jugendlichen wurden gebrauchte, kosten-
lose, recycelbare Baumaterialien, die sich als Ausgangsmaterial
für das „Treat" eigneten, ausgesucht. Sie bekamen als Haupt-
baukörper einen alten Reisebus geschenkt, den sie entkern-
ten, in mühseliger Kleinarbeit umbauten, aufständerten und
schließlich um einen Anbau in Holzständerbauweise ergänzten.

Members of a youth club in Berlin-Prenzlauer Berg, "Sonne
69", and Martin Kaltwasser built an experimental house
with the aid of the architect Benjamin Foerster-Baldenius.
The small amount of financial aid needed for the construction of the house named "Treat" was provided by the Quartiersfond Falkplatz. For the building materials needed, the
adolescents and Kaltwasser gathered used, free or recycled
materials. The skeleton of the building was comprised of an
old bus given to them, which they then patiently gutted and
refitted. It was also complemented with an addition built of
wood.

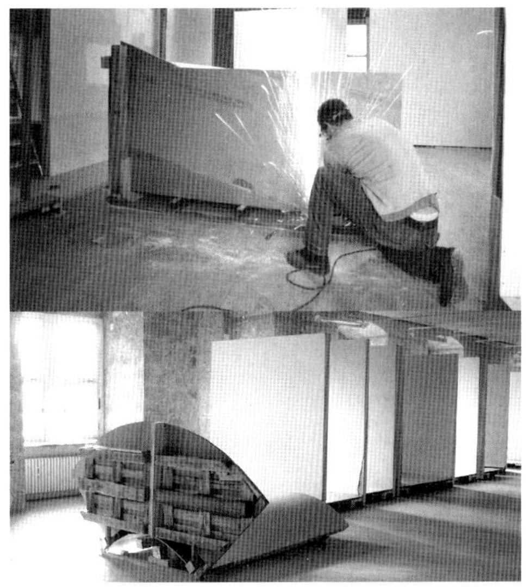

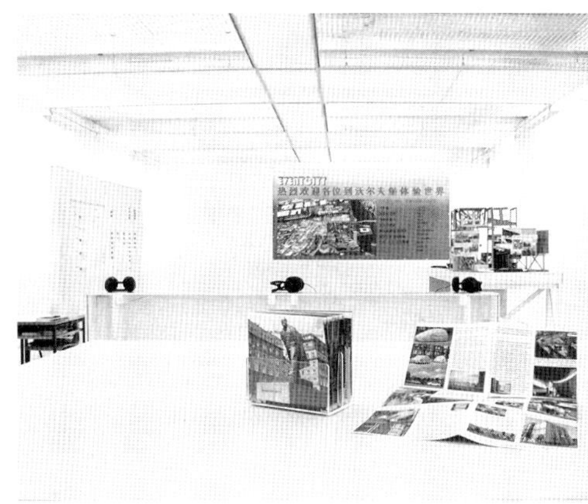

Flexiraum 2004

Fünf Jahre lang formte eine moderne Innenarchitektur das Innere des Kunstvereins Wolfsburg. Martin Kaltwasser wurde beauftragt, im Rahmen der Ausstellung „Flexibilität" für eine deutliche Veränderung zu sorgen.

Mit Kettensäge, Handkreissäge und Trennschleifer wurde der bestehende Einbau bis auf ein überdachtes Teil in 30 unterschiedlich breite, teils gerade, teils geschwungene, L-förmige Einzelteile zerlegt. Untermontierte Europaletten und ein Hubwagen machen jetzt aus der einstmals immobilen Wand- und Bodenkonstruktion ein bewegliches Ausstellungssystem, das frei im Raum positionierbar ist, ausreichend Hängefläche bietet und mit den Bodenflächen der Elemente Sitzgelegenheiten und Podest mitliefert.

Five years long a modern interior decoration shaped the domicile of the Wolfsburg Art Association. Martin Kaltwasser was commissioned to design a distinct modification of its space.

With chain saws, manual circular saws and a separating grinder he deconstructed the existing mounting, with the exception of a roofed part, creating about 30 varying pieces. Some of the them were straight, some l-shaped. Fixed onto Europalettes, and with the aid of a hand lift, one can now place the pieces together in differing variations, thus creating a movable exhibition system – with sufficient space for art hangings, seats and podiums – out of a previously immovable construction.

ISF- Raum 2005 Ausstellungsarchitektur

Die Galerie des Kunstvereins Wolfsburg, in einem historischen, denkmalgeschützten Saal des Wolfsburger Renaissanceschlosses gelegen, wurde für die von Kuba Szreder und Martin Kaltwasser kuratierte Ausstellung „Industriestadtfuturismus – 100 Jahre Wolfsburg/Nowa Huta" in ein strahlend weißes Zukunftslaboratorium, einen White Cube, umgebaut. Dazu wurden alle Wände mit weißem, transluzentem Gerüstgewebe behängt, das von hinten beleuchtet wurde, so dass der Raum komplett in indirektes Licht getaucht war und eine Atmosphäre von entrückter Schwerelosigkeit erhielt.

Together with Kuba Szreder, with whom Martin Kaltwasser served as curators for the exhibition "Industrial City Futurism – 100 Years of Wolfsburg/Nowa Huta", he transformed the Wolfsburg Art Association's gallery, situated in a historical, heritage-protected hall of the Wolfsburg renaissance castle, into a shiningly white future laboratory, into a White Cube. For this purpose, he hung the walls with white, translucent scaffold netting which could be illuminated from behind. The room could thus be completely enveloped in indirect light, creating an atmosphere of engrossed gravitylessness.

Folke Köbberling, 1969 geboren in Kassel, Studium Freie Kunst, Hochschule der Bildenden Künste, Kassel und Emily Carr Institute of Art & Design, Vancouver/Kanada, Künstlerin, lebt in Berlin, seit 2006 Lehrbeauftragte UdK Berlin
Folke Köbberling, born 1969 in Kassel, studied Fine Arts at the Academy of Fine Arts, Kassel and at the Emily Carr Institute of Art & Design in Vancouver/Canada. She lives as an artist in Berlin and since 2006 teaches at the University of Arts, Berlin.

Martin Kaltwasser, 1965 geboren in Münster/Westf. Studium Freie Kunst, Akademie der Bildenden Künste Nürnberg, Studium Architektur, Technische Universität Berlin, Architekt, Künstler und Kurator, lebt in Berlin
Martin Kaltwasser, born 1965 in Münster/Westfalen, studied Fine Arts at the Academy of Fine Arts in Nuremberg and architecture at the Technical University of Berlin. He lives as an architect, artist and curator in Berlin.

Gemeinsame Zusammenarbeit seit 1998
Since 1998 collaborations between Köbberling & Kaltwasser

Stipendien Grants
Projektstipendium „Kunstkommunikation"Kunsthaus Kloster Gravenhorst, 2006
Katalogstipendium der Senatsverwaltung für Wissenschaft, Forschung und Kultur, Berlin 2006
Pilotprojekt Gropiusstadt/Berlin Artist in Residence, 2005
Projektstipendium Kulturhaus K@2, Karaosta/Lettland, 2004

Kuratorische Arbeit Curatorial work
2003 -> **Self-Service-City** zwei Istanbul Themenabende (Idee und Organisation) Volksbühne am Rosa-Luxemburg-Platz, Berlin -> **78**
Learning from* mit Claudia Burbaum, Jochen Becker, Stephan Lanz und Katja Reichard, NGBK Berlin und Kunsthalle Exnergasse, Wien -> **82**
2002 -> Initatoren von **Haus Köbberling** Kassel -> **110**

Gemeinsame Ausstellungen, Projekte, Installationen und Aktionen (Auswahl)
Joint exhibitions, projects, installations and performances (selection)
2006 -> **ENTRY – Talking Cities** Kokerei Zollverein, Essen
Villa Hörstel Kunsthaus Kloster Gravenhorst
Ortstermine 2006 München
Dolmusch Express in Kooperation mit raumlabor und Hebbel am Ufer -> **100**
2005 -> **selfmade** Galerie Weisser Elefant, Berlin
Hausbau 05, 1. internationale Woche für informelles Bauen, Gropiusstadt/ Berlin -> **50**
X- Wohnungen Hebbel am Ufer, Berlin -> **90**
Reservoir IX Wasserspeicher, Berlin -> **42**
Fokus Istanbul Martin-Gropius-Bau, Berlin -> **68**
Plan_05 Forum für aktuelle Architektur, Köln -> **88**
2004 -> **Fast Umsonst** NGBK, Berlin -> **11**
Hausbau Temporäres Bauprojekt, Berlin -> **17**
mainas punkts Workshop mit Jugendlichen in Karosta/Liepaja, Lettland

2003 -> **Selbstbedienungszentrale** Pavillon an der Volksbühne, Berlin -> **8**
Learning from* NGBK, Berlin -> **80**
Learning from* Kunsthalle Exnergasse, Wien

Videografie Videography
2006 -> **Die Reste der Einfamilienhäuser**, 20 min
2005 -> **Die Stadt als Ressource**, 15 min
Hausbau 05 erste internationale Bauausstellung, 30 min
2004 -> **Hausbau**, 12 min
2003 -> **Güvenlik**, 5 min

Veröffentlichungen Publications
Talking Cities – Micropolitics of Urban Space, Hg.: Francesca Ferguson, Birkhäuser-Publishers for Architects, 2006
Architekturrausch, Hg.: TU Berlin, E. Knöss, T. Arnold, 2005, Jovis Verlag
Fokus Istanbul, Ausstellungskatalog, Hg.: Künstlerhaus Bethanien Berlin, 2005
Fast Umsonst, Ausstellungskatalog, Hg.: NGBK, 2004
Learning from*, in der Reihe metrozones, Hg.: Becker, Burbaum, Köbberling, Kaltwasser, Lanz, Reichard, NGBK 2003, b_books, vice versa

Presse Press
Deutsche Bauzeitung, db 3/2006 Kommentar. Wolfgang Kil
Taz, 26.08.2005 Krieg den T-Com Häusern. Helmut Höge
Frankfurter Rundschau, 24.08.2005 Hammer, Säge und Nägel. Zeit ist in der kleinsten Hütte. Helmut Höge
Taz, 18.07.2005 Kein Schnickschnack, nur Müll. Veronika de Haas
Taz, 20.1.2005 Das Wohnzimmer zittert. Kolja Mensing
Tip, 03/2005 Über Nacht gebaut. Kathrin Bettina Müller
Berliner Zeitung, 29/30.01.05 Eine Urhütte in Gropiusstadt. Ulrike Meitzner
Bauwelt, 5/05 Selfmade. Christoph Tempel
Kunstforum,170 Fast umsonst. Claudia Wahjudi
Hannoversche Allgemeine Zeitung, 11.03.2003 Good bye, Kapitalismus, In Berlins „Selbstbedienungszentrale wird gesucht und getauscht" Nina Hacker
NY Arts, Vol 7, no 7, Haus Köbberling- Kill the King Street
Hessische Nachrichten Allgemeine, Ellen Schwaab, 03.07.2002 Kulturforum und Partytreff
Scheinschlag, Florian Neuner, 7/8-2002 Haus Köbberling
Tagesspiegel, Andreas Steinbrück, 28.04.2002 Wenn das Auge größer als der Magen ist.
Tagesspiegel, Katrin Wittneven, 08.03.2002 Nordallianz

Stipendien und Residenzen Grants and residencies

2005 -> ORTung 05, Strobl/Österreich, Internationales
        KünstlerInnensymposium
2003 -> Artist in Residence, Forum Stadtpark, Graz
2003 -> Goldrausch Künstlerinnenstipendium
2000 -> Gewinn und Realisierung des Wettbewerbs
        „Alexanderplatz", NGBK Berlin
1998 -> Werkstipendium/project grant Deutsch-Französisches
        Jugendwerk
1996 -> Kunstpreis „Kunst statt Werbung", NGBK, Berlin
1995 -> 1. Platz des Kunstpreises Schloß Lichtenfels
1995 -> Canadian Airlines Award
1994 -> Studienstipendium Emily Carr Institute of
        Art & Design, Vancouver/Kanada

Austellungen und Performances (Auswahl)
Exhibitions and performances (Selection)

2006 -> **ChemnitzCityResort** Neue Sächsische Galerie,
        Chemnitz
        ORTung 05 Galerie 5020, Salzburg/Österreich
        Industriestadtfuturismus Nova Huta/PL
2005 -> **Industriestadtfuturismus** Kunstverein Wolfsburg
        transmediale 05 Volksbühne, Berlin
        Schöner wär's, wenn's schöner wär Schauspiel
        Frankfurt
        Absperrung Säulencenter, Berlin
2004 -> **gocreateresistance no 7** Hamburger Schauspielhaus
        Völker hört die Signale Theaterhaus Jena
        public playgrounds – Labor für künstlerische
        Eingriffe Forum Freies Theater, Düsseldorf
        Flexibilität Kunstverein Wolfsburg
        Tourist City Künstlerhaus Bremen
2003 -> **take off 2** Forum Stadtpark, Graz, Steirischer Herbst
        Goldrausch '03 Kunstamt Kreuzberg, Bethanien
2001 -> **Junge Familie mit Kind oder wo ist es denn am**
        grünsten? im Rahmen von AnbauNeueMitte, Prater
        der Volksbühne, Berlin
2000 -> **Alexanderplatz U2** NGBK, Berlin
        Köbberling-SB-Filiale Produzentengalerie, Kassel
        common.place U2, Alexanderplatz, Berlin
        Wir wohnen gern modern Galerie Pankow, Berlin
        Yhteys Vantaa Kaupunginmuseo/FIN
1999 -> **Hyperville** Ausstellungraum Klingental, Basel/CH
        In Reih und Glied Natokaserne, Korbach
        sechzehn Räume, Berlin 1999 loop – raum für
        aktuelle Kunst, Berlin
        Hyperville Atelier Onelio Vignando, Paris/F
1998 -> **Superhaus** Pavillon der Volksbühne, Berlin
        Ceterum Censeo Galerie im Marstall, Berlin
1997 -> **Abgestützt** Pantheon de Sevillanos, Sevilla/E
        sammeln-wachsen-bauen Galerie im Parkhaus, B
        Galerie Berlin-Tokyo, Projektraum in Kassel
        Kollaboration m. T. Ringewaldt **Schaffe, schaffe.....**
        SUB Umspannwerk, Paul-Lincke-Ufer, Berlin
        Souvenirs from the old world Helen-Pitt-Galery,
        Vancouver/Kanada mit I. Schütz und B. Feuz
1996 -> **Neue Straße** Galerie K2, Berlin
        Stadtplan Dirty-Windows-Gallery, Berlin
        Zurückbleiben U-Bahnhof Alexanderplatz, NGBK,
        Berlin

Videografie Videography

2006 **Local Heroes**, 12 min
2004 **Tagesfiliale Köbberling-Expansion**, 15 min
2003 **Tagesfiliale Köbberling – eine Erfolgsgeschichte**,
     20 min
1999 **Concrete Cuisine**, 60 min
1998 **Superhaus**, 1 min

Veröffentlichungen Publications (Auswahl Selection)

ChemnitzCityResort, Hg.: Neue Sächsische Galerie,
Chemnitz, 2006
ORTung 05, Hg.: Kulturabteilung des Landes Salzburg, 2005
Folke Köbberling Artists-Residence-Programm des FORUM
STADTPARK, Hg.: Forum Stadtpark Graz, 2003, Vertrieb: Vice
Versa
Tagesfiliale Köbberling Elektronik Goldrausch-
Künstlerinnenprojekt, 2003, Hg.: Maechtel/Effinger
Köbberling Sb Filiale, Produzentengalerie Kassel,
Broschüre, 2000, Hg.: Folke Köbberling
Wir wohnen gern modern, Hg.: Dr. Jule Reuter, Galerie
Pankow/Berlin, 2000
Berliner 03, common place, Hg.: Holger Bedurke, solarpraxis
supernova, 2001
Berlin Alexanderplatz U2, Wettbewerb der Neuen
Gesellschaft für Bildende Kunst, 2000, Hg.: NGBK Berlin
Common Place, 30 seitige Broschüre Hg.: Folke Köbberling,
2000
Superhaus, Edition, Hg.: Rüdiger Lange, loop-raum für
aktuelle kunst, 1999
Lagerraumgespräche, Pavillon der Volksbühne, Hg.: Folke
Köbberling,1999
Verzeihlich bis zu einem gewissen Grad - wachsen, sam-
meln, bauen Rainer Kamber: Kunstbrief, 1998/3 Hg.: Galerie
im Parkhaus
Pears Vol. V, Dinner Sounds & Flowers,Hg.: Galerie im
Parkhaus, Kulturamt von Berlin Treptow, 1997

Presse Press (Auswahl Selection)

taz, 23.12.2005, Einblick (126), Meike Jansen
Deutschlandradio Kultur, 25.05.2005 Kunst und
Widerstand, Die Tagesfiliale Köbberling. Katja Bigalke
Artpress, 2/04 Goldrausch 2003, Tibau de Ryther
Neue Review, Annette Grund & Betty Bossy, 12/2003
Goldrausch 2003,
Der Standard, Ulrich Tragatschnig, 22./23.11.2003
Kartografie mit sozialem Impetus
NRC Handelsblad, Michele de Waard, 30.09.2000 Dromen
met open ogen
Taz Berlin, Uwe Rada, 05./06.08.2000 Das Kunstprojekt
Common Place von Folke Köbberling
Frankfurter Allgemeine Zeitung, Feuilleton Guten
Morgen, du bist in Berlin - Bezaubernde sozialistische
Architektur-Mark Siemons 24.07.2000
Scheinschlag, 7/2000 Vorausschauende Ärchäologie
Hessische Nachrichten Allgemeine, Matthias Muth,
15.05.2000 „Der letzte Widerstand"

Webseiten Websites

www.koebberling.net, www.folkekoebberling.de

Wettbewerbe, Preise, Stipendien
Competitions, prices, grants

2005 -> Arbeitsstipendium Bildende Kunst der Senatsverwaltung Wissenschaft, Forschung, Kultur, Berlin
2004 -> Projektstipendium für Projekt „Telescope", Senatsverwaltung Wissenschaft, Forschung, Kultur, Berlin
2002 -> Preisträger Wettbewerb Alexanderplatz U2 der
Neuen Gesellschaft für Bildende Kunst, Berlin
2000 -> Preisträger Wettbewerb Alexanderplatz U2 der
Neuen Gesellschaft für Bildende Kunst, Berlin

Ausstellungen Exhibitions (Auswahl Selection)

2006 -> **Industrialtownfuturism** Teatr Laznia Nowa, Nowa
Huta/Krakau, PL (Organisation)
On the move II Verkehrskultur, Westfälischer
Kunstverein, Münster
Chemnitz City Resort, Städtische Galerie,
Chemnitz
2005 -> **Industriestadtfuturismus** – 100 Jahre
Wolfsburg/Nowa Huta, Kunstverein Wolfsburg
(Organisation)
2004 -> **Tourist City** Bremer Zentrum für Baukultur, Bremen
Flexibilität Ausstellungsarchitektur im Kunstverein
Wolfsburg
believe it or not Kunstraum Kreuzberg, Berlin
2003 -> **Alexanderplatz U2** NGBK, Berlin
2002 -> **Copyshop** Kunsthochschule, Kassel
2000 -> **Alexanderplatz U2** Neue Gesellschaft für Bildende
Kunst, Berlin
100 Meter Küche raumlabor, Berlin
Wir wohnen gern modern, Galerie Pankow, Berlin
Safety First, Schlachthof, Bremen
1999 -> **Soma Akademie** Projektgalerie Soma, Berlin
Le Genie de la Bastille 37 rue de Montreuil, Paris/F.
100 Meter Küche Architekturforum, Linz/A.
1998 -> **The Bible of Networking** Kunstakkuten
Stockholm/S und Sali Gia Gallery, London/GB
Texas Instrument Ideen Shop Mitte Berlin
1997 -> **Sehen und gesehen werden** Kunstraum Mitte,
Berlin
SUB Winterakademie im Umspannwerk Paul-Lincke-
Ufer, Berlin (Organisation)
1996 -> **Querlager** Galerie Schwarzenberg, Berlin
Hausbrand Helmnot Theater, Lichtenstein/Sa.
1995 -> **Winterschool** Brimingham/GB
We Cook Architecture Winterakademie im
Pfefferberg, Berlin (Organisation)
Silberblick Kunsthaus Raskolnikow, Dresden

**Bauprojekte, Installationen, Aktionen u.a. im öffentli-
chen Raum** (Auswahl)
Building projects, installations, performances etc. in public
space (Selection)

2005 -> **Telescope** Aufstellung von drei Münzfernrohren auf
Warschauer- und Oberbaumbrücke, Berlin
2004 -> **Werbung Total** 32 Plakatwände im U-Bahnhof
Alexanderplatz U2, Berlin
2003 -> **Treat** Experimenteller Hochbau mit Jugendlichen,
Sonnenburger Straße, Berlin
Ausblicke 2 Paradies, Alexanderplatzbunker, Berlin

2002 -> **Kill the King Street** Haus Köbberling, Kassel
2001 -> **Apparat Berlin** Theaterstück mit Rimini Protokoll
Volksbühne im Prater, Berlin
2000 -> **Ausblick** Umgestaltung U-Bahnhof Alexanderplatz
U2, Berlin
1999 -> **Bad Ly** Sommerbad Lychener Straße 60, Berlin
Wachturm am Kottbusser Tor, Berlin
1998 -> **Minenstreifen** Happening im Tiergarten, Berlin
1996 -> **Das Ampelspiel** Tiergarten, Berlin

Veröffentlichungen Publications

2005 -> **Telescope** Einzelkatalog, Berlin
2004 -> **Werbung Total** in: Dokumentation des Wett-
bewerbs Alexanderplatz U2, NGBK, Berlin
Martin Kaltwasser in: Anarchitektur 14, Berlin
2001 -> **Der Schein trügt** in: Safety First Ausstellungskata-
log, Bremen
Ausblick 2 in Paradies, Alexanderplatzbunker, Berlin
2000 -> **Architektur des Bankgebäudes** in: Vabanque!
Theorie, Praxis und Geschichte des Bankraubes.
Hg.: Klaus Schönberger, Tübingen
Ausblick in Alexanderplatz U2, Ausstellungskatalog,
Berlin
1995 -> **We Cook Architecture** Ausstellungskatalog,
Berlin

Presse Press (Auswahl Selection)

Kunstforum International, 181/2006, On the move II
Verkehrskultur. Kathrin Luz
Bauwelt, 3/2006, Industriestadtfuturismus, 100 Jahre
Wolfsburg/Nowa Huta, Christoph Tempel
taz, 18.01.2006, Plastische Probleme, Brigitte Werneburg
Bauwelt, 32/2004, Raummobilisierung im Kunstverein,
Christoph Tempel
taz, 26.10.2004 Angriff der Klonmusiker, Tim Ackermann
taz, 18.08.2004, Einblick (59), Meike Jansen
Neues Deutschland, 04.06.2004, Werbung gegen die
Werbung, Robert Meyer
Zitty, 13/2004, Guerilla-Marketing, Martin Conrads
FAZ, 04.11.2000, Die Angst des Beobachters beim
Beobachten, Waltraud Schwab

Website
www.superbuero.de

Eva Egermann lebt in Wien und arbeitet als Künstlerin in verschiedenen Medien und mehreren Kollektiven. Sie ist seit 2002 Autorin und Mitglied des Redaktionskollektives der Zeitschrift MALMOE (www.malmoe.org), arbeitet zu Themen Bildungspoltik, künstlerischer Recherche und Geschichtspolitik innerhalb der Manoa Free University (2003 gegründet), (www.manoafreeuniversity.org). Seit 2005 Mitglied in der „Lagergemeinschaft Ravensbrück und FreundInnen". Seit 2006 im Vorstand der IG Bildende Kunst.
Eva Egermann lives in Vienna and works as an artist in various media and collectives. Since 2002, she is an author for, and member of the editorial collective of the monthly periodical MALMOE (www.malmoe.org). She works to educational politics, artistic research and historical politics within the Manoa Free University (founded 2003), (www.manoafreeuniversity.org). Since 2005 member of the "Lagergemeinschaft Ravensbrück und FreundInnen". Since 2006, she is serving on the executive board of the IG Fine Arts.

Frauke Hehl: Studium der Architektur mit Schwerpunkt Soziale Stadtentwicklung in Mailand/Italien. Mitbegründerin und Leiterin der workstation Ideenwerkstatt Berlin e.V. (www.workstation-berlin.org), Initiatorin des Ideenaufrufs in 2001 (www.ideenaufruf.org): Nachhaltige Stadtentwicklung, Partizipation. Aktiv in der berlinweiten Gruppe urban gardening Berlin seit 2001: Urbane Subsistenz, Nachhaltiges Wirtschaften (www.urbanacker.net). Mitorganisatorin Ladyfest Berlin (www.ladyfest.net). Dozentin im Bildungsbereich, Seminare für Multiplikatoren (Jugend- und Erwachsenenbildung), aktive Mitarbeit bei Symbiose e.V., RAW Tempel e.V. (www.raw-tempel.de), Netzwerk Zukunft e.V. (www.netzwerk-zukunft.de).
Frauke Hehl studied architecture with a focus on social urban development in Milano, Italy. She is the co-founder and director of the workstation Ideenwerkstatt Berlin e.V. (www.workstation-berlin.org) and an initiator of the idea finder in 2001 (www.ideenaufruf.org), which worked on sustainable city development and participation. Since 2001 she is active in the Berlin-wide group Urban Gardening Berlin (www.urbanacker.net), which concerns itself with urban subsistence and sustainable economies. She is also an initiator of the Ladyfest in Berlin (www.ladyfest.org) and a lecturer for youth and adult education. She is active in Symbiose e.V., RAW Tempel e.V. (www.raw-tempel.de) and Netzwerk Zukunft, e.V. (www.netzwerk-zukunft.de).

Stephan Lanz ist ausgebildeter Stadtplaner, wissenschaftlicher Mitarbeiter an der Fakultät für Kulturwissenschaften der Europa-Universität Viadrina in Frankfurt/Oder und freiberuflicher Kurator (u.a. des Projekts ErsatzStadt der Volksbühne Berlin). Gemeinsam mit Jochen Becker gibt er die Buchreihe metroZones (b_books Berlin, www.metrozones.info) heraus, die sich mit Stadtentwicklung, städtischem Alltag und sozialen Bewegungen in Globalizing Cities beschäftigt. Veröffentlichungen u.a. „Die Stadt als Beute" (mit Klaus Ronneberger und Walther Jahn, Bonn 1999), „Metropolen" (mit Jochen Becker, Hamburg 2001), „City of COOP" (Berlin 2004) und „Self Service City: Istanbul" (mit Orhan Esen, Berlin 2005).

Stephan Lanz is a city planner, research fellow in the Faculty of Cultural Science on the Europe University Viadrina in Frankfurt/Oder and curator (for example of the substitute city at the Volksbühne Berlin). Together with Jochen Becker, he publishes a series of books metroZones (b_books Berlin, www.metrozones.info) concerning urban development, urban daily life and social movements in globalizing cities. His publications include "Die Stadt als Beute" (with Klaus Ronneberger and Walther Jahn, Bonn 1999), "Metropolen" (with Jochen Becker, Hamburg 2001), "City of COOP" (Berlin 2004) and "Self Service City: Istanbul" (with Orhan Esen, Berlin 2005).

Matthias Reichelt, Jg. 1955, freier Autor, Journalist, Ausstellungsmacher und Lektor, lebt in Berlin
Matthias Reichelt, born 1955, free-lance journalist, curator and editor, lives in Berlin

Corinna Vosse, Studium der Kunstwissenschaft und Wirtschaftswissenschaften an der TUB, derzeit Promotion am Institut für Sozialwissenschaften, Fachbereich Stadt- und Regionalsoziologie, Thema Kommunale Kulturpolitik und urbaner Wandel. Mitgründerin von Collective: Unconscious. Mitgründerin von O.R.T., Produktionsstätte und internationales Netzwerk für darstellende Kunst, New York, Raum- und Veranstaltungsmanagement für den RAW-tempel e.V., Berlin, Führung der Geschäftsstelle der Dramaturgischen Gesellschaft, Berlin. Mitarbeit bei der workstation. Diverse Kinder- und Jugendprojekte, Schwerpunkt theaterpädagogische Arbeit. Partizipative Kunstprojekte im öffentlichen Raum im In- und Ausland.
Corinna Vosse works as a cultural facilitater and researcher. After studying in Berlin she moved to New York where she managed various arts initiatives. Back in Berlin she was involved in running a socio-cultural center on a piece of inner city waste land. Since then she extended her work to include methods from the field of social science and is investigating the field of urban cultural policies.

Hausbau 05 – 1. internationale Woche für informelles Bauen, Berlin mit:
House Building 05 – 1. international week for informal building Berlin with:
Ifau: Mathis Burandt, Christoph Heinemann, Susanne Heiss, Christoph Schmid in Kooperation mit Jens Caspar und Frank Skupin, Ben, Anja Lutscher mit Familie Lutscher, Studierende der Architektur an der TU Berlin, Bildende Kunst, bei Philip Horst: Ev Amelung, Jens Bißmeier, Katrin du Hamél, Pascal Hentschel, Michaela Hillmer, Dirk Hoffmann, Kathrin Hofmann, Shoko Itano, Milena Kling, Jonas Klock, Claudia Köhler, Albena Kyuchukova, Sybille Paulsen, Véronique Plistermann, Benjamin Richter, Joon Sik Shin, Daniel Theiler, Simon Weihmann, Laura Westenfelder, Sung-Eib Youn, Frauke Hehl und Petra Spielhagen, Ella Ziegler, Ulla Ostendorf, Michael Neudeck, Anja Vormann und Gunnar Friel, Eckhard Roth, Cagla Ilk, Propeller und Annett Krause.

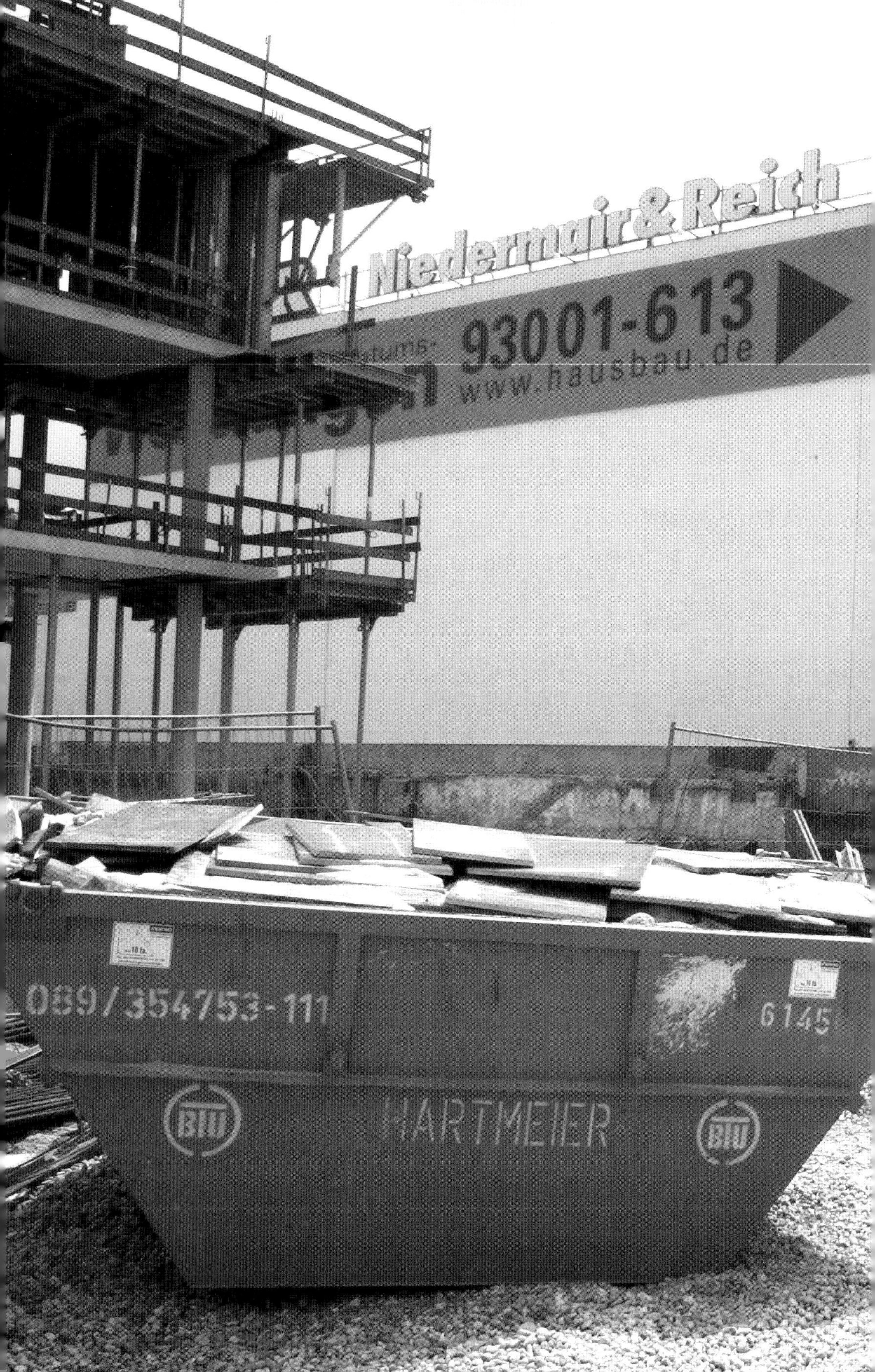
Niedermair & Reich
tums-
93001-613
www.hausbau.de
089/354753-111
6145
BIU
HARTMEIER
BIU

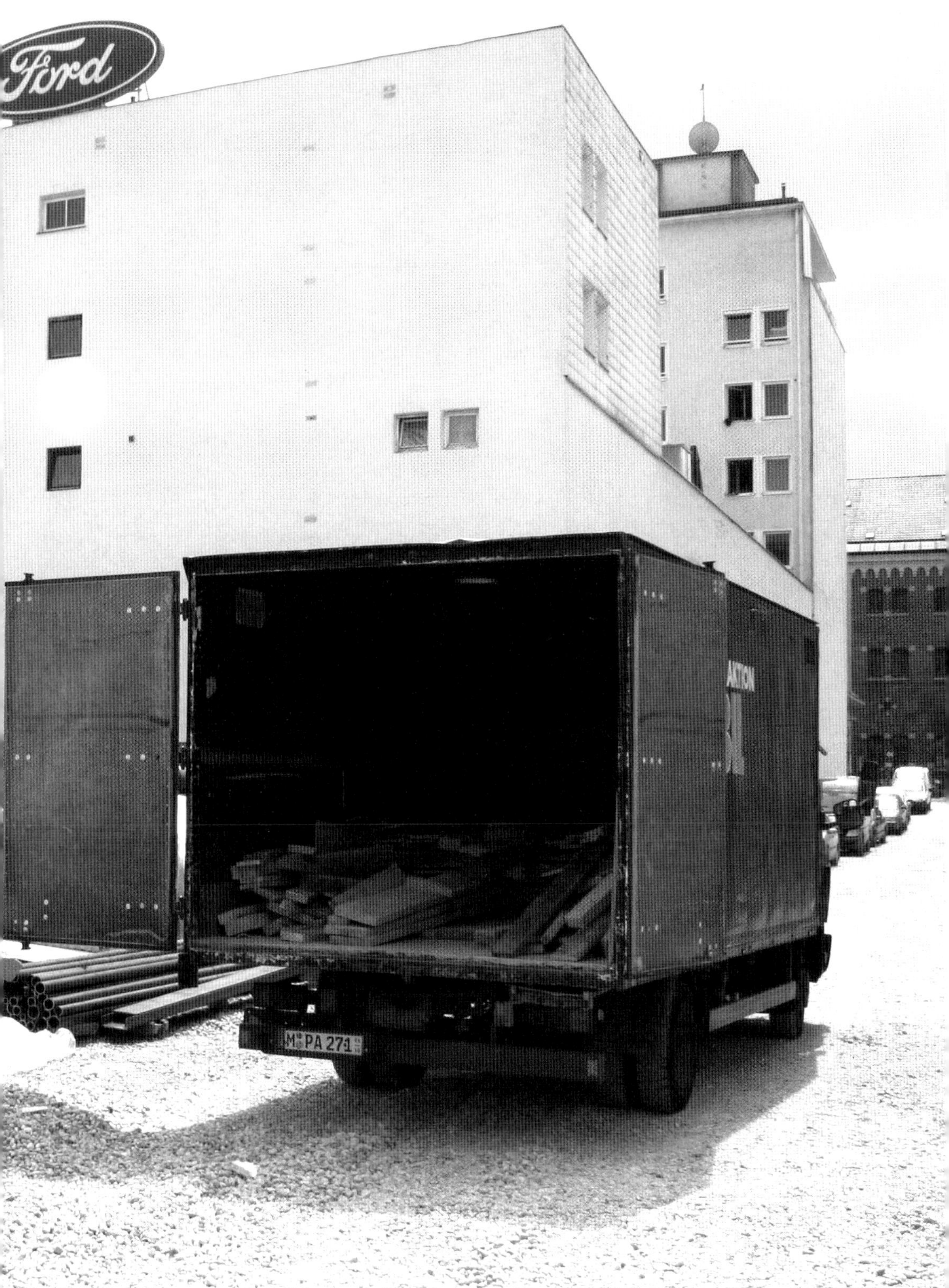

Ford
AKTION
M PA 271

Impressum | Imprint

© 2006 by jovis Verlag GmbH
Das Copyright für die Texte liegt bei den Autoren.
Das Copyright für die Abbildungen liegt bei den
Fotografen/Inhabern der Bildrechte.
Alle Rechte vorbehalten.
Texts by kind permission of the authors.
Pictures by kind permission of the photographers/
holders of the picture rights.
All rights reserved.

Texte | Contributions
Stephan Lanz, Matthias Reichelt

Projektbeschreibungen | Project descriptions
Claudia Burbaum, Folke Köbberling & Martin Kaltwasser

Fotos, Illustrationen | Photos, Illustrations
Andreas Frischmann (6), Claudia Mucha (24, 25, 74, 109,
111/2, 121), Philip Horst (51), Wolfgang Burat (91, 92, 93),
Harald Bartels (94, 95), Matthias Reichelt (99), Michael
Jezierny (102) Elke Seppmann (107), Claudia Burbaum (112),
Petra Spielhagen (111/1, 119), Antonia Low (100)
alle anderen all others: Folke Köbberling & Martin Kaltwasser

Gestaltung und Satz | Design and setting
Folke Köbberling & Martin Kaltwasser

Übersetzungen | Translations
William Hiscott

Lektorat | Editing
Katharina Döring, William Hiscott

Druck und Bindung | Printing and binding
Lokay Druck, Reinheim

Bibliografische Information Der Deutschen Bibliothek
Die Deutsche Bibliothek verzeichnet diese Publikation in der
Deutschen Nationalbibliografie; detaillierte bibliografische
Daten sind im Internet über http://dnb.ddb.de abrufbar.

Bibliographic information published by Die Deutsche
Bibliothek
Die Deutsche Bibliothek lists this publication in the
Deutsche Nationalbibliographie; detailed bibliographic
data are available in the Internet at http://dnb.ddb.de

jovis Verlag
Kurfürstenstr. 15/16
10785 Berlin

www.jovis.de

ISBN 3-939633-07-0 / 978-3-939633-07-5

Mit besonderem Dank an | with special thanks to
Claudia Burbaum, Peter Lang, Christoph Tannert, Christine
Kriegerowski, Annette Maechtel, Matthias Rick, Kathrin
Tiedemann, Christoph Rech, Claudia Mucha, Jochen Becker,
Katharina und Thomas Stamm, Susanne Heiss, Martin
Beisenwenger, Michaela Düll, Uwe Jonas und Birgit
Schumacher, Karl-Hans Schumacher, Christian Maier, Ute
und Dieter Köbberling, Birte Köbberling, Christa Kaltwasser,
Petra Rudewig, Sonja Schmidt, Ben, Patrik Hermann, Stefan
Endewart, Sascha Willenberger, Stéphane Bauer, Gerd
Andersen, Anja Lutscher, Katja Reichard, Barbara Rüth,
Tobias Willemeit, Bernhard Kalfhues, Pia Lanzinger, urban
drift, Kay von Keitz, Sabine Voggenreiter, Geske Houtrouw.

Die Publikation **Ressource Stadt** erscheint im Rahmen der
Ausstellungen The publication **City as a Resource** appears
in context with the exhibitions

Talking Cities
Die Ausstellung zur ENTRY 2006 – Perspektiven und Visionen
in Design auf Zeche Zollverein, Essen, Deutschland The exhibition at ENTRY 2006 – Perspectives and Visions in Design
at the Zeche Zollverein, Essen, Germany
26.08.–03.12.2006

Gefährliche Kreuzungen – Ortstermine 06 in München
Kulturreferat München
21.09.–19.11.2006

Gefördert durch | Supported by
Senatsverwaltung für Wissenschaft, Forschung und Kultur,
Berlin – Referat Stipendien und Projektförderung, Bereich
Bildende Kunst.

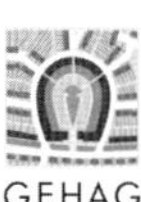

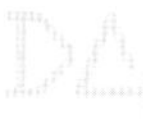

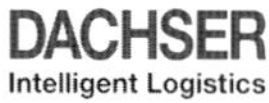